AMSTERDAM-DELPHI

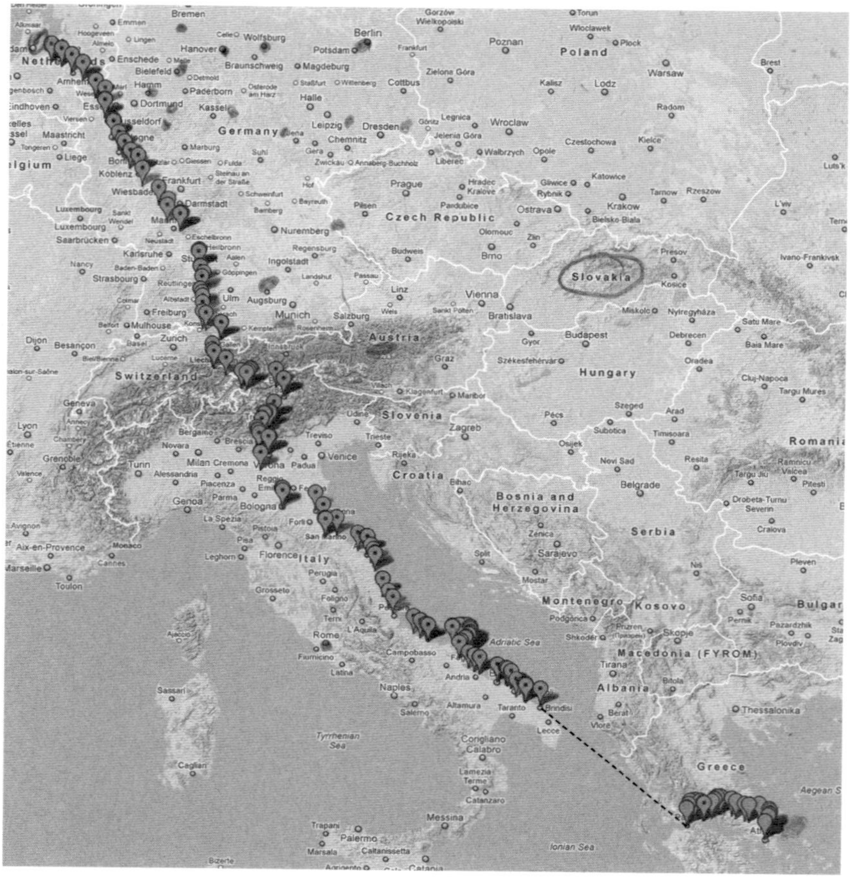

Bremen
Berlin
Hanover
Wolfsburg
Potsdam
Braunschweig
Magdeburg
Bielefeld
Enschede
Dortmund
Kassel
Germany
Leipzig
Dresden
Chemnitz
Frankfurt
Wiesbaden
Darmstadt
Nuremberg
Regensburg
Ingolstadt
Augsburg
Ulm
Munich
Salzburg
Freiburg
Mulhouse
Zurich
Strasbourg
Karlsruhe
Saarbrücken
Luxembourg
Koblenz
Liege
Maastricht
Eindhoven
Arnhem
Poznan
Poland
Warsaw
Lodz
Radom
Wroclaw
Legnica
Czestochowa
Katowice
Krakow
Tarnow
Rzeszow
Prague
Czech Republic
Pilsen
Pardubice
Olomouc
Brno
Ostrava
Zlin
Slovakia
Presov
Kosice
Miskolc
Vienna
Bratislava
Linz
Gyor
Budapest
Debrecen
Austria
Graz
Klagenfurt
Maribor
Székesfehérvár
Hungary
Szeged
Pécs
Subotica
Novi Sad
Belgrade
Serbia
Timisoara
Oradea
Cluj-Napoca
Targu Mures
Romania
Slovenia
Zagreb
Trieste
Udine
Treviso
Venice
Padua
Verona
Brescia
Bergamo
Milan
Cremona
Novara
Turin
Alessandria
Piacenza
Parma
Genoa
Bologna
La Spezia
Pistoia
Pisa
Florence
Leghorn
Italy
Perugia
Grosseto
Foligno
Terni
Rome
Fiumicino
Latina
L'Aquila
Campobasso
Naples
Salerno
Andria
Altamura
Taranto
Brindisi
Lecce
Corigliano Calabro
Lamezia Terme
Catanzaro
Messina
Palermo
Trapani
Marsala
Caltanissetta
Catania
Tyrrhenian Sea
Adriatic Sea
Ionian Sea
Aegean Sea
Croatia
Rijeka
Bihac
Split
Bosnia and Herzegovina
Zenica
Sarajevo
Mostar
Montenegro
Podgorica
Kosovo
Skopje
Macedonia (FYROM)
Tirana
Albania
Bitola
Berat
Vlore
Thessalonika
Greece
Nis
Sofia
Pernik
Pazardzhik
Plovdiv
Bulgaria
Pleven
Craiova
Drobeta-Turnu Severin
Pitesti
Switzerland
Geneva
Lyon
Grenoble
Chambery
Valence
Avignon
Aix-en-Provence
Marseille
Toulon
Monaco
Cannes
Dijon
Besançon
Nancy
Ajaccio
Sassari
Cagliari
Brest
L'viv
Ivano-Frankivsk
Satu Mare
Baia Mare

ROSITA STEENBEEK

AMSTERDAM-DELPHI

OP DE FIETS NAAR HET ORAKEL

MET FOTO'S VAN ART KHACHATRIAN

Uitgeverij De Arbeiderspers
Utrecht · Amsterdam · Antwerpen

MIX
Papier van verantwoorde herkomst
FSC® C019440

Copyright © 2012 Rosita Steenbeek

Niets uit deze uitgave mag worden verveelvoudigd en/of openbaar gemaakt, door middel van druk, fotokopie, microfilm of op welke andere wijze ook, zonder voorafgaande schriftelijke toestemming van BV Uitgeverij De Arbeiderspers, Franz Lisztplantsoen 200, 3533 JG Utrecht.
No part of this book may be reproduced in any form, by print, photoprint, microfilm or any other means, without written permission from BV Uitgeverij De Arbeiderspers, Franz Lisztplantsoen 200, 3533 JG Utrecht.

Omslagontwerp: Mijke Wondergem
Omslagfoto: Art Khachatrian

ISBN 978 90 295 7530 0/NUR 320

www.arbeiderspers.nl

INHOUD

Dag 1   Amsterdam-Amersfoort 7
Dag 2   Amersfoort-Emmerich 13
Dag 3   Emmerich-Duisburg 19
Dag 4   Duisburg-Keulen 24
Dag 5   Keulen-Remagen via Bonn 31
Dag 6   Remagen-Sankt-Goar 35
Dag 7   Sankt-Goar-Wörrstadt 40
Dag 8   Wörrstadt-Frankenthal via Worms 48
Dag 9   Frankenthal-Heidelberg 54
Dag 10 Heidelberg 60
Dag 11 Heidelberg-Stuttgart 65
Dag 12 Stuttgart-Reutlingen 69
Dag 13 Reutlingen-Sigmaringen 73
Dag 14 Sigmaringen-Meersburg 77
Dag 15 Meersburg-Bregenz 82
Dag 16 Bregenz-Triesen 86
Dag 17 Triesen-Davos 92
Dag 18 Davos-Ofenpas via de Flüelapas 98
Dag 19 Ofenpas-Merano 106
Dag 20 Merano-Trento via Bolzano 111
Dag 21 Trento-Nago-Torbole 116
Dag 22 Nago-Torbole-Bardolino 119
Dag 23 Bardolino-Mantua via Verona 123
Dag 24 Mantua-Bologna 128
Dag 25 Bologna-Ravenna 133
Dag 26 Ravenna-Cesenatico 137
Dag 27 Cesenatico-San Marino 143

Dag 28   San Marino-Cattolica 150
Dag 29   Cattolica-Ancona 155
Dag 30   Ancona-Alba Adriatica 159
Dag 31   Alba Adriatica-Torino di Sangro Marino 163
Dag 32   Torino di Sangro Marino-Campomarino 166
Dag 33   Campomarino-Capoiale 171
Dag 34   Capoiale-Vieste 179
Dag 35   Vieste-Mattinata 183
Dag 36   Mattinata-Barletta 189
Dag 37   Barletta-Ostuni 194
Dag 38   Ostuni-Brindisi 203
Dag 39   Patras-Monastiraki 210
Dag 40   Monastiraki-Galaxidi 222
Dag 41   Galaxidi-Delphi 228
Dag 42   Delphi 235

Epiloog 245

DAG 1
AMSTERDAM - AMERSFOORT
58 KM

Gnoothi seauton. Ken uzelve.
– Orakel van Delphi

Het lijkt een ander te zijn, die vrouw in fietskleren, helm op het hoofd, leunend op het stuur, de handen in roze fietshandschoenen.

We zouden uiterlijk om tien uur vertrekken en nu is het half drie. Art was tot vanochtend zeven uur aan het organiseren. Hij heeft nog wat aan de fietsen gesleuteld, muziek en een cursus modern Grieks op mijn iPhone gezet.

Toen hij na negen jaar naast zijn Armeense paspoort ook zijn Nederlandse paspoort had ontvangen kon hij de grens weer over en fietste hij op een vouwfiets in zeventien dagen van Amsterdam naar mij in Rome. Hij had zich een leeuw in een Tupperwarepotje gevoeld die eindelijk los kon breken. 'De volgende keer moet je mee,' zei hij. Ik lachte hem uit. Dat zou ik nooit kunnen. Het jaar daarop ging hij weer alleen en herhaalde hij dat ik dit echt moest meemaken. 'Het zal lichaam en geest verfrissen. Roest zal veranderen in bloed.'

Toen ik met hem naar Rome vloog en hem op het spectaculaire uitzicht wees, bleef hij onverschillig. 'Erdoorheen fietsen is veel geweldiger: je ruikt het land, je ervaart hoe het licht verandert, de temperatuur, je ziet muizen zonnebaden in de berm. Je hoort de vogels, de kikkers, het klateren van een beek. Je ademt de frisse lucht in van het bos dat zich uitstrekt aan beide kanten van de kilometerslange zigzaggende afdalingen. Je zit erin, je leeft.'

Een derde maal ging hij alleen, nu op een Cannondalemountainbike met Lefty Fork, en daarna zei ik: 'Goed, ik fiets met je mee, niet naar Rome, maar naar het orakel van Delphi.' Ik zei het spontaan, alsof het orakel me riep.

Hij was in zijn eentje naar Nederland gekomen en leefde in de voor mij vertrouwde wereld van Amsterdam. Nu zou ik een van zijn werelden leren kennen. Door toeval of lot belandt er iemand naast je op je levenspad die je de kans geeft een voor jou minder voor de hand liggende weg in te slaan. Zo belandde ik door eerdere geliefden op de stranden en terrassen van het Siciliaanse dolce vita, op de onderaardse paden van de dromen, de verborgen steegjes van antiquariaten, en nu zou ik over fietspaden Europa gaan doorkruisen. Ik wilde door Italië fietsen en verheugde me op grote stukken langs de zee.

Art had me nieuwsgierig gemaakt. Bovendien zag hij er elke keer als herboren uit wanneer hij in Rome aankwam, afgeslankt, met stralende ogen en vol energie. Het zou goed voor me zijn, zei hij. 'Je wilt toch niet dat mensen het telkens weer over je hersenbloeding hebben en je gebroken rug?'

Delphi is de navel van de wereld, hét pelgrimsoord van de antieken. Duizenden jaren geleden trokken mensen daarheen om het orakel vragen voor te leggen en raad te krijgen bij grote beslissingen. Het was het doorgefluik van de goden. Er moest iets zijn met die plek.

Ik heb geen specifieke vraag en ik heb ook niet het gevoel dat ik op een dood punt in mijn leven ben. Ik zoek steeds naar de balans tussen overgave en controle, ik schrijf de boeken die ik wil schrijven en vraag me ook niet af of ik bij deze wonderlijke man moet blijven. Maar ik ben wel benieuwd wat deze reis met me gaat doen.

De mooiste herinneringen van mijn schooltijd heb ik aan de uren dat we met een heel klein klasje de *Medea* van Euripides vertaalden en leerden over overmoed, noodlot en menselijke hartstocht. Het echte leven drong het klaslokaal binnen, ook bij het ontcijferen van de vechtpartijen in de *Ilias*, de zwerftochten van Odysseus en de harmonie der sferen van Plato. Op mijn vijfde leerde mijn vader me al Griekse citaten te debiteren. 'Later zul je me dankbaar zijn,' zei hij.

Griekenland – ik ben er nooit geweest maar er wel mee opgegroeid. Het land waar Europa vandaan komt en de democratie. Waar de verbeelding geen grenzen kende maar waar ook de passie voor de rede werd geboren. Waar sport aanzien genoot.

Het was geen opzet dat ik nooit eerder Griekenland bezocht, eerder een speling van het lot. Misschien kwam het doordat ik na het vinden van mijn tweede thuis in Rome mijn handen vol had aan Italië, en bovendien op Sicilië al een beetje in Griekenland was.

Ik had tegen Art gezegd dat ik dit avontuur alleen aanging wanneer we 's ochtends zouden vertrekken en in principe voor het donker een bed zouden hebben. Tijdens de fietstochten die hij de afgelopen zomers ondernam belde hij vaak in het holst van de nacht om te vertellen dat hij nog geen slaapplek had gevonden.

Als ik hem aan de afspraak herinner wordt hij boos. 'Het gaat zoals het gaat.'

Een van de tassen blijkt niet op zijn fiets te passen. We lopen naar de fietswinkel die al eerder hulp heeft geboden. Gelukkig kunnen ze wat aan het probleem doen en hoeft ons vertrek niet nog een dag te worden uitgesteld.

'We gaan naar Delphi.'

'Jij liever dan ik,' zegt de fietsenmaker.

'U hebt niets met Griekenland?'

'Dat weet ik niet, maar ik hou niet van fietsen.'

Ik kijk naar de instrumenten op mijn stuur. Een roze Knogkilometerteller, een ding dat meet hoe steil het is – een inclinometer –, een rode bel, een klem voor mijn iPhone.

Om vier uur fietsen we de Gerard Doustraat uit en zijn we werkelijk op weg naar Delphi.

Ik wil een kaart, had ik gezegd. Dat vond hij ouderwets, milieuonvriendelijk, onhandig en onnodig. 'Dat ding regent nat en neemt plaats in. Je kunt alles zien op de iPhone.'

'Ik wil niet achter zo'n stom pijltje aan fietsen. Ik wil overzicht.'

'Dat heb je ook op de iPhone.'

Waar ben ik aan begonnen?

We fietsen door de stad.

De fiets is prachtig. Art had een foto op Marktplaats laten zien van een zuurstokroze mountainbike met een strakke agressieve vorm, een Cannondale Caffeïne Feminine. Dat moest hem worden. Ik maakte een proefritje en hij was gekocht.

Daarna liet Art vanuit alle hoeken van de wereld de mooiste onderdelen leveren die door fietsenmaker Lohman met toewijding, geduld en ook met een zeker vermaak op mijn fiets werden gezet: remmen van Hope, net wat exclusiever dan die van Shimano, en een

Rohloffversnelling. Zelf heeft hij remmen van Magura. Mooiklinkende namen, maar ik viel vooral op de kleuren. Roze remhendels met bloemmotieven, een rode versnelling. De fiets werd een kunstwerk.

We rijden door de stad alsof we op weg zijn naar een etentje of een literaire borrel. Art is sneller dan ik. Hij heeft een pneumatische toeter op zijn stuur waaruit hij een enorm geluid kan laten komen voor het geval we elkaar kwijt raken.

Sneller dan ik dacht zijn we in het groen.

We gaan naar mijn moeder in Amersfoort om haar gedag te zeggen. Ze vindt het een absurde onderneming en heeft er samen met familie en vrienden alles aan gedaan om mij deze expeditie uit het hoofd te praten. Iedereen is bezorgd. 'Je hersenbloeding. In augustus gaan in Zuid-Europa je hersenen koken onder die helm. Je gebroken rug.'

Maar het belangrijkste argument van mijn moeder is: 'Je fietst nooit.'

'Fietsen verleer je niet.'

'En dan ook nog de Alpen over, zonder enige training.'

'Tegen de tijd dat we daar zijn, ben ik ingefietst.'

We komen langs landerijen, velden vol graan, kool, mais, en weiden met grazende koeien die af en toe loom de kop heffen en naar ons kijken met hun donkere glanzende ogen. Toen we als twaalfjarigen leerden dat oppergodin Hera de koeogige werd genoemd vonden we dat gek. Maar *bo-oopis* genoemd worden is werkelijk een compliment.

Dit land is vertrouwd, degelijk, met sappige klei en overal aanwezige kerktorens. Grote boerderijen, huizen met verzorgde tuinen en soms een klassiek beeld tussen de rozenhagen.

Nog nooit heb ik de weg van Amsterdam naar Amersfoort of andersom echt beleefd. De route was altijd ingekaderd, besef ik, in de rechthoek van een raam. Nu voel ik de wereld aan alle kanten om me heen en zie ik dat hier veel meer natuur is dan ik dacht.

Het is erg warm maar door de vaart van de fiets is het niet hinderlijk. Ook van de helm op mijn hoofd merk ik niets. Een Lazer Helium, roze, zeer ademend, die je door middel van een draaiwieltje bovenachter met een lichte beweging van één vinger kunt verstellen, zelfs tijdens een snelle afdaling. Hij won het van de Giro, de Bell, de Met.

En dan de Amersfoortse Berg op, de eindmorene, vierenveertig meter hoog. De Heemskerklaan is behoorlijk steil en ik herinner me hoe ik daar met zware hoofdpijn fietste terwijl ik bijna niks meer zag. De leraar zei dat ik naar huis mocht. Het bleek een hersenbloeding te zijn.

Toen het leven na een ziekbed van een half jaar weer doorging was ik vastbesloten er wat van te maken; het avontuur lokte.

'Schakelen!' roept Art. Met dat meesterstukje van Rohloff kun je in één keer van de veertiende versnelling naar de eerste.

Hijgend bereik ik de top. Niet echt een pretje, maar Art verzekert me dat mijn krachten tegen de tijd dat we de bergen bereiken groter zullen zijn. Als ik de Prins Frederiklaan in sla zie ik mijn moeder, die ons opwacht voor het huis.

De tuin staat in volle bloei. De prosecco is koud en de maaltijd warm.

Thuis, het is alsof dit mijn echte start is.

'Als het te zwaar wordt ga je gewoon een stuk met de trein,' zegt mijn moeder. 'Het moet wel leuk blijven.'

Art wisselt een blik met me.

'Je bent geen schoothondje. Natuurlijk stappen we niet in de trein.'

We gaan nog wat oefenen. De Amersfoortse Berg op en af.

Art wil me leren hoe ik een bocht neem terwijl ik daal. De pedaal aan de binnenkant moet omhoog staan zodat die het asfalt niet raakt wanneer je schuin door de bocht vliegt.

Tijdens zijn vorige tochten belde hij soms om geestdriftig te vertellen dat de kilometerteller bijna tachtig aangaf toen hij met zijn beladen fiets een lange afdaling maakte. Het hoorde bij zijn naam: *Artak* betekent 'de snelle'.

We fietsen nog even langs het Johan van Oldenbarneveltgymnasium, waar ik leerde dat boven het orakel van Delphi stond geschreven: 'Ken uzelve.'

Het gebouw staat er nog, maar het gymnasium heeft een ander onderdak gevonden.

Achter de reeks kleine raampjes liggen de lange gangen met vierkante zuilen en de lokalen waar platen aan de muur hingen van het land waar we naartoe gaan. Vol verlangen keek ik naar die witte tempels en die blauwe zee terwijl de dagen achter de ramen grijs waren. Atleten, goden en helden keken toe terwijl we de stelling van Pythagoras kregen uitgelegd, hoorden over de liefde voor de wijsheid, over orakels die de toekomst voorspelden.

En over de Romeinen, die zoveel van de Grieken leerden maar als geen ander konden bouwen en wegen aanleggen tot in de uithoeken van hun rijk.

Over die wegen zullen we afzakken naar het zuiden.

De dingen die ik hier leerde en de beelden die ik hier zag gaan mee als proviand, gemengd met de verhalen en citaten die mijn vader door mijn jeugd heen strooide.

DAG 2
AMERSFOORT - EMMERICH
87 KM

Begin langzaam, maar hou vol waarmee je begonnen bent.
– Bias van Priëne

De dag begint in de kamer waarin ik sliep toen ik op het gymnasium zat. Meestal moest ik me haasten om op tijd in de klas te zitten. Met de fiets de Berg af was ik er in vijf minuten. Hier stampte ik de Griekse woordjes en grammatica in mijn hoofd. Ik voelde me opgesloten in het klaslokaal, onvrij door het huiswerk, maar de verhalen die we ontcijferden riepen vergezichten op: van de Pythia daar in Delphi, hoog in de bergen, op haar drievoet door dampen omringd, die aan de stervelingen doorgaf wat de godheid ervan dacht. De antwoorden waren meestal dubbelzinnig, zoals dat aan Croesus, de schatrijke koning van de Lydiërs, die vroeg hoe de afloop zou zijn wanneer hij zijn machtige buurland Perzië zou aanvallen, en die te horen kreeg: 'Als je de grensrivier oversteekt zal een groot rijk ten onder gaan.' Vol vertrouwen trok Croesus de Halys over en het orakel kreeg gelijk, alleen was het rijk dat ten onder ging zijn eigen rijk.

Een kind was ik, maar ik leidde niet het leven van een kind. Van 's ochtends tot 's avonds zat ik met mijn neus in de boeken, en ik hunkerde naar dat echte leven waarover ik las. Ik stel me voor dat ik weer veertien ben, ga ontbijten en vervolgens niet naar school hoef maar op de fiets stap naar het orakel.

Na het ontbijt laat mijn moeder foto's zien van de fietstocht die ze met mijn vader maakte toen ze verloofd waren. 'Ik trouw met je als je met me naar Straatsburg fietst,' had hij gezegd. Daar zouden ze de kathedraal bekijken.

Mijn moeder aarzelde geen moment en ze stapten op hun eenvoudige fietsen zonder versnelling. Ze overnachtten in jeugdherbergen; mijn moeder op de meisjes- en mijn vader op de jongenszaal. Voor het vertrek had mijn vader op de studeerkamer van zijn aanstaande schoonvader moeten beloven dat hij voor de deugd van zijn verloofde zou instaan.

Elke dag regende het en elke dag raakten ze doorweekt tot op het bot. Toen ze in Heidelberg arriveerden bleek de jeugdherberg vol, maar ze konden voor hetzelfde geld overnachten in een privéhuis. De dame toonde hun de slaapkamer met geborduurde gordijnen en een hemelbed.

'Aber wir sind nicht verheiratet,' stamelde mijn vader.

De dame lachte vrolijk en zei dat dat helemaal geen probleem was en dat ze dat 'immer' hadden 'gemacht'.

Indachtig de gelofte aan zijn toekomstige schoonvader vond hij onderdak in een huis in aanbouw en legde zich te slapen met zijn hoofd op zijn tas. De volgende ochtend begonnen de bouwvakkers al om vijf uur met hun werk en moest mijn vader zijn biezen pakken en zijn fiets. Om acht uur wekte hij mijn moeder met twee enorme peren die hij uit een boomgaard had gestolen.

Voor een groot deel zullen we dezelfde route fietsen, langs de Rijn.

Ik omhels mijn moeder, beloof haar geen risico's te nemen, te remmen als ik een berg afdaal en veel reisberichten te sturen.

Daarna gaan we, al zwaaiend, op weg. Door andere lanen met hoge bomen, langs bloeiende tuinen en mooie huizen waar deftige levens worden geleid.

We suizen de Amersfoortse Berg af, Art voor me uit. Hij heeft op zijn gps de kortste weg naar Delphi ingetoetst. Zo deed hij dat vorige jaren ook: de kortste weg naar Rome, en die voerde hem regelmatig dwars door het woud, waar everzwijnen en herten zijn pad kruisten.

Als we stilstaan bij een stoplicht zie ik hem met vonkende ogen naar het apparaat kijken dat ons de weg moet wijzen. Een outdoor-gps, Garmin 60CSX. Hij drukt op knopjes, wordt steeds kwaaier, roept verwensingen.

Mijn aansporingen om rustig te blijven helpen niet.

'Ik heb speciaal digitale kaarten gekocht van Europa, vorig jaar in dat mooie Zwitserse stadje, hoe heet het ook al weer, met een B, Basel. Slettenzonen!'

Vaak zeg ik hem dat de moeders van die zonen er niks mee te maken hebben, maar dat Armeense scheldwoord is er niet uit te krijgen en houdt net als bij de Italianen – *figlio di puttana* – hardnekkig stand.

Hij drukt weer op knopjes, roept er van alles bij en slaat dan het apparaat in tweeën tegen de paal van het stoplicht.

'We hebben dus toch een papieren kaart nodig.'

'Helemaal niet. We hebben de iPhone.'

Hij kijkt om zich heen en vindt een prullenbak. Nu gaat hij aan de slag met de iPhone, waar verschillende routeplanners op staan, ook voor fietsers, en vindt wat hij zocht.

Een tijdje fiets ik rustig achter hem aan door de steriele buitenwijk, totdat ons fietspad afgesloten blijkt wegens 'werkzaamheden'.

'We vinden een oplossing,' zegt hij rustig, maar ik voel zijn spanning. Toch vertrouw ik er maar op, hij is tenslotte drie keer van Amsterdam naar Rome gefietst.

We rijden door straten met niet lang geleden gebouwde doorzonwoningen, en ik besef weer eens dat de fantasie de zaken vaak fraaier en romantischer voorstelt dan ze zijn.

Na een reeks van gelijk ogende straten doorkruist te hebben blijken we terug te zijn op dezelfde plek.

'We moeten een gewone kaart hebben,' zeg ik weer.

'We hebben een gewone kaart, op de iPhone.'

'Maar als die apparatuur het opgeeft... Ik wil een grote papieren kaart. En ik heb geen zin om als een kip zonder kop achter jou aan te fietsen.'

'Kippen horen een kop te hebben! Dat is een rotuitdrukking.'

Hij geeft nieuwe instructies aan de iPhone en daar gaan we weer.

'We maken een kleine omweg.'

Het is warm, de lucht is blauw maar er staat een fikse tegenwind.

'Dit wordt helemaal niks,' brom ik in mezelf. De hoofdfiguur van een tragedie roept door overmoed en verblinding de rampen over zich af, zo leerde ik op school. Niet alleen overmoedig ben ik, maar ook blind. Hoe kon ik zo gek zijn om met een driftkop die zulke andere interesses heeft, zo'n tocht te ondernemen?

Na niet al te lange tijd fietsen we door geruststellende weiden met grazende koeien en grote boerderijen. 'Stoutenburg', lees ik op een bordje.

In de zeventiende eeuw trokken hier de Amersfoortse schilders langs, op weg naar Rome.

Regelmatig kijk ik op mijn roze kilometerteller, die Art speciaal voor mij heeft opgespoord, wat natuurlijk wel weer heel lief is. Harder dan twintig lukt niet vanwege die ergerlijke tegenwind.

Verder gaat het goed, de fiets rijdt heerlijk en dat smalle harde zadel zit verrassend lekker. Het is een Charge Ladle, kost slechts dertig euro en ziet er nog erg mooi uit ook.

Art fietst voor me uit, maar hij kijkt om bij kruisingen om te zien of ik hem volg.

Weilanden worden afgewisseld met stukken bos. We rijden langs Achterveld, Barneveld, en zien Lunteren al aangekondigd.

Ik herinner me hoe we hier met de eerste klas fietsten op weg naar Lunteren, waar we een week zouden doorbrengen. In groepjes studeerden we scènes van de *Odyssee* in en maakten er ook kostuums bij.

De kilometerteller staat op 33 als we het plaatsje binnenrijden.

Ik vertel over de werkweek. 'Hier speelde ik Pallas Athene, de Griekse godin van de Wijsheid en de Oorlog.'

'Jij bent mijn Nederlandse godinnetje, niet van de wijsheid, wel van de oorlog.'

De stemming zit er weer in.

We fietsen door de Gelderse vallei, in de schaduw van bomen, over een weg die af en toe klimt en dan weer aangenaam daalt. Ik had niet gedacht dat ik de eerste twee dagen al zo veel hoogteverschillen zou tegenkomen.

Als we Arnhem binnenrollen verlies ik Art uit het oog omdat er een grote vrachtwagen voor me rijdt. Zodra ik een weg rechtsaf naar beneden zie lopen sla ik die als vanzelf in en suis de heuvel af. Beneden zie ik geen Art, maar wel een snackbar waarop met Griekse letters staat geschreven: 'Snackpoint Griekse specialiteiten'.

Dit moest zo zijn, maar waar is Art?

Na een tijdje hoor ik de toeter en dan ontwaar ik hem boven aan de straat. Ik zwaai en hij racet naar beneden. We moesten rechtdoor.

'Ik kon het dalen niet weerstaan.'

Hij lacht. 'Je zult zoveel nog prachtiger afdalingen beleven.'

Op het terras eten we een Griekse salade. Ik begin me los te voelen. We hebben nu 57 kilometer gefietst en ik heb noch spierpijn, noch zadelpijn.

Nadat we wat met de Griekse familie hebben gepraat en de wanden vol foto's van het land waarnaar we op weg zijn hebben bewonderd, moeten we door.

Samen turen we op de iPhone.

'We kunnen richting Lobith.'

'Leuk, dan zien we hoe de Rijn ons land binnenstroomt.'

We klimmen de straat omhoog en rijden door het centrum van Arnhem, vol heuvels en dalen, wat buitenlands aandoet.

In Lobith is geen Rijn te bekennen. Die komt hier niet meer het land binnen, onthult een mevrouw, maar na een omlegging nu bij Spijk, een klein dorp zonder hotels.

We besluiten door te fietsen naar Emmerich, waar we via een boekingsprogramma alvast een hotelkamer reserveren. Mooi, dan zijn we meteen in het buitenland.

Het is nog vijftien kilometer. Een tijdje geleden vond ik dat veel. In een flink tempo trappen we door want die Duitse hotels sluiten hun deuren vroeg, was Arts ervaring.

Paarden staan roerloos op het land. We merken niet eens dat we de grens over zijn gegaan maar lezen op een bord dat we in de provincie Noordrijn-Westfalen zijn gearriveerd.

Jammer dat we al besproken hebben anders zouden we onderdak zoeken in een van de vele tavernen en Stuben waar mensen op feestelijk verlichte terrassen zitten te eten en te drinken.

Nu moeten we omhoog, over een brede laan met aan weerszijden bomen. Mooi, maar die klim is een klap na.

Het boekingsprogramma gaf niet aan dat dit hotel op de hoogste plek van Emmerich ligt, op 82 meter.

Art danst de berg op met zijn sterke benen, ik heb al mijn krachten nodig. Op de top wacht hij op me en lacht als hij me bezweet en buiten adem aan ziet komen.

'Je ziet eruit alsof je een gevecht hebt geleverd met Hercules.'

Ik heb geen kracht meer om te lachen. 'Aqua!'

Mijn fles is leeg. Hij biedt me het laatste laagje dat in zijn fles zit.

Een vriendelijke dame wijst ons waar we de fietsen kunnen stallen en ze kan nog wel een broodje voor ons smeren want de aangekondigde '*Bürgerliche Küche*' is dicht.

Nadat ik mijn moeder heb gemaild dat we veilig in Duitsland zijn aangekomen en we ons broodje kaas hebben verorberd met een proteïneshake gaan we naar onze kamer.

Art vraagt of mijn kont pijn doet.

'Nee.'

'Ik zei het toch.'

Dat zadel is dus echt een gouden greep en die fietsbroek helpt natuurlijk ook. Niet met zeemleer, zoals Art me al vaak heeft gecorrigeerd, want het is geen leer maar het diervriendelijke lorica.

'Je benen?'

'Ook geen pijn. Wel trillerig.'

Hij haalt een pot met crème tegen spierpijn tevoorschijn, gekocht in een natuurwinkel, en masseert mijn benen, die na een tijdje aangenaam gaan gloeien. Ook mijn rug smeert hij in tot die warm wordt.

Maar dan krijg ik het koud, heel koud. Zo koud dat ik ga sidderen, klappertanden.

Hij drukt me tegen zich aan, probeert me warm te wrijven en spreekt me geruststellend toe. Langzaam maar zeker kom ik weer op een normale temperatuur en daarna worden we beiden omstrengeld door Morpheus' armen.

DAG 3
EMMERICH – DUISBURG
82 KM

Ik zie dat de adviezen van mensen met ervaring heel vaak doeltreffend zijn.
— Sophocles, *Oedipus Rex*

We hangen onze Ortliebtassen weer aan de bagagedrager, het kleine tasje aan het stuur en doen de iPhone in de klem.

Er is met zorg ingepakt. Art had via internet al wat sokken, t-shirts en broeken besteld maar hij had me ook meegenomen naar Bever Sport, een winkel waar ik nog nooit een voet had gezet. Daar kochten we nog meer kleding, licht, sneldrogend, waterafstotend, en hij ontdekte een sportief rokje dat ook mee moest voor als er wat te vieren zou zijn. We zagen een vederlichte toilettas met uitvouwbare tandenborstel en een heel dun rood schijfje waar onder meer een piepklein schaartje uit getoverd kon worden.

Ik had niet verwacht dat ik de helm met zo veel plezier op mijn hoofd zou zetten. Mijn Lazer Helium lijkt gewichtloos en zorgt ervoor dat mijn haren niet voor mijn gezicht waaien.

We koersen aan op Heidelberg, dat nog vierhonderd kilometer bij ons vandaan ligt; we zien wel hoever we komen.

De dag begint met een prachtige afdaling door het bos. In flinke vaart ga ik de berg af die gisteren de genadeklap betekende. Art, die eerder beneden is dan ik omdat hij zwaarder is en omdat hij nooit afremt, gebaart dat ik moet stoppen. We moeten een klein stukje terug, wat dus klimmen betekent. Vervolgens dalen we weer, maar opnieuw komt er abrupt een einde aan de roes doordat we weer een eindje terug moeten want het pad gaat over in een trap.

'Een gewone kaart kost minder tijd,' opper ik.

'Die moet je elke keer uitvouwen en dan weer opvouwen. Een gewone kaart kost juist méér tijd. Dit is beter, maar een heel enkele keer is de weg in de tussentijd veranderd of ziet Navigon een wandelweg voor een fietsweg aan, zoals nu.'

Mopperend duw ik mijn fiets de berg op.

'Met Rohloff kun je vanuit stilstand schakelen. Je hoeft niet te lopen.'

Ook al ga ik met mijn hele gewicht op de pedaal staan, ik krijg hem niet in beweging.

Art geeft me zijn fiets, stapt op de mijne en fietst omhoog.

'Jij bent tien keer zo sterk als ik, jong en een man. Die fiets is gewoon te zwaar voor me met al die bagage. Bijna twintig kilo, of ik een kind achterop heb.'

Er zit ook een stevige ketting in mijn tas en een grote pot proteïneshake.

'Je zult steeds sterker worden.'

Ik hoop dat hij gelijk heeft.

Er volgt een schitterende afdaling door een geurend bos, precies zoals Art in zijn wervende verhalen had beschreven. Zonnestralen wringen zich door het gebladerte en werpen gouden vlekken voor mijn wiel.

'Ik ben weer helemaal verliefd op je,' zegt hij vrolijk, 'nu ik onder die helm je mondhoeken naar je oren zie wijzen.'

We moeten water kopen want we hebben geen druppel meer en de zon is zeer aanwezig. Voor het eerst ervaar ik dat het een onzeker gevoel geeft geen water bij je te hebben.

In het centrum vragen we de weg naar de supermarkt.

'Naar de Rijn en dan links.'

Even later fietsen we over een brede promenade langs de machtige rivier.

Emmerich am Rhein heet de stad tegenwoordig.

Art koopt water terwijl ik over zijn fiets waak en kijk naar de boten die langsvaren. We hadden ook in een van de vele hotels aan het water kunnen logeren en ons die klimpartij kunnen besparen. Maar dan hadden we ook die afdaling niet gehad.

Hij heeft twee blikjes Red Bull gekocht voor de energie, en twee flessen van anderhalve liter water waar we eerst een paar ferme slokken uit nemen voor we ze in de bidonhouder klemmen.

Als we de stad uit rijden passeren we verschillende Griekse restaurants met namen als Artemis en Kreta.

We steken de rivier over, net als er een eindeloze rijnaak onder ons door glijdt.

Een flink eind rijden we langs het water maar dan weer over wegen met aan weerskanten korenvelden. Hier en daar wordt gemaaid en moeten we onze zonnebril opzetten tegen de rondvliegende snippers. In een hoek van een onafzienbaar veld is een eenzame man koren bij elkaar aan het harken. Zo ben ik als een minuscuul fietsertje vlak over de grens van Nederland aan het trappen, op weg naar het verre Delphi. Ik voel me goed, heb geen pijn in mijn benen en niet in mijn rug.

Als we een stukje vredig naast elkaar over een lege weg fietsen tussen uitgestrekte landerijen door, vraagt hij: 'Is dit rozemarijn?'

'Dat zou kunnen.'

Het is een enigszins onverwachte vraag. Gaat hij nu een verhandeling geven over rozemarijn?

'Als er granen en kruiden zijn, zijn er muizen.'

Ik kijk of ik zonnebadende muizen zie, maar tot nu toe niet.

'Je moet uitkijken dat je niet over eentje heen fietst.'

Een enkele keer huizen er muizen in ons Amsterdamse appartement. Gif en vallen zijn geen optie om deze grappige maar toch ongewenste diertjes weg te krijgen. Art had gelezen dat muizenlijm de meest muisvriendelijke oplossing was. Toen een muis zich erin vastliep, had hij hem voorzichtig beetgepakt, in een potje gestopt en dat samen met een spuitbus ontvetter in zijn fietstas gedaan, en fietste hij 's avonds laat naar het Vondelpark. Daar parkeerde hij zijn fiets, zette het verdwaasde diertje in het gras en haalde met de ontvetter de laatste lijm van zijn lijfje. Elke keer dat hij op de knop van de spuitbus drukte, had de muis genoten, of althans, daar leek het op.

Twee agenten waren naar hem toe gekomen, naar deze man met zwarte krullen, en hadden geïnformeerd waar hij mee bezig was.

Door Art word ik vaker met mijn neus gedrukt op het feit dat elk mens een andere perceptie van de werkelijkheid heeft of de accenten anders legt.

Ik fiets weer een tijdje achter hem aan, soms langs de Rijn, dan weer langs uitgestrekte velden met hoge moderne molens.

We komen langs Xanten, ontstaan uit een door keizer Trajanus gestichte kolonie.

Een deel van de oude stad ligt onder de velden en gebouwen verborgen, maar een ander deel is opgebouwd in het Archeologisch Park, waar je het amfitheater kunt bezoeken en de haven en waar je in de 'Romeinse weekenden' Romeins kunt dineren en baden in de thermen.

Onder keizer Trajanus was het Romeinse Rijk op zijn allergrootst. Dat gehuchtje op die paar heuvels bij de Tiber had zich onstuitbaar uitgebreid, als een glanzende gouden olievlek gemengd met bloed, en omsloot alle landen rond de Middellandse Zee; Griekenland met Delphi incluis en zelfs Armenië. De rijken waren rijk, zeerovers waren weggevaagd en er rouleerde maar één munt. Overal werden Romeinse villa's uit de grond gestampt, tempels, thermen en wegen uitgerold, recht en glad door de hitte en het zand van Afrika en door de varens en de mist van het hoge Noorden.

In gedachten zie ik de Romeinse cohorten hier marcheren terwijl het land dreunt onder hun stap. Wat zouden ze opkijken als ze ons voorbij zagen komen op onze strijdrossen.

We fietsen door een uitgestrekt natuurgebied met weidse plassen water waarin de hemel wordt weerspiegeld.

Nadat we een paar uur hebben gefietst zeg ik dat ik behoefte heb aan een pauze. Zodra we een leuke tent zien zullen we stoppen, maar er komt geen leuke tent. Wel een supermarkt omgeven door een kaal plein, waar Art frambozen koopt die we staand bij onze fiets verorberen.

'Ik wil even ergens zitten, even pauzeren zoals het hoort. Dit vind ik niks.'

Hij snapt het probleem niet.

We hebben toch pauze en de frambozen smaken toch goed?

Als ik even later van een hoge stoeprand fiets wordt hij boos.

'Wil je je fiets kapot maken?!'

'Man, ik zag het niet.'

'Dan moet je kijken waar je fietst. Je kijkt liever op je kilometerteller!'

'Inderdaad.'

'We hadden beter een Downhillfiets van twintig kilo voor je kunnen kopen.'

Als ik in het eerstvolgende dorp waarvan de naam spectaculairder is dan het voorkomen, namelijk Alpen, een tent zie waar een groot reclamebord voor staat met *Kaffee und Kuchen*, stel ik voor om daar taart te gaan eten.

Dat vindt hij een goed idee.

Nadat de fietsen zijn vastgezet gaan we aan een tafeltje bij het raam zitten, met belangstelling gevolgd door een clubje keurig geklede oudere dames.

'Liefste, ik was boos omdat je zo ruw met je fiets omging, maar toen je het woord "taart" uitsprak was het of je een liefdespijl recht in mijn hart schoot. Ik hou van je.'

Ik kijk om me heen. Hoe bedaarder de omgeving hoe opgewondener ik ben over onze tocht.

De helmen liggen op tafel, naast de taart.

Wanneer we hebben afgerekend, wil Art op straat nog wat foto's maken van mij met de fiets.

'Dit is toch geen mooie achtergrond?' zeg ik. Dat vindt hij wel meevallen. Een burgerlijk Duits dorp is misschien voor deze Armeniër uit Jerevan juist exotisch.

Hij maakt ook een reeks close-ups van mijn hand in de roze fietshandschoen van Roeckl leunend op het stuur, met twee vingers op de roze remhendel van Hope.

Het begint zachtjes te regenen, en dat is het moment voor mijn transparante waterafstotende regenjasje van Mavic, dat inderdaad vederlicht blijkt te zijn.

Het loopt tegen zessen, de lucht wordt steeds grijzer en we koersen aan op Duisburg.

Een paar uur later fietsen we over een brede brug met uitzicht op de haven, waar enorme boten voor anker liggen, Duisburg binnen.

Als de vriendelijke Roemeense eigenares hoort wat ons reisdoel is krijgen we de mooiste kamer, maar die ligt wel op de vijfde verdieping en er is geen lift. Art draagt de tassen vrolijk omhoog nadat hij mij de kleine voortasjes en de gewichtloze helmen heeft gegeven.

In de keuken toont de dame ons een kan en een mixer zodat we onze proteïneshake kunnen bereiden. Ik voelde me opgelaten om het te vragen want het lijkt me overdreven. Dat is het niet, zegt Art, het zal mijn spieren nog eerder op krachten brengen en echte sporters gebruiken het ook.

Daarna wandelen we door de stromende regen naar een havencafé.

DAG 4
DUISBURG - KEULEN
72 KM

Als je je richt op wat veraf ligt, verlies dan het nabije niet uit het oog.
– Euripides

Keulen moeten we in elk geval halen vandaag, de stad waar mijn grootmoeder is geboren. Het is maar een kilometer of zeventig. Ik zou wel meer kunnen fietsen omdat ik geen spierpijn heb.
'Dat komt doordat we het opbouwen.'
Art trekt zijn been- en armkoelers aan, niet tegen de hitte, want vandaag is het grijs, maar tegen de muggen, die anders verstrikt raken in het struikgewas van zijn beharing. Hij heeft ook van die kleurige dingen voor mij maar ik hou van blote armen en benen zodra de temperatuur dat toestaat.
De spullen dragen we weer vijf verdiepingen naar beneden en zetten ze op de fietsen, die de nacht op het binnenplaatsje, geleund tegen vuilnisbakken in de gutsende regen, goed hebben doorstaan.
Ik wil graag zien hoe we gaan rijden. Art start Navigon.
'Kijk, hij geeft drie routes aan. Dit is de snelste, dus die nemen we.'
'Hangt ervan af, misschien is die andere route mooier.'
'Maakt niet uit, allemaal mooi. Zo zijn we het snelst in Keulen.'
'Het gaat mij er niet om er zo snel mogelijk te zijn. Ik wil een mooie route. Liever zes kilometer om maar over een interessant parcours dan zo snel mogelijk.'
'Laten we geen tijd verdoen,' zegt hij, terwijl hij langzaam wegfietst.
'Luister!'

Hij fietst door.

'Tiran!' roep ik luid over straat. 'Ik wil weten waar ik rijd, cultuurbarbaar!'

Hij kijkt om, wenkt, maar ik blijf staan. Dan pak ik mijn fiets. Mijn iPhone valt op de grond; hij lag op de klem maar zat nog niet vast. Het scherm is gebarsten. Ik druk op knopjes. Hij doet het gelukkig nog wel.

Art is bijna niet meer te zien. Hij vindt het heel erg als er spullen worden beschadigd.

Ik kom heus wel in mijn eentje in Keulen. Ik kijk gewoon op de bordjes en ik koop een kaart.

Luid mopperend fiets ik dezelfde kant op als hij.

Na een tijdje zie ik dat hij staat te wachten op een straathoek. Ik ben toch wel blij.

'Kom, schatje. Dit is een goede route. Het echt mooie gebied komt nog. Hoe meer we opschieten hoe sneller we daar zijn. Ik was bezorgd, wilde niet dat je zou verdwalen. Wat is dat?!'

Hij kijkt naar de iPhone.

'Gevallen.'

'Je hebt hem op de grond gegooid!'

'Natuurlijk niet. Hij viel omdat hij niet zat vastgeklemd.'

'Goed, ik laat je zien hoe je dingen breekt.'

Hij strekt zijn hand uit naar mijn telefoon.

'Laat dat, getikte driftkop! Hij doet het nog.'

'Niks is veilig bij jou.'

'Hoepel maar op en laat me met rust.'

'Goed, ik hoor het wel wanneer je in Finland bent gearriveerd.'

Hij fietst weg.

'Ik kom heus zelf wel in Keulen. Beter.'

Ik fiets een tijdje voort over een saaie, rommelige weg. Keulen staat nog niet op de borden aangegeven. En nergens zie ik een winkel waar ik een kaart zou kunnen kopen.

Echt leuk is dit niet. Ik ben benieuwd hoe het verder gaat. Spullen zijn heilig voor Art. Misschien omdat hij in Armenië arme tijden heeft meegemaakt, vooral na de val van het communisme. Hij had uren in de rij gestaan voor brood en gezien dat mensen slaags raakten om een enkel onsje. Er was toen maar veertig minuten per dag elektriciteit. Vaak was het zo koud dat ze met zijn allen in één kamer sliepen en dat de wolkjes ook binnenshuis uit hun mond kwamen.

Ik hang niet zo aan materiële zaken en ga er soms dan ook nonchalant mee om.

Als ik omkijk zie ik in de verte een fietser aankomen. Het is een vrouw, op een beladen fiets.

Ze remt als ze me ziet staan en merkt dat ik naar haar kijk.

'Kan ik wat vragen?' roep ik in het Duits.

Ze stapt af.

Ik vertel dat ik ruzie heb met mijn vriend en dat ik op weg ben naar Keulen. Zij ook. Ik kan met haar meefietsen.

Terwijl we naast elkaar voorttrappen vertel ik dat ons eigenlijke reisdoel Delphi is. Zo'n grote tocht zou zij ook graag maken, maar eerst wil ze heel Duitsland door fietsen. Elk jaar neemt ze een gedeelte van het land. Zij heeft ook wel samen met vrienden en vriendinnen gefietst, maar alle verschillen worden geaccentueerd, zegt ze. Ze fietst in haar eentje om helemaal tot rust te komen en haar hoofd leeg te maken. 'Zo heb je allerlei ontmoetingen.'

Na een minuut of tien ontwaar ik in de verte een kleurige figuur bij een stalletje met fruit.

'Daar is hij.'

Hij kijkt vermaakt als hij ons ziet naderen.

De zak frambozen die hij in zijn hand heeft houdt hij voor aan mijn reisgezellin. Ze bedankt. We nemen afscheid. *'Vielleicht auf Wiedersehen in Köln.'*

Art voert me frambozen.

Dan stappen we weer op de fiets alsof er niks is gebeurd.

Ik voel dat mijn lichaam nu al sterker wordt.

De route is niet erg fraai, dwars door het Ruhrgebied, waar de steden en dorpen vaak aan elkaar vast zijn gegroeid.

'Ikaros', lees ik in blauwe letters op de witte muur van een restaurant. *'Griechische Spezialitäten'.*

In Duitsland zijn veel meer Griekse restaurants dan in Nederland lijkt het wel, of krijg ik er nu pas oog voor?

Misschien moet ik maar eens aan mijn cursus modern Grieks beginnen.

Soms luister ik naar muziek maar meestal prefereer ik de geluiden van de plekken waar we doorheen komen.

Met oordoppen sluit ik het geluid van de straat buiten. Vrolijke Griekse muziek klinkt in mijn oren en dan de inleidende Engelse woorden van de juf.

'Een klein beetje taal kan je heel ver brengen,' belooft ze en dan gaan we van start.

'Dank je: *Efcharisto*.

Hartelijk bedankt: *Efcharisto parapoli*.

Hartelijk bedankt, formeel: *Sas efcharisto parapoli*.'

En nu in lettergrepen.

Ik moet het hardop herhalen van de juf en dat doe ik. Wie kent mij in het Ruhrgebied? Als ik dit elke dag doe kan ik een eenvoudig praatje maken tegen de tijd dat we in Delphi zijn.

Art rijdt langzaam en behendig tussen smalle bochtige hekjes door bij een spoorwegovergang. Dat lukt me niet fietsend, zeker niet met die tassen, die de fiets breed maken.

'*Efcharisto parapoli*,' blijf ik vol geestdrift herhalen.

'*Sas ef-cha-ris-to pa-ra-po-li*.'

Boem. Daar lig ik. Op de grond, de fiets boven op me.

Een ouder echtpaar schiet toe.

'*Danke, es geht*.'

Art, die ook in een oogwenk bij me is, laat zijn blik flitsen over mij en de fiets, beseft dat de schade meevalt en moet erg lachen.

'Blijf even zo liggen. Zoals je die schoen van je met een sierlijke boog richting Amsterdam stuurde. Dit moet vereeuwigd.'

Hij schatert weer. 'Je bent mijn kampioen. Ik had niet kunnen bedenken dat het zó leuk zou zijn om met jou te fietsen.'

'Het kwam door die Griekse les. Ik was niet geconcentreerd.'

Hij is druk aan het regisseren. 'Je hoofd een beetje zus, je been zo.'

Hij verplaatst mijn uitgevlogen schoen zodat die op de voorgrond van de foto terechtkomt. 'Samen met jou versiert die mooie Salomon het uitzicht op de stad nog fraaier dan al dat groen, het tramhuisje rechts en de vlaggetjes links.'

Een oude dame blijft staan kijken en vraagt voor welk tijdschrift het is.

Als dit moment voldoende is vastgelegd tilt Art eerst de fiets en vervolgens mij omhoog en kijkt naar het kleine schrammetje op mijn knie. Hij haalt plechtig het speciaal aangeschafte eerstehulptasje tevoorschijn.

'Het was zo'n kinderlijke valpartij, als een kleuter met een driewieler, dat een pleister op je knie er helemaal bij past.'

Nadat hij mijn minuscule verwonding heeft verzorgd zetten we onze reis voort, maar ik heb geen zin meer in Griekse les.

Ikaros, was het een voorteken? Word ik gestraft voor mijn overmoed? De dag voordat we vertrokken zag ik in Amsterdam een dode vogel op straat liggen. Ook toen schoot het door me heen: een voorteken? Maar ik schudde het weer van me af als bijgelovige onzin.

Even later passeren we restaurant Olympia, restaurant Poseidon, paardrijclub Artemis. Een project stuurt de blik. Dat gebeurt als je met een boek bezig bent. Voortdurend zie je of hoor je dingen die een rol kunnen spelen in het verhaal. Zo is het met deze fietstocht ook. Voor het eerst kijk ik bewust naar fietsers, op wat voor fiets ze zitten, hoe ze hun spullen vervoeren, hoe ze zijn gekleed, of ze een helm dragen, en zo ja, wat voor een. En ook het einddoel richt de blik. Ik heb nog nooit zo veel verwijzingen gezien naar de oude Grieken.

Intussen rijden we over een drukke weg door de stoere stad Düsseldorf. Nee, een mooie route is het niet, dit is een gebied waar wordt gewerkt. Dat doen wij ook, gestaag trappend, terwijl de Rijn iets ten westen van ons en helaas onzichtbaar voortkronkelt naar het noorden.

Na een paar tientallen kilometers zijn we bij Leverkusen, waar het logo van Bayer kolossaal op billboards staat en we van harte worden verwelkomd in het Chempark. Art wil hier helemaal niet zijn, zegt hij, in dit park dat op een stad lijkt en waar miljoenen dieren per jaar worden geofferd voor medicijnen die mensen moeten redden die vervolgens vooral ellende aanrichten op aarde.

'100 Jahre Aspirin', lezen we alom. Ik ben zo gebiologeerd door dit futuristische oord met die oude vertrouwde namen dat ik weer eens vergeet om op de weg te kijken en zodoende voor grote opwinding zorg bij Art en ook bij de auto waar ik recht op af blijk te rijden.

'Liefste, ik heb een automobilist nog nooit zulke rare manoeuvres zien maken uit angst voor een confrontatie met jou. Je was net die gnoe die vijf neushoorns bang wilde maken uit dat filmpje op YouTube.'

We fietsen nog een tijd door over een lange rechte weg tussen de aspirientjes, terwijl Art instructies geeft en zegt dat ik een paar versnellingen hoger moet omdat ik te makkelijk trap en dat het belangrijk is in een cadans te komen.

En in die cadans rollen we vanzelf en onverwacht een weg af die naar beneden voert en ons op een fraai fietspad brengt dat langs de Rijn loopt. Tussen al dat groen zijn de meest uiteenlopende kleuren te zien van de talrijke toerfietsers. Plots is het vakantiesfeer, een Rijnreisgevoel. Als we een groot terras zien met uitzicht op het water besluiten we daar even af te stappen.

We bestellen een ijsje terwijl een groep mensen onze fietsen staat te becommentariëren. Ze zijn mooi zo samen, en de Lefty Fork van Arts fiets zorgt vaak voor verwarring. Je ziet de mensen turen, eromheen lopen.

Als Art terugkomt nadat hij nog een grote fles water heeft besteld verwacht ik dat hij blij zal kijken bij de aanblik van het ijsje, maar dat is niet het geval.

Hij heeft een woeste blik in zijn ogen.

'Wat is er gebeurd?'

'Allemaal dieren met geroofde levens.'

'...?'

'Opgezet, huiden, in de hal en de eetzaal. Een ooit prachtige beer, een vos, herten, een antilope, zo elegant, een das. En dan trots "exposeren".'

Hij zou het liefst weggaan, maar we hebben het ijsje al voor onze neus en dat smaakt goed.

Daarna vervolgen we onze tocht door de hoge groene poort langs het brede water, tot we onverwacht tussen het gebladerte door de dubbele toren van de dom van Keulen zien.

We remmen, stappen af en kijken. Groot en roerloos staan ze daar, als wachters, die twee torens.

In die stad is mijn grootmoeder Rose geboren, naar wie ik ben genoemd.

Over een brede brug fietsen we Keulen binnen.

Art heeft het adres van het geboortehuis van mijn grootmoeder ingetoetst en ik volg hem dwars door het centrum tot hij halt houdt in een statige laan voor een groot hoekhuis.

Als zij niet geboren was en niet op haar vierentwintigste met vakantie naar Heidelberg was gegaan waar ze mijn Nederlandse opa leerde kennen, had ik niet bestaan.

In het andere hoekhuis is Heinrich Böll geboren.

Op het terras tegenover het geboortehuis van mijn oma drinken we wat. Daarna fietsen we terug naar de rivier en vinden een hotel aan het water.

Op de eerste verdieping is een plek voor fietsen, maar Art zegt dat die veel te veel op elkaar gepropt staan. Als onze fietsen niet worden gestolen zullen ze zeker beschadigd raken.

Van de aardige langharige portier mogen de fietsen bij ons op de kamer logeren. Art draagt ze de trap op en zet ze tussen het ouderwetse houten meubilair van de ruime kamer.

Het is inmiddels donker maar op het terras naast het hotel zit nog een menigte te tafelen. Wat smaakt het eten goed na een dag fietsen, en ook de Duitse wijn.

Daarna maken we een wandeling naar de dom en het Römisch Germanisches Museum, waar zo veel schatten worden bewaard van de imposante Romeinse stad die hier ooit oprees, Colonia Claudia Ara Agrippinensium, genoemd naar Agrippina die hier geboren werd, de vrouw van keizer Claudius en moeder van keizer Nero. Het werd de hoofdstad van de Romeinse provincie Germania Inferior, waar een groot deel van zuidelijk Nederland bij hoorde.

De hogere standen van de veroverde volkeren baadden in de thermen, versierden hun huis met mozaïeken en dronken wijn uit glaswerk dat in Keulen werd gemaakt, maar de lagere klassen, zoals arme boeren, moesten nog steeds keihard werken en bovendien belasting betalen aan de Romeinse regering. De woede barstte naar buiten in de Slag bij het Teutoburgerwoud, waarbij drie Romeinse legioenen werden verpletterd, en Varus, de stadhouder die van Syrië was overgeplaatst naar Germanië de hand aan zichzelf sloeg waarna de Germanen zijn hoofd naar keizer Augustus zonden.

In 1987 ging een Engelse meneer niet ver van Osnabrück wat spelen met zijn metaaldetector, en trok zo dat slagveld uit de grond waar achttienduizend Romeinen aan mootjes waren gehakt. Er werden munten gevonden met 'Var' erop, resten van wapentuig, putten vol beenderen. Een steeds scherper beeld van die slag die plaatsgreep van 9 tot 11 september in het jaar 9, wordt uit de aarde opgedolven.

Terwijl we teruglopen naar ons hotel om ons ter ruste te leggen bij onze fietsen, zien we ruiters te paard verlicht door de maan, en achter hen het glanzende water.

DAG 5
KEULEN - REMAGEN
VIA BONN
45 KM

Alleen de doden hebben het einde van oorlogen gezien.
– Plato

Art heeft een beetje last van zijn nek en zou graag een wat langere stuurpen halen bij Dr. Cannondale in Zell, maar dat is een omweg. Ik heb nog steeds nergens last van. Dat komt ook doordat fietsmeter Chris Brands mij precies op de juiste manier op mijn fiets heeft gezet. Het stuur moest smaller, het zadel hoger. Die voorovergebogen houding bevalt me goed.

Elke ochtend heb ik weer zin om op te stappen, door te gaan.

Voordat we onze reis voortzetten fietsen we even naar de dom en werpen om de beurt, terwijl de ander als een Cerberus over de fietsen waakt, een blik in dat reusachtige bouwwerk. Het licht valt in vele kleuren naar binnen door de glas-in-loodramen.

De dom heeft de oorlog overleefd – wel met flinke beschadigingen –, terwijl negentig procent van Keulen werd platgegooid omdat de Amerikaanse vliegeniers de dom gebruikten als oriëntatiepunt.

Door al die oorlogsvernielingen kwamen er veel Romeinse schatten aan het licht.

Graag zou ik met Art het Römisch Germanisches Museum nog even binnenlopen, naar de Romeinse wagen kijken die daar staat, de kop van Agrippina maior weer zien, de kleindochter van keizer Augustus die haar man Germanicus vergezelde naar deze streken en hier de Romeinen die wilden vluchten voor de Germanen, zo vurig toesprak dat ze toch stand hielden.

Het is een druk verkeer van rijnaken die traag voorbijglijden, beladen met kleurige containers. Na het trauma van de slag in het Teutoburgerwoud legden de Romeinen zich erbij neer dat dit de grensrivier van het rijk zou zijn en zagen ze af van veroveringstochten ten oosten van de Rijn.

Ons pad voert soms even weg van het water en loopt door velden, kleinere plaatsen, een industrieterrein. Juist die afwisseling houdt het spannend. Ik heb nog steeds geen zin in Griekse les, maar luister wel een tijdje naar Händel, 'Ombra mai fù'. Deze lofzang van Xerxes, koning van Perzië, op de schaduw biedende plataan kan ik nog meer op waarde schatten nu ik zelf ervaar hoe heerlijk het is om terwijl de zon hoog aan de hemel staat onder het gebladerte van bomen door te fietsen. Op een marktje kopen we kruisbessen en abrikozen en eten die ter plekke op, uit een papieren puntzak.

Als we Bonn binnenrijden, ooit een Romeins fort, zien we hoog boven alles uit het logo van Mercedes Benz. We maken een ronde langs verschillende computerzaken op zoek naar een Camera Connection Kit waarmee de foto's op de iPad gezet zouden kunnen worden. Als reserve, mocht er iets misgaan met de imagetank.

Maar tevergeefs. Als we langs het aanlokkelijke terras van restaurant Roses fietsen, besluiten we daar even halt te houden.

De fietsen staan geleund tegen ons tafeltje, met ons hele hebben en houwen erop, wat een opwindend gevoel van vrijheid geeft. De klokken luiden.

Het terras is zo aangenaam, het eten zo goed en er is bovendien internet, dat we er een lange tijd blijven zitten om onderzoek te doen op het web over ons parcours en om een mail te sturen naar mijn moeder.

Voordat we Bonn verlaten fietsen we nog even langs het geboortehuis van Beethoven. Dan rijden we de stad weer uit, de natuur in, een idyllisch dorpje door.

Net als ik wil uitroepen hoe mooi ik het hier vind lees ik 'Grabenstrasse' op een bordje en wijst Art naar een klein oud kerkhof. Weer zie ik dit als een voorspellend beeld van een film die slecht gaat aflopen.

Terwijl we in een flink tempo naast elkaar fietsen over het effen pad langs de Rijn, waar de oevers zijn bestrooid met villa's, vertelt Art over zijn fietsverleden.

Bij zijn grootouders in Stepanavan, hoog in de Armeense bergen, stond een fiets. Die was voor de hele familie, maar hij haalde hem vaak stiekem uit de kelder terwijl de anderen aan het eten waren, en racete weg, nageschreeuwd door zijn broers en neven.

Sinds zijn prilste jeugd brandde in Art de wens om weg te gaan. Op zijn tiende wilde hij naar Amerika. Hij is ook echt vertrokken en had zijn broer en zijn neefje meegesleept. Hij had een lasso gekocht. Daarmee zou hij over de bergen kunnen klimmen en misschien zou die lasso ook van nut zijn om op de boot naar Miami terecht te komen.

Het eerste wat Art deed toen hij op zijn twintigste in Nederland aankwam was een fiets kopen, van een derde van het geld dat hij bij zich had. Hij dacht dat het een racefiets was, maar pas toen hij erop zat merkte hij dat de fiets niet zo goed was en dat hij maar drie versnellingen had.

Toen hem in Amsterdam, waar hij bivakkeerde nadat hij uit Armenië was gekomen, was verteld dat hij zich moest aanmelden bij het asielzoekerscentrum in Rijsbergen, was hij met zijn fiets in de trein gestapt naar Etten-Leur en vervolgens naar het centrum gefietst, waar hij meteen 'de fietsman' werd genoemd. Vervolgens fietste hij terug naar het station in Etten-Leur, maar daar zag hij net de trein voor zijn neus wegrijden. Daarop besloot hij per fiets naar Amsterdam terug te gaan. Hij had geen kaart, verdwaalde meerdere malen en fietste zo'n tweehonderd kilometer, de hele nacht door, zonder te slapen en te eten.

Een week later werd zijn fiets gestolen. De ketting die hij had gekocht was gemakkelijk door te knippen.

De volgende fiets, die hij aanschafte van zijn eerste verdiende geld, was een Gitaneracefiets. Die was al beter, lichter en met meer versnellingen.

Op sinterklaasavond, na het werk, wilde hij zijn nieuwe speedometer testen, en hij fietste zo hard hij kon door de Spuistraat. Uit een zijstraat doemde een taxi op, die ook heel hard reed. Remmen kon niet meer; hij fietste zo snel mogelijk om te ontsnappen, maar de taxi raakte zijn been. Hij vloog door de lucht en klapte met zijn hoofd tegen een amsterdammertje. Het bot stak uit zijn knie.

Zo belandde hij op sinterklaasavond op de operatietafel van het AMC en met kerst zat hij met zijn krukken in de Pauluskerk in Rotterdam.

Het ongeluk minderde zijn passie voor het fietsen niet. Een tijdlang droomde hij ervan met de Nederlandse vlag heel Europa door te fietsen om zo zijn liefde voor Nederland te tonen en op die manier zijn Nederlanderschap te veroveren in plaats van met al die bureaucratische rompslomp.

Inmiddels weet hij alles van fietsen. In één oogopslag ziet hij welke fiets voorbijkomt, wat de voor- en nadelen van die fiets zijn. Hoeveel hij kost, uit welk jaar hij is.

Om een uur of zeven zien we in het late licht kastelen op bergtoppen en ruïnes van middeleeuwse burchten. Romantische bouwwerken, maar ik besef dat ze zijn opgetrokken als verdediging tegen de medemens.

Art is lyrisch. Hij vindt dit nog mooier dan Italië want Italië lijkt meer op Armenië.

Even later schijn ik weer een fundamentele verkeersregel te overtreden.

'Liefste,' zegt hij met een mengeling van zorg en vermaaktheid, 'je moet pijltjes vólgen, niet ertegenin gaan.'

Als de pont net voor onze neus wegvaart, besluiten we een hotel te zoeken aan deze kant van de Rijn. Dat vinden we in Remagen, vroeger een Romeinse legerplaats.

DAG 6
REMAGEN - SANKT-GOAR
83 KM

Houd goede moed; hevige pijn duurt immers niet lang.
– Aeschylus

'Ik zie wel op tegen de Alpen,' beken ik.
 'Komt goed. De olifanten konden het ook.'
 Er zijn er wel heel wat in de afgrond gestort.
 We zijn blij dat we weer op de fiets kunnen stappen en dat het mooiste stuk van de Rijn op ons wacht.
 De koers richting Delphi voert ons al snel door idyllische dorpjes met vakwerkhuizen in het gelid. De witte muren tussen de donkere balken lichten op als de zon erop valt. Het is stil en de meeste winkels zijn dicht.
 Het is zaterdag en mooi weer, daardoor zijn er extra veel fietsers op pad, bijna allemaal met Ortliebtassen. Er wordt gegroet, vooral als het koppels zijn.
 De Rijn glinstert en soms ook een wit stadje op de oever aan de overzijde.
 De bermen staan vol grassen, bloemen, geurende kruiden.
 Ik wil naar muziek luisteren, die ik direct uit de luidspreker van de iPhone laat klinken en niet via die vervelende oordoppen die je van de wereld afsluiten. Als ik op het schermpje tik begint Charles Aznavour te zingen. Dat kan opwekkend zijn maar ik zoek iets anders bij dit landschap. De *Brandenburgse concerten* zijn zo gek nog niet. Instrumentaal vind ik prettiger dan vocaal, want tekst leidt te veel af.
 Art houdt van aria's. De opzwepende uit Händels *Rinaldo* bijvoor-

beeld, vooral bij duizelingwekkende afdalingen. Nu luistert hij naar muziek van Porpora, vertolkt door Cecilia Bartoli. Ik heb nog steeds geen zin in Grieks.

Soms fietst Art een stuk vóór me, dan weer fietsen we naast elkaar. Hij is vrolijk en herhaalt dat hij het zo fijn vindt dit eindelijk met mij te delen.

'Ik denk veel na,' zegt hij.

'Waarover?'

'Hoe loods ik mijn bushbaby'tje de Alpen over.'

Zo noemt hij me af en toe nadat ik hem vertelde over die gekke kleine diertjes die ik voor het eerst zag in Malawi en die eruitzien als een kruising tussen een aapje, een poesje en een eekhoorn, met grote ogen. Hij kende ze, zoals hij zo veel dieren kent.

Aan de ene kant glijden boten voorbij, aan de andere kant zoeft een trein.

Weer vaart de pont net weg, dus vervolgen we onze tocht langs deze kant van de Rijn. Soms rijden we langs het water, soms ook door uitgestorven dorpjes, die wat hoger liggen en prachtige uitzichten bieden.

Onverwacht fietsen we op een hobbelige, lelijke weg met barakken erlangs en dorre struiken.

'Net Italiaanse wegen, met die hobbels,' zegt Art.

We belanden op een uitgestorven industrieterrein, dat ook wel interessant is vanwege het contrast. Doortrappend komen we vanzelf weer op mooie paden en op een brug over de Moezel.

Koblenz, het oude Castellum apud Confluentes omdat Rijn en Moezel daar samenvloeien, maakt een mooie opkomst met veel torens. Julius Caesar bouwde hier al een brug en een paar decennia later werd het een militaire basis.

Als we de stad binnenfietsen, zien we een outdoorwinkel, zo'n winkel waar ik tot voor deze expeditie nooit was geweest.

We stappen af. In de etalage staan roze sportsandalen. Art weet dat Teva een goed merk is. Een echte fietser fietst nooit met open schoenen want die gebruikt klikpedalen.

Ik heb getwijfeld of ik klikpedalen zou gebruiken maar we besloten dat ik eerst maar met de Salomons zou beginnen. 'Je bent het niet gewend, en vaak in gedachten. Als je even vergeet dat je schoen vastgeklikt zit, lig je op de grond.'

We kijken een tijdje rond in de grote winkel vol attributen voor alpinisten, kampeerders en fietsers, en kopen uiteindelijk de roze sandalen. Ze zitten lekker en de zool heeft veel reliëf dus staat stevig op de pedalen.

Voor straks in Italië en Griekenland. Maar eerst de Alpen nog.

Op een mooi plein in hartje Koblenz, vol struiken met roze bloemen, ontdekken we Italiaans restaurant La Mamma. Daar gaan we lunchen aan een tafeltje naast de fietsen die geparkeerd staan tegen zo'n bloeiende struik, waar vooral mijn Cannondale een fotogeniek geheel mee vormt.

De *Insalata Caprese* is rijk overgoten met olie, maar ons tafeltje staat zo scheef dat de olie van ons bord op het plein druipt.

We worden bediend door Italianen, die veel bewondering hebben voor de fietsen en onze expeditie.

Bij de Alpen even het motortje aan, veronderstellen ze.

'Hebben jullie die niet?'

Art wil een back-up maken van zijn foto's. Het lukt niet.

'Die rot-Chinezen!'

'Rustig!'

'Ik heb veel onderzoek gedaan. Dit leek de beste, kwaliteit en niet duur. En nu dit. Dierenbeulen!'

Uiteindelijk lijkt het toch te lukken. Art is zijn kwaadheid vergeten, we fietsen nog wat door het mooie centrum van Koblenz en zoeken dan de Rijn weer op.

Vredig trappen we voort langs het stille water, waar af en toe geruisloos een boot voorbijglijdt.

Een kreet. 'Slettenzoon!'

Hij heeft het tegen een insect dat in zijn oog gekomen is.

We stappen af. Hij heeft het beest al te pakken.

'Die kamikaze ontplofte in mijn oog.'

'Dat lijkt me sterk.'

'Er kwam gif uit. Een soort zuur waardoor vogels ze niet lusten.'

Zijn oog is rood, maar hij kan er nog wel mee zien.

'Daarom moet je dus altijd een zonnebril dragen, tegen die rot-insecten.'

Het zuur brandt nog in zijn oog, zegt hij.

Ik aai hem over zijn wang.

Hij scheldt weer op dat minuscule diertje.

'Wat heeft de moeder van dat insect ermee te maken?'

'Ze hebben geen recht op leven.'

'Ze hebben ook oogjes, een mondje, pootjes.'
'Insecten zijn net zo verwerpelijk als mensen.'
Dit is weer zoiets raadselachtigs, en een discussie heeft geen zin, weet ik inmiddels. Art heeft respect voor alle dieren, klein en groot. Sinds zijn achttiende heeft hij er niet een meer gegeten. Maar hij heeft een bloedhekel aan insecten.
We stappen weer op de fiets.
Geleidelijk wordt het bergachtiger. Er liggen wijngaarden tegen de hellingen, steeds meer wijngaarden, in contrasterende patronen.
Het begint al te schemeren, de weg is leeg en de fietsers zijn thuis of in hun tenten.
Een droomstadje doemt op. De boulevard is goudachtig verlicht door ouderwetse lantaarns. Als we een romantisch ogend hotelletje zien, wit en begroeid met blauwe regen, waar wat mensen zitten te tafelen op het terras, besluiten we te vragen of ze ons onderdak kunnen geven. Ik zal gaan informeren, Art houdt mijn fiets vast.
Ineens verandert zijn gelaatsuitdrukking.
'Wat heb je met je lamp gedaan?' Hij staat scheef. Art waarschuwt regelmatig dat ik moet uitkijken bij het pakken van mijn voortasje.
'Ik doe mijn best om de mooiste en beste dingen voor je uit te zoeken en jij vernielt ze.'
'Niet expres, man!'
'Al die dingen doe ik voor jouw veiligheid! Zal ik hem dan maar helemaal kapot maken?' Hij strekt zijn hand uit naar mijn lamp.
Ineens ben ik zo razend dat ik wegrace.
Ik heb nog nooit zo hard gefietst. Die driftkop met zijn spulletjes.
Het is donker en de weg is leeg. Ik rijd door een toverwereld. De Rijn glanst, verlichte kastelen liggen tussen de wijnvelden en sprookjesbossen. De ronde maan wordt weerspiegeld in het water.
Vlakbij zingt de Lorelei.
Een flinke tijd fiets ik in dit hoge tempo. Het is of ik vleugels heb. De koelte van de avond is aangenaam.

'Meer dan dertig kilometer, ik wist niet dat je zo snel kon fietsen, schatje.' Hij komt naast me rijden. 'Ik moet je vaker boos maken.'
Zijn uitbarstingen zijn onevenredig heftig. Maar zijn razernij verdwijnt net zo snel als ze opkomt. Dat schijnt bij het volkskarakter te horen, bij dat land van uitersten, met hete zomers en ijzige winters, ruige bergen en het allerzoetste fruit, gewelddadige ge-

schiedenis en hemelse kloosterzang. Ook al hebben we nog zo hard gevochten en geroepen dat het uit moet zijn, vrijwel altijd zoekt zijn arm me in de nacht en trekt me tegen zich aan.

'Ik heb een Rolls-Royce voor je willen maken maar jij behandelt hem als een Zaporozhets.'

Hopelijk vinden we een hotel want het is laat.

Het volgende stadje blijkt Sankt Goar, waar ik veel over heb gehoord omdat mijn ouders er logeerden. Er is plaats voor ons in hotel Zur Loreley.

Art sjouwt de fietsen de kelder in, daarna brengen we de spullen naar ons zolderkamertje.

In de met hout betimmerde Stube kunnen we nog een kom soep krijgen. Daarna maken we een wandeling door het plaatsje en gaan op zoek naar een ijsje en naar internet. Maar tevergeefs.

De jeugdherberg blijkt nog te bestaan.

'Wat hebben we het getroffen met elkaar, hè?' zeg ik als we hand in hand naar de berg kijken waarop het kasteel met de jeugdherberg ligt, beschenen door de maan.

'Ja, jij met je hoorntjes en ik met mijn slagtanden.'

DAG 7
SANKT GOAR - WÖRRSTADT
65 KM

De zon ging onder en alle wegen werden in duister gehuld.
–Homerus

De kerkklokken van Sankt Goar hebben ons gewekt. Het is zondag.
 Ik kijk naar boven, naar het kasteel op de berg.
 Art sjouwt de fietsen weer omhoog uit de kelder.
 Het bed was aangenaam maar elke ochtend heb ik weer zin om op te staan. Uit nieuwsgierigheid naar het vervolg, nieuwe landschappen en plaatsen en ook uit een zekere verslaving aan het fietsen zelf.
 We hebben een interessant stuk van de Rijn voor de boeg en moeten veilig langs de Lorelei zien te komen.
 Tegenover ons hotel wordt reclame gemaakt voor een *Weinkarussell*: zeven glazen zeven euro, veertien glazen tien euro. Wij houden het bij *Rheinisches Mineralwasser*.
 De zon straalt aan een heldere lucht en de berm staat vol blauwe bloemen. *Die blaue Blume*, het symbool van de romantiek.
 Aan de ene kant stroomt de vertrouwde Rijn en aan de andere kant rijzen steile bergen op, overdekt met wijngaarden. Daaronder leunt het ene drinklokaal tegen het andere zodat die lekkere rijnwijnen hier regelrecht van de bergen de kelders in kunnen stromen.
 De spanning stijgt door namen als Lorelei Weinkeller, Loreleiblick, Restaurant Lorelei.
 Ik zing voor Art: 'Ich weiss nicht, was soll es bedeuten, dass Ich so traurig bin', op het ritme van onze pedalen. 'Ein Märchen aus uralten Zeiten, dass kommt mir nicht aus dem Sinn.'
 Ik vertel dat de Lorelei heel veel schepen door haar schoonheid en

haar gezang op de klippen heeft laten lopen.

'Een sirene dus.'

Ja, wederom waren de oude Grieken ons voor. Als we zijn aangekomen bij die gevaarlijke plek stappen we af en kijken omhoog naar de top van de berg waar zij zich schuil houdt.

'*Die schönste Jungfrau sitzet, dort oben wunderbar.*'

Nog steeds gebeuren hier ongelukken, door de scherpe bocht van de rivier, de vooruitstekende rots, en de sterke stroming.

We stappen weer op de fiets, 'met mijn eigen Loreleitje,' zegt Art, 'mijn voortdurend loerende gevaar.'

'*Sie kämmt ihr goldenes Haar, Sie kämmt es mit goldenem Kamme, und singt ein Lied dabei.*'

Een volgende verwijzing naar het werk van Heine is al te lezen op de bordjes: 'Bacharach'.

Der Rabbi von Bacharach stond bij ons in de kast; ik las het boek voor mijn lijst en het maakte veel indruk. Tijdens het vieren van seideravond door een groot gezelschap Joden in het middeleeuwse Bacharach komen er onverwacht twee vriendelijke vreemdelingen, die hartelijk worden onthaald. Op een gegeven moment verbleekt de rabbi; hij pakt de hand van zijn vrouw en ze vluchten weg met een bootje over de Rijn, angstig om het lot van de andere Joden. Onder de tafel had hij een bloedend kinderlijkje zien liggen.

Het verwijst naar de pogroms die in de Middeleeuwen werden gehouden nadat de Joden ervan waren beticht een christelijke jongen te hebben vermoord.

Snel een kopje koffie in Bacharach moet kunnen.

Maar dan ontdekken we dat de zadeltas van Art met alle instrumenten ontbreekt.

Vergeten in hotel Zur Loreley.

Hij roept wat verwensingen, maar dan zegt hij kordaat: 'Jij wacht hier in je lievelingsstadje. Ik ga heen en weer.'

Het is meer dan twintig kilometer.

Ik ga Bacharach verkennen, denk ik meteen, maar Art wil zijn fietstassen bij mij achterlaten want dan is hij sneller.

'Kijk, daar is een bankje.'

Hij loopt erheen, zet de tassen erop en racet weg.

Daar zit ik dan naast de tassen en naast mijn fiets in een aangeharkt parkje. Aan de ene kant ligt Bacharach, met het wit en zwart van het vakwerk voor de schuine groene strepen van de wijnstruiken waarmee de bergen daarachter zijn overdekt. Aan de andere kant stroomt de Rijn en is een aanlegplek voor boten.

Op het bankje tegenover me gaat een stel Amerikanen lekker zitten genieten van een zak patat. Jammer dat ik aan die tassen ben gekluisterd. Ik koop een ijsje.

Laat Art maar even net zo hard trappen als hij kan. Meestal moet hij zich inhouden voor mij.

Ik kijk naar een zwaan die voorbijdrijft. 'Viking Bootreizen' staat er met stoere letters op een passerend schip.

Eerder dan ik dacht zie ik Art in vliegende vaart terugkomen.

Ja, het was prettig om even heel snel te fietsen, zegt hij. Hij had veertig kilometer gehaald.

De vrouw zei dat ze inderdaad een vreemde zwarte tas hadden gevonden en had die meteen aan hem overhandigd. Daar was hij zo blij van geworden dat hij dacht zich even, in dat vrolijke, zonovergoten levendige plaatsje, een ijsje te kunnen permitteren, zonder op zijn kop te krijgen van het vele kilometers verder op een bankje wachtende, licht knorrige schatje van hem. Hij had zijn lippen afgelikt maar het tegelijk betreurd dat hij niet samen met zijn 'toch wel de liefste van allemaal' van dit heerlijke ijsje kon genieten. Eigenlijk had hij er ook nog een milkshake en een stuk taart bij genomen.

We moeten door, maar fietsen eerst het stadje even binnen, stappen af en wandelen met de fiets aan de hand door de oeroude straten. Ik had nooit gedacht dat ik nog eens in fietsbroek en op sportschoenen door Bacharach zou lopen.

Op een gedenkteken aan de pogroms staat een tekst van paus Johannes de Drieëntwintigste: 'Wij dragen een kaïnsteken op ons hoofd doordat wij onze broeders hebben gedood. In hen hebben we Christus nogmaals gekruisigd.'

Restaurant Sirtaki. In Griekenland wil ik dansen.

Er volgt een prachtig traject langs heuvels vol druiven, door kleine, stille dorpjes.

Uren rijden we door tot we aankomen in Bingen, de stad van Hildegard. In het midden van de stad stoppen we bij een grote fontein waarop haar leven is afgebeeld. Hildegard werd geboren in 1098, lezen we, en stichtte hier een benedictinessenklooster. Ze was een van de grootste mystici van de Middeleeuwen.

'Weten jullie waar de jeugdherberg is?' Als we omkijken staat daar een lange magere man van een jaar of veertig in fietstenue met een zwaarbepakte fiets.

Hij geeft ons een hand. 'Maarten.'

Er is meteen een verstandhouding van fietsers onder elkaar, wat voor mij een nieuwe ervaring is.

Hij heeft het boekje van de Reitsmaroute voor op het stuur, die veel wordt gebruikt door mensen die van Nederland naar Rome fietsen.

'Jij hebt de Alpen dus al twee keer getrotseerd.'

De Alpen vond hij niet het ergste maar Noord-Italië, de Povlakte, saai en heet. 'Met heel slechte fietspaden.'

De mannen praten over allerlei technische aspecten terwijl ik de fontein van Hildegard bestudeer, waar haar serene gezicht op staat, omhuld door de benedictinessensluier. Andere reliëfs tonen Hildegard docerend en studerend in het middeleeuwse stadje. Ze schreef ook wetenschappelijke werken over geologie, plantkunde, filosofie, en over geneeskunde, gebaseerd op de leer van de temperamenten die Hippocrates al uitdacht in de vijfde eeuw voor onze jaartelling. De lichaamssappen slijm, bloed, gele en zwarte gal bepalen of je temperament flegmatisch is, sanguinisch, cholerisch of melancholisch, en je wordt ziek wanneer de balans tussen die sappen is verstoord.

Wat is de mens? 'Een monument van zwakheden, een prooi van het moment, een speling van het lot; de rest is slijm en gal,' volgens Aristoteles.

Maarten heeft net in een restaurant gegeten dat hij ons kan aanraden, naast de kerk.

Als we afscheid hebben genomen en de fontein van alle kanten hebben bekeken, besluiten we op dezelfde plek te gaan eten, en ik fiets achter Art aan door de kronkelende straatjes.

Hij stopt, blijft staan op zijn pedalen en kijkt over zijn schouder om te zien of ik hem volg.

Ineens zie ik hem vallen.

'Schatje!'

Een jongen snelt toe, helpt hem.

'Hoe kan dat nou?' Een van de plaatjes van zijn klikpedalen is versleten, zijn schoen glipte eroverheen.

'Dit moet dus zo snel mogelijk vervangen,' zeg ik.

Zijn knie is geschaafd. Het medische tasje komt weer tevoorschijn en ik doe jodium op zijn knie.

Even later zitten we op een door rozenstruiken omgeven terras met uitzicht op een oude kerk. We eten een Tiroler pastagerecht terwijl de Bingense klokken beieren op de achtergrond.

Of we een toetje willen. Art had me al eerder op ijssalon Rialto gewezen en wil daar graag het diner afronden. Ik sputter tegen. Het is al laat en ik heb geen zin om door het donker te fietsen.

'Even heel snel.'

Mopperend ga ik mee naar de ijssalon, waar Noord-Afrikanen kolossale coupes met veelkleurig ijs serveren dat eruitziet als spaghetti.

Dan doe ik ook maar mee. Aardbeien met spaghetti van vanille-ijs en prosecco.

Ik herinner hem eraan dat hij gewicht wilde verliezen en dat dat zo dus niet gaat lukken.

'Liefste, als je over afvallen begint maakt je tongetje meer rotaties per minuut dan de benen van Lance Armstrong bij de snelste sprint.'

Ik heb veel te veel gegeten, eerst die pasta- en nu die ijsslierten, en daardoor komt het denk ik dat ik niet lekker op mijn fiets zit, geen contact met de weg voel en wanneer ik een stoeprand zie het gevoel heb dat die heel ver in de diepte ligt. Ik kan hem niet meer ontwijken. Boem, daar lig ik.

Art draait om, snelt toe.

Ik sta weer op. Er lijkt niks kapot, alleen mijn knie is geschaafd. Mijn hand was beschermd door de fietshandschoen.

'Je fiets is kapot.' Ik schrik. 'Je versnellingen doen het niet meer. Hoe kon je zo stom zijn?'

'Te veel gegeten.'

In een parkje even verderop wordt de jodium weer uit het tasje gehaald. Hij doet er ook een stukje verband op en maakt dat vast met pleisters. Daarna gaat hij aan mijn fiets sleutelen.

'Dan moet je dus zonder versnellingen verder.'

Ich weiss nicht, was soll es bedeuten, dass Ich so traurig bin.

Het duurt lang, de hemel wordt steeds donkerder maar uiteindelijk heeft hij het voor elkaar.

Art doet een lamp op zijn fiets, maar het lukt hem niet om die op de weg te laten schijnen. 'Hij zoekt de hemel af,' zegt hij lachend.

Mijn licht is fel, maar ik vind het niet prettig om in het donker te fietsen wanneer de wegen niet of nauwelijks zijn verlicht.

Als we de stad uit rijden zien we op een eiland een toren uit een sprookje, wit oplichtend tegen de donkere hemel, omspoeld door het water.

'Dat is de Muizentoren.'

Die Luft ist kühl und es dunkelt, und ruhig fliesst der Rhein.

We trappen naast elkaar voort over de onverlichte weg terwijl ik hem de legende vertel over de hebzuchtige bisschop die hier duizend jaar geleden onredelijk hoge belastingen eiste. 'Hij liet ook die toren bouwen en vroeg tol aan alle schepen die langskwamen. Toen het uitgehongerde volk in opstand kwam mocht het voor één keer de graanschuur van de bisschop in om mee te nemen zoveel iedereen kon dragen. Zodra de mensen in de schuur waren werd die dichtgedaan en in brand gestoken. De muizen, die ook van dat graan leefden, stormden met duizenden op de bisschop af, die zich verschanste in de toren. Maar de muizen zwommen de Rijn over en vraten de bisschop op.'

Het is een verhaal naar zijn hart.

Inmiddels is het helemaal donker.

'Kijk uit, veel slakken!' roept hij. 'Niet overheen rijden.'

Tot onze spijt moeten we afscheid nemen van de Rijn want we volgen de kortste weg naar Heidelberg. We gaan overnachten in het eerste hotel dat het hotelboekingsprogramma aangeeft, zo'n vijftien kilometer verder.

Mijn blik is gericht op het rode lampje voor me, mijn benen maken vanzelf de vertrouwde bewegingen.

Und singt ein Lied dabei.

De strofen zingen maar door in mijn hoofd.

Het hotel is gesloten.

Door naar het volgende plaatsje, vele kilometers verder.

Daar is niet eens een hotel.

Het begint te regenen. We stappen af om onze regenjacks aan te doen en samen op de iPhone te kijken.

'Preislingen, hotel Zum Adler. Het is nog een eindje fietsen maar het ligt precies op de weg naar Heidelberg,' zegt Art.

In het donker en in de regen trappen we gestaag voort totdat ons fietspad verandert in een snelweg. Rechtsomkeert maar weer. Even later eindigt de weg in een wei.

Uiteindelijk komen we bij een mooi ouderwets hotel waarop in gotische letters 'Zum Adler' staat.

Maar het is dicht. Inmiddels regent het flink. En nu?

Het is twaalf uur geweest.

In de plaats die een paar kilometer verder ligt zijn meerdere hotels. De telefoon wordt nergens opgenomen maar we gaan er toch maar heen.

Mijn blik blijft gericht op het rode lampje voor me.

Den Schiffer im kleinen Schiffe, ergreift es mit wildem Weh.

Ineens remt Art en stapt af. Ik stop naast hem. 'Wat is er?'

'Ik denk dat ik je even moet omhelzen.'

Hij slaat zijn armen om me heen en drukt me tegen zich aan. Daarna veegt hij de regen van mijn gezicht en geeft me een kus.

'Je hebt het koud.' Hij haalt kleren uit de tas die ik niet nodig dacht te hebben. Als ik die heb aangetrokken gaan we met frisse moed door.

Uiteindelijk stormen we met een fantastische afdaling het plaatsje binnen, in het donker terwijl de regen opspat.

Ich glaube die Wellen verschlingen am Ende Schiffer und Kahn.

Het ene na het andere hotel is dicht.

Alleen een kebabtent is open. De twee Turkse jongens, die een zware alcoholdamp om zich heen hebben, zeggen dat we bij hen kunnen slapen. Er is een aparte kamer.

'Misschien moeten we dat maar doen,' zeg ik.

'En als we slapen stelen ze onze fietsen.'

Ik had al geopperd te gaan slapen in het portiek van een fietswinkel maar dat vond Art ook geen optie.

Een van de Turken, Mohammed, wil ons echt helpen. Hij weet een herberg, zegt hij, en die is zeker open.

Het klinkt goed maar we hebben weinig hoop.

Terwijl we gedrieën in het donker door de stromende regen lopen vraagt hij waar we vandaan komen.

'Nederland, maar hij komt eigenlijk uit Armenië.'

'Ik heb veel Armeense vrienden.'

'Dat zeggen ze altijd,' mompelt Art tegen mij.

We komen bij een oud huis, waar inderdaad licht gloort. Mohammed klopt op de deur en duwt die open. In een schemerig verlichte ruimte zit een stel langharige mannen te kaarten. Het ruikt er naar drank en marihuana.

'Nee, dit is geen herberg meer.'

De mannen noemen de naam van een hotel dat we tevergeefs hebben gezocht en waarvan we dachten dat het niet meer bestond.

Mohammed wijst ons de weg, en inderdaad komen we bij een modern hotel dat wat verscholen ligt. Het is gesloten maar er staat een telefoonnummer op de deur.

Ik bel het nummer en een mannenstem zegt: 'Hotel Wasseruhr.'

Ik vertel dat we nergens onderdak kunnen vinden.

Bij hen kunnen we terecht, zegt de man rustig. Het is nog tien kilometer fietsen en bij het hotel aangekomen moeten we een code intoetsen waardoor de deur opengaat. Dan zullen we op een tafeltje een enveloppe vinden met ons kamernummer en daar zit de sleutel in. De fietsen kunnen in de hal geparkeerd worden.

Tien kilometer fietsen is niks nu we weten dat er dan een bed op ons wacht. In Wörrstadt, nooit van gehoord.

We nemen hartelijk afscheid van Mohammed, bedanken hem voor de goede zorgen, klimmen de weg weer omhoog waarlangs we net zo heerlijk en hoopvol naar beneden suisden en fietsen over donkere natte wegen tot we op een groot kaal plein een vierkant gebouw zien met vele verdiepingen.

Alles gaat volgens plan, alsof we twee detectives zijn of twee schurken. De code opent de deur, in een enveloppe met mijn naam en het kamernummer zit de sleutel.

We laten onze fietsen aan elkaar geketend achter in de hal van wat op een congrescentrum lijkt, dragen de bagage de brede trappen op en gaan onze keurige kamer binnen.

Het is half vier in de ochtend.

Und das hat mit ihrem Singen, die Loreley getan.

DAG 8
WÖRRSTADT - FRANKENTHAL
VIA WORMS
48 KM

Want de een stelt hierin belang, en de ander daarin.
– Homerus

Als we uit het raam kijken na een korte nacht, zien we een enorme parkeerplaats die vol staat met auto's. Er ligt een industrieterrein omheen en er hangt een grijze hemel boven.

Toch zijn we gelukkig.

In de eetzaal kunnen we opscheppen van een koninklijk buffet en er is bovendien zeer snel internet zodat ik mijn moeder kan mailen dat alles prima gaat. En dat is ook zo.

Nu op naar Heidelberg, via Worms en Mannheim. 74 kilometer zou dat moeten zijn. Eigenlijk niet genoeg maar we gaan in elk geval in Heidelberg overnachten.

Art verzorgt mijn knie met dezelfde toewijding als waarmee hij voor de fietsen zorgt. Eucalyptus, een nieuw verbandje. Volgens mij is het beter zonder verband.

'Maar in de regen wordt het vies, kan gaan ontsteken.' Hij lacht. 'Al jaren neem ik dit eerstehulptasje mee in de hoop dat ik het kan gebruiken, en nu is het elke dag van nut.'

Ondanks de vermoeidheid hebben we toch weer zin om op de fiets te stappen. Mijn schoenen zijn nog vochtig.

Doordat we verstrikt raken in het internet en achter de ramen de regen blijft neervallen, wordt het bijna half drie voordat we vertrekken. Het is droog maar wel winderig en de voorspellingen beloven niet veel goeds. Ik trek mijn vederlichte jackie aan.

Na kronkelwegen langs loodsen en fabrieken zijn we al snel bij weidse korenvelden. Op een bord lezen we dat hier een pelgrimsroute loopt naar Santiago de Compostella.

We vervolgen ónze pelgrimstocht, niet west- maar oostwaarts.

Heel hoge windmolens staan in het lege land afgetekend tegen een steeds grijzer wordende lucht. De eerste druppels vallen er al uit. Ik doe een degelijker regenjack aan en Art bergt zijn fototoestel op, dat hij aan een ceintuur op zijn heup had hangen.

'Ga jij maar door, ik haal je wel in.'

Ik vervolg het pad, dat even later klimmend en dalend door wijnvelden voert terwijl het steeds harder regent. Mijn schoenen zijn doorweekt, mijn broek ook, maar het kan me niks meer schelen.

Het groen van de wijngaarden wordt afgewisseld met het geel van het graan. De hemel is bijna zwart. Art raast voorbij in een werveling van water.

Een kerktorentje, veel lager dan de windmolens, blijkt bij het plaatsje Biebelheim te horen.

Het hoost. We proberen te schuilen onder het dichte gebladerte van een reusachtige boom maar ook dat biedt geen beschutting.

Art was bijna gevallen. 'Ik wilde zo hard mogelijk, ging bijna vijftig en toen glipte het plaatje langs de pedaal. Het is gewoon versleten.'

'In de eerste de beste fietswinkel gaan we andere pedalen kopen,' zeg ik.

We trappen door in de regen, er is nu toch niks meer aan te doen.

Op een zeker moment stuiten we op 'werkzaamheden', wat betekent dat de weg tijdelijk uit zand, modder en kiezels bestaat. Werklui zijn niet te bekennen. Ik kan gewoon doorfietsen met mijn Big Applebanden van Schwalbe, 2.15. Voor Art, die veel smallere banden heeft en meer weegt, is het moeilijker. Ik hou wel van af en toe een stukje crosscountry en dan ook nog in de stortregen.

In de verte zien we de dom van Worms oprijzen.

'Daar wil ik in.'

'We hebben weinig tijd,' zegt Art.

'Dit is een historische plek. Hier werd Luther in de ban gedaan. En het is de oudste stad van Duitsland.'

Eerst naar een fietswinkel.

'Niet één echt goede fiets,' zegt Art met een blik op de etalage.

We hebben geen tijd om een andere fietswinkel te zoeken want het is tegen zessen.

'Hebben jullie pedalen van Time of Look?' vraagt Art.

Nee, die hebben ze niet.

Hij was tevreden met zijn Candies Eggbeater. Ze zijn mooi en licht maar de plaatjes slijten veel te snel omdat ze van koper zijn.

'Misschien Frogs van Speedplay?'

Hij had eerder Frogs gehad, vertelt hij, maar hij vond de koppeling niet tactiel genoeg.

'Alleen Shimano.'

'A530?'

De man schudt zijn hoofd. 'Nee, wel M324.'

Art vraagt of hij ze mag zien. Hij vindt de pedalen te grof en niet mooi.

'Ze zijn dubbel zo zwaar als mijn Candies. Voor dit bedrag kan ik wel wat beters krijgen,' zegt hij op zachte toon tegen mij.

'Veiligheid gaat voor alles,' zeg ik streng. Hij was vandaag twee keer bijna gevallen.

De man zet de nieuwe pedalen op zijn fiets en de plaatjes op zijn schoenen.

Het regent nog steeds. Nu snel naar de kathedraal en dan een eettent zoeken en opwarmen.

We rijden over de Nibelungenstrasse. 'Worms die Nibelungenstadt' staat op een grote poster.

De Bourgondische koningsfamilie wier ondergang bezongen wordt in het middeleeuwse *Nibelungenlied*, vestigde zich in de vijfde eeuw alhier. Op Arts Armeense school, die toen nog recht in de Sovjetleer was, is hem nooit iets verteld over die Rijksdag en ook niet over de Nibelungen.

Art houdt mijn fiets vast terwijl ik de trappen op loop naar de ingang van de dom, maar die blijkt dicht wegens restauratie. Tot zijn opluchting kunnen we door naar een eettent en die vinden we tegenover een boekhandel.

Iets verwarmends willen we. Art neemt warme chocolademelk, ik rode wijn en we bestellen wat te eten. We zijn doorweekt en koud. Om de beurt verdwijnen we naar de wc om een droog shirt aan te trekken.

Achter Arts hoofd lees ik op de gevel aan de overkant 'Thalia', de naam van de boekhandel. 'De vrolijke, de bloeiende', de muze van de komedie is ze, en hun leidster op wie feestvierende gezelschappen graag de eerste toost uitbrachten. Weer die Grieken.

We stoten het wijnglas en de beker warme chocola tegen elkaar boven onze helmen.

Op een klok staat 'Worms'. De secondewijzer tikt er gestaag voorlangs.

We hebben nauwelijks meer dan 35 kilometer gefietst. Morgen regent het misschien weer. Vanavond moeten we Heidelberg halen.

'Wurms-Heidelberg is in rechte lijn maar veertig kilometer.'

'Niet Wurms, Worms.'

'Als we nog een tijdje langs de Rijn blijven fietsen is het zeven kilometer langer.'

We kijken naar de mensen die hier een lange warme avond gaan doorbrengen. Toch heeft het ook wel wat de straat weer op te gaan.

Het is al tegen negenen als we moed vatten.

Op een plein waar we toevallig langsfietsen staat een reusachtig beeld van een man in wie ik meteen Luther herken. Hij wordt omringd door andere helden van de Reformatie, allemaal overdekt met het groene patina van oud koper.

'Kijk, een Gravityfiets,' zegt Art, wijzend op een robuuste witte fiets waarop een jongen rondjes fietst om de reformatoren. 'Een zware mountainbike met grote veer-*suspension* en een laag zadel. Daar kun je kunstjes op uithalen. Maar nu is de straat te nat.'

Als we de stad uit rijden, zien we een grote stoere toren versierd met kleine torentjes en ramen met rode luiken. De middeleeuws aandoende toren vormt een poort over het begin van de brug: de Nibelungenbrücke en Nibelungenturm.

Ik wil er graag onderdoor, maar 'dan dwalen we weg van de Rijn', zegt Art, dus we nemen een weg die ons nog even langs de rivier voert, door bossen, langs velden, geheimzinnig in de avondnevelen. Hier zou Siegfried zo tevoorschijn kunnen springen op zijn paard, of Brünhilde, met wapperende haren. Je kunt je voorstellen dat in het hoge riet de Rijndochters verwijlen.

Als ik Art vertel over de *Nibelungensage*, een geschiedenis vol geweld, liefde en wraak, met uitzonderlijk sterke mannen en oogverblindende vrouwen, zegt hij:

'Dus een soort *David van Sassoen*.'

Inderdaad zijn er opvallende gelijkenissen met dat Armeense volksepos, ook wat de rol van de tovenarij betreft.

Langzaam wordt het donkerder. Hoe harder ik fiets hoe meer licht mijn lamp geeft. Soms zien we de Rijn glanzen, dan gaat die weer schuil achter struikgewas.

Op een bepaald moment houdt de weg op. Art studeert op Navigon, op zoek naar een alternatief. Als het om het vinden van de weg gaat blijft hij altijd kalm, ook al zit het tegen.

Ik volg hem een klein stukje terug, en dan nemen we een afslag die ons op een zeer brede weg brengt waar de auto's erg hard rijden.

'Het is goed, schatje, goed rechts blijven en uitkijken dat je niet over diertjes heen rijdt.'

Auto's scheren langs. Het plaveisel is glad en rijdt lekker. 'Mannheim', lees ik op een bord, en even later wordt een maximumsnelheid van honderdtwintig kilometer aangegeven. Misschien mogen we hier niet rijden, maar het schiet wel lekker op. Zo komen we vanavond toch nog in Heidelberg.

Er wordt getoeterd door een voorbijrijdende auto.

'Zo snel mogelijk fietsen, dan val je minder op.'

Dat doe ik ook en ik rijd zo dicht mogelijk langs de vangrail.

Na een minuut of veertig vermindert Art zijn vaart.

'Zie je die lichten?'

'Welke lichten?'

Het asfalt voor ons wordt afwisselend rood en wit verlicht.

'Politie,' zegt Art.

Hij rijdt een vluchtstrook op en stopt.

Ik volg zijn voorbeeld.

Even later stopt daar ook een wit met blauwe Mercedes waar met grote letters 'Polizei' op staat geschreven. Door het zwaailicht verandert de omgeving telkens van kleur.

Vier politiemannen stappen uit de auto en komen naar ons toe.

De oudste, met een snor, vraagt waar we heen gaan. Ik zeg maar niet dat we op weg zijn naar Delphi want dan stoppen ze ons meteen in een gekkenhuis.

'Heidelberg.'

'U rijdt op de autobaan, dat is verboden.'

'We volgden de instructies van ons navigatieprogramma en hadden "fietspad" aangegeven. Dat voerde ons hiernaartoe,' zeg ik rustig en in mijn beste Duits.

Uit Arts iPhone klinkt Bach.

'We hebben zeven telefoontjes gekregen. Dit is levensgevaarlijk.'

Ik bied mijn verontschuldigingen aan, vertel dat we uit Amsterdam komen en op weg zijn naar Delphi. Ik kon het toch niet voor me houden.

De politieman vraagt om mijn paspoort en neemt het mee naar de auto.

Na een tijdje stapt de man weer uit de auto en praat met zijn collega's.

'Heidelberg moet u voor vanavond maar vergeten,' zegt de man rustig als hij bij ons terugkomt. 'Als u die volgende afslag neemt en de weg volgt dan komt u vanzelf in Frankenthal. In het centrum vindt u hotel Zentral. Gaat u daar overnachten en een maaltijd genieten van het geld dat u eigenlijk voor een boete had moeten betalen. Dan houden we het nu bij een mondelinge waarschuwing.' We danken de politieagenten allerhartelijkst. Ze escorteren ons naar de afslag en daar zwaaien we elkaar na.

'Hoorde je wat hij zei toen hij met het paspoort naar de andere agenten ging? "*Negativ.*" Dat was dus goed. Hij vroeg niet om mijn paspoort.'

'Misschien een schuldcomplex ten opzichte van donkerharige medemensen.'

'Misschien omdat ze hoorden dat ik naar Bach luisterde.'

Hij had tot nu toe alleen maar aardige ervaringen met Duitsers gehad. Ze waren allemaal even behulpzaam. 'Zo beschaafd ook, alleen lichtsignalen en telefoontjes. In Nederland en Italië hadden ze je oren eraf getoeterd.'

'Kuifje en co op weg naar Delphi.'

DAG 9
FRANKENTHAL - HEIDELBERG
43 KM

Afwisseling is bij alles aangenaam.
– Euripides

'Ik vond trouwens dat je gisteren waardig reageerde,' zegt Art als we de kleren van de verwarming halen. 'Toen ik zei dat je rechts moest houden en doorfietsen deed je dat gewoon.'
'Er hebben dus veel automobilisten naar de politie gebeld.'
'Om te zeggen dat er op de autobaan bij Mannheim een fietser was gesignaleerd met een kleintje erachteraan dat hem als een eendenwelpje volgde.'
Het regent niet meer maar het is wel grijs. Mijn schoenen zijn nog nat. Dan maar de sandalen aan.
We krijgen een flinke korting in dit door de politie aangeraden viersterrenhotel omdat de eigenaar een hartstochtelijk fietser is. Heel graag zou hij ook zo'n grote reis maken maar helaas houdt zijn vrouw niet van fietsen. Het is nog steeds een vreemde gewaarwording in de rol van de sportieve vrouw te zijn beland. De man geeft ons advies voor het vervolg van onze tocht. Er wacht een mooi stuk door de natuur tot aan Ottersheim, waar we de pont kunnen nemen.
We rijden Frankenthal uit, langs een oude kloostermuur.
Zomaar een vriendelijk stadje in het groen maar er is veel gebeurd, vertelde de hoteleigenaar. In de zestiende eeuw vluchtten hier veel katholieken uit de Nederlanden heen, tapijtwevers, juweliers, schilders. In de Kristallnacht brandde de synagoge af en in 1943 werd bijna heel Frankenthal platgegooid.
Sirenes. Doen we weer iets fout?

Het is een ambulance.
'Unfallenzentrum', lees ik als ik met mijn blik de ambulance volg.
'Welke route nemen we nu?' vraag ik.
'De goede,' zegt Art kortaf.
'Dus naar Ottersheim, waar de hoteleigenaar het over had?'
'Ik heb de groene ingetoetst, dus dat zal wel.'
'Als dat zo'n mooie route is wil ik die graag volgen.'
'Er is zoveel mooi. Als het tien kilometer om is, is het tijdverspilling.'
'Dat is maar hoe je het bekijkt.'
Met sandalen aan fietsen is niet echt prettig. De Salomons gaven meer steun.
De weg is wel erg groen want voert over gras. Met mijn fiets is dat niet echt een probleem, maar wel het hek dat ineens voor onze wielen staat.
Art bromt wat over Navigon en start nu TomTom. 'De pont wordt al aangegeven.'
'Is dat de pont bij Ottersheim?'
'Dat weet ik niet, maar het is een pont.'
Veel sneller dan de hoteleigenaar had voorspeld zien we een bordje met een boot erop: 'Altrip Rheinfähre'.
'Nu nemen we dus niet de weg waar die man het over had.'
De pont legt net aan. Aan de overkant is een landschap te zien van grijze loodsen en gebouwen, grote cilinders, hoge torens waar rook uit kringelt.
'Ik weet het niet, maar er komt nog zo veel moois. De Alpen met die wanden verpakt in netten tegen neerstortende rotsen, kleine huisjes eronder. De macht van de natuur voel je daar, de frisheid van de lucht, beken met kalkrijk water.'
Even later rijden we de pont op, samen met een paar auto's en nog een stuk of zes fietsers. Jonge jongens met rugtasjes. 'Simpele mountainbikes,' zegt Art. 'Die man heeft een MTB Tourhybride met 28inch-wielen.'
Langzaam komen de fabrieken van Mannheim dichterbij.
'Kijk,' zegt Art. Hij wijst op een A4-tje dat op de boot is geplakt en waarop staat aangekondigd dat deze pont in 2012 haar 750-jarig jubileum viert. In 1262 kreeg het nabijgelegen klooster een *passagium*, overzetrecht.
Ik stel me voor hoe hier vele eeuwen geleden een klein houten

bootje voer dat waarschijnlijk alleen voetgangers overzette.

Aan de overkant lezen we dat we nu in de deelstaat Baden-Württemberg zijn beland en even later zelfs op de Bertha Benz Memorial Route.

Terwijl Art op zijn routeplanner studeert lees ik de tekst onder een afbeelding van een vrouw in wat eruitziet als een elegante koets. De vrouw van Dr. Karl Benz maakte zonder dat haar man het wist in 1888 de eerste lange tocht in de eerste auto. Ze reed samen met haar zonen van dertien en vijftien van Mannheim naar Pforzheim en terug – een afstand van 106 kilometer –, om daar haar moeder te bezoeken. Tot dat moment waren er alleen zeer korte proefritjes gemaakt. Het werd de grootste marketingstunt aller tijden. Pas toen kwam men op het idee dat zo'n koets zonder paarden ook nuttig kon zijn voor privégebruik.

Maar de Bertha Benzroute volgen we niet lang want wij moeten meer oostwaarts naar Heidelberg, dat al op de borden staat. Ook Baden-Baden is aangegeven, het vroegere Aquae. De Romeinen hadden al ontdekt dat daar warm water uit de diepte van de aarde opwelde en bouwden er hun thermen.

We verlaten de Rijn, koersen af op de Neckar en rijden door de weinig opwindende buitenwijken van Mannheim.

In een labyrint van doorzonwoningen raak ik Art kwijt. Ook het geluid van zijn toeter hoor ik niet, maar via een sms die hij eerst per ongeluk naar een vriendin in Nederland stuurde – 'Ik wacht bij het viaduct aan de rand van Mannheim' –, vinden we elkaar terug.

Nog even voert onze route door mistroostige straten, maar dan ineens weer over stille bospaden en door het weelderige land, langs weiden met grazende koeien, velden met kool of tot dikke bundels opgerold koren. In de verte zie ik Heidelberg al liggen. Het ontroert me de stad te zien waar mijn grootmoeder en grootvader elkaar ontmoetten.

Even later fietsen we langs de Neckar, een brede rivier met groenbeboste bergen aan de overkant en in de verte. Er liggen plezierbootjes aangemeerd. We passeren een moderne brug met vlaggen, en dan herken ik eindelijk de brug die bij dat mythische moment hoort. De brug waarbij de foto van mijn grootouders werd gemaakt die ik vroeger bij hen zag staan.

De stad is prachtig, ook door haar ligging, aan het water en omgeven door bergen.

'Kijk, wat een mooi kasteel!' roept Art.

We rijden over de oude brug met de vele ronde bogen, en stoppen aan de overkant bij datzelfde muurtje waar de foto is genomen.

In 1929 maakte mijn grootvader, die predikant was in Ransdorp en had besloten niet te trouwen om zich volledig aan zijn roeping te kunnen wijden, een rijnreisje naar Heidelberg, samen met zijn broer.

Ja, hij was overtuigd van zijn besluit celibatair te blijven, zei hij tegen zijn broer. Tenzij hij nog eens zó'n meisje zou tegenkomen, voegde hij eraan toe, terwijl de jonge vrouw die later mijn grootmoeder zou worden net, samen met haar vriendin, de trap van het kasteel afdaalde die hij met zijn broer beklom.

Een paar uur later haastten mijn grootvader en zijn broer zich naar de Neckar, waar ze een boottocht zouden maken. De aanlegplek was daar waar ik nu sta.

De boot was al losgemaakt maar voer weer terug naar de wal om de mannen aan boord te laten. 'Daar zit ze!'

Ook de jonge Rose en haar vriendin waren met vakantie en maakten een tochtje met die boot. Aangezien de broer van mijn grootvader een echte vrouwenman was, aarzelde mijn grootvader niet, liep op de jonge vrouw af en zei: *'Fräulein, Ich liebe Sie.'*

Het werd een grote liefde en een gelukkig huwelijk.

Ein Menschenleben – ach, es ist so wenig, ein Menschenschicksal aber ist so viel.

De late middagzon valt op de brug, op de Neckar, op het kasteel en op de stad.

We maken nog wat foto's op de brug, ook bij het grote standbeeld van Pallas Athene dat op de Alte Brücke torent, met wuivende helmdos, een lans in de hand, een uil aan haar voeten.

In hartje stad vinden we het sfeervolle pension Jeske. De muren zijn er behangen met oude prenten en gedichten. Onze kamer heeft warmrode muren met beschilderde houten meubels en in het midden staat een ouderwets smeedijzeren ledikant.

Art houdt van hypermodern, ik soms, maar meer van plekken met historie. We parkeren de fietsen op de binnenplaats en gaan te voet op zoek naar een eethuis.

Heidelberg is niet alleen heel mooi, maar ook bruisend. Je merkt meteen dat het een studentenstad is. Er zijn veel levendige bars, mooie boekwinkels en op straat veel jonge mensen.

Er klinkt pianomuziek uit de openstaande ramen van het Historisches Studentenrestaurant. We stappen naar binnen en zien bijna niemand in de grote, schemerige ruimte met de kale houten tafels. De vrouw achter de piano zegt dat ze wel wat te eten kunnen bereiden, maar het is toch vooral een dranklokaal.

Even verderop lees ik weer zo'n verlokkende naam: 'Kulturbrauerei'.

Art is achterdochtig. Dat is vast ook alleen om te drinken. 'Als het bier verdween uit de wereld zou ik blij zijn.'

'Je weet niet wat het is, zo'n heerlijk koel glas na een dag fietsen.'

'Nooit meer scherven op de weg.'

We gaan naar binnen en komen in een reusachtige hoge ruimte, die wordt verlicht door kroonluchters met echte kaarsen. Op de lange houten tafels staan niet alleen grote glazen met bier uit eigen, eeuwenoude brouwerij maar bovendien borden met eten. Ook Art is onder de indruk van de plek, en we gaan aan een van die tafels zitten, een kandelaar met een robuuste kaars tussen ons in. We zijn terug in een tijd waarin er nog geen fietsen bestonden. Plafond en wanden zijn versierd met fresco's.

Tussen alle *Bratwursten* en *Sauerkraut mit Schinken* vinden we ook vegetarische gerechten.

Behalve dat mijn knie gloeit voel ik me goed. Elke dag beter.

'Je hebt nog steeds geen zadelpijn, hè?'

'Niks. Hoe wist je dat dat zo'n goed zadel is?'

'Studie. De recensies op het internet zijn laaiend. Vooral in Engeland dwepen ze met dit zadel. Het is een Engels merk. Charge Ladle is de vrouwenversie, Charge Spoon de mannelijke variant.'

Zelf rijdt hij op een Fizik omdat dat zadel nu eenmaal op zijn fiets zat toen hij hem kocht. Die is ook goed.

'Mijn eerste eis is dat het geen leer is. Brooks is ook een Engels merk en heel beroemd, maar al die zadels zijn van leer. Het is een oud merk en heel duur. Een statussymbool. Dat dikke leer, dat je eens in de zoveel tijd moet insmeren, vinden veel mensen chic. Maar bij regen raakt het doordrenkt en het zadel is bovendien zwaar.'

Ik bestel nog een glas bier en memoreer dat ik zonder deze stad niet bestaan zou hebben.

Art zou bijna aan het bier gaan, zegt hij, om daarop met me te toosten.

Elk jaar liet mijn grootvader op hun trouwdag een draaiorgel voorrijden voor de pastorie en dat speelde dan:

> *Ich hab' mein Herz in Heidelberg verloren,*
> *In einer lauen Sommernacht.*
> *Ich war verliebt bis über beide Ohren*
> *Und wie ein Röslein hat ihr Mund gelacht.*

DAG 10
HEIDELBERG
0 KM

Rust is mooi. Haast is gevaarlijk.
– Periander

Een loodgrijze lucht verschijnt tussen de rode muren van de kamer wanneer ik het gordijn opzijtrek.

We volgen het advies van de eigenaar en gaan naar de Marktplatz. Aan dat grote plein met stijlvolle gebouwen, waaronder het Rathaus, vinden we de Marktstube, waar we gaan frühstücken met uitzicht op de Herculesfontein. Op een hoge zuil met gouden kapiteel staat de Griekse held als eerbetoon aan de bovenmenselijke krachten waarmee Heidelberg na de verwoestende erfopvolgingsoorlog aan het eind van de zeventiende eeuw weer werd opgebouwd.

Ik heb ook bovenmenselijke kracht nodig voor de tocht van vandaag waarbij de bergen niet langer te vermijden zullen zijn, dus ik bestel een stevig ontbijt. Bovendien regent het nu.

We hopen even dat het beter wordt maar na een tweede koffie regent het nog harder en ook de weerberichten zijn niet optimistisch.

Ik mail mijn moeder een filmpje waarop ik vrolijk naar haar zwaai op de plek waar haar ouders zijn gefotografeerd.

Op zich heb ik best zin om door te fietsen, zoals elke ochtend, maar die regen maakt het weinig aantrekkelijk en bovendien heb ik last van mijn knie.

'Goed, we blijven,' zegt Art, 'Het is al laat en anders wordt het weer een nachtelijke tocht. Dan vertrekken we morgen heel vroeg.'

We pakken onze spullen weer uit. Art ontdekt dat de wond op mijn knie ontstoken is. De knie is erg rood en het verband zit vastgekleefd.

'Dat moet eraf, anders wordt het steeds erger en moet er een lancet aan te pas komen.'

Met ernstige kop behandelt hij mijn knie. Zelf heeft hij zo veel ongelukken gehad, zegt hij. Menigmaal met de *djedzka*, een lelijke Russische vouwfiets. Zijn moeder heeft eindeloos vaak zijn wonden verzorgd.

Art raadt me aan mijn knie rust te geven; hij gaat de stad in op zoek naar een regenjack.

Als het vanmiddag toch nog droog wordt gaan we naar de Philosophenweg, die bekende weg waar de filosofen wandelden en waar mijn grootvader mijn grootmoeder ten huwelijk vroeg.

Maar het blijft stortregenen.

Vreemd, ineens zo'n stille dag. Gewoonlijk hou ik daarvan maar nu niet. Ik mis de dynamiek, de reis, heb het gevoel dat ik mijn tijd verspil terwijl ik er van tevoren op stond dat we eens in de week een rustdag zouden inlassen. Zo blijkt voortdurend alles anders dan je dacht, leer ik van deze tocht, en ook dat je plannen maakt om ervan af te wijken.

Hoe had ik kunnen denken dat die jongeman met die zwarte krullen en aandachtige blik die zeven jaar geleden onder mijn gehoor zat in de bibliotheek van Amsterdam, mij nog eens Europa door zou voeren. Toen hij een boek liet signeren vroeg ik waar hij vandaan kwam en was verrast door het antwoord. Armenië, dat land met die lange, geteisterde geschiedenis. Ooit had een Armeense monnik me rondgeleid over het eiland van de Armeniërs in Venetië, mij de drukkerij laten zien en de kamer waar Byron Armeens studeerde. Ik had een dienst bijgewoond waar ik niets van had verstaan, maar het gezang leek regelrecht uit de hemel te komen.

Art stuurde me een brief in verzorgd, bloemrijk Engels, waarna we elkaar ontmoetten voor Russische conversatie, een taal waar ik in mijn eentje al een tijd op studeerde en die Art vloeiend spreekt, en zo kwam van het een het ander. Hij had naar de filmacademie in Jerevan gewild, maar van zijn vader moest hij talen studeren omdat hij daar goed in was. Hij koos voor Engels en Russisch, die beheerste hij al en daar hoefde hij de minste moeite voor te doen, maar hij vroeg zich af wat voor nut deze studies hadden voor de toekomst die hij voor zich zag.

Hij droomde van het Westen, van Londen en Parijs, New York

misschien, en op een dag had hij genoeg gespaard voor een ticket naar Milaan. Daar zeiden ze dat Amsterdam de stad voor hem zou zijn, het walhalla van de vrijheid. Op de filmacademie kon hij niet terecht omdat hij de taal niet sprak, en later vonden ze hem iets te oud en misschien ook wel te extreem. Daarom had hij zich op de fotografie gestort.

In de gang kijk ik naar foto's van Heidelberg en naar de prenten, echte en reproducties van beroemde schilderijen. Er hangt ook een gravure van Matthäus Merian, de vader van Maria Sibylla, de *Heiligenberg*, met de ruïne van een oud klooster.

Mijn knie doet behoorlijk pijn en ik ga weer op bed liggen. Als het met mij maar niet afloopt als met Drusus, de grote veldheer die zo veel Germaanse volkeren onderwierp, zelfs de Batavieren en de Friezen, dat hij de bijnaam Germanicus kreeg maar die bezweek door een val van zijn paard. Zijn broer, de latere keizer Tiberius, die in Noord-Italië verbleef, reed te paard in een etmaal over de Alpen naar het legerkamp in Mainz, waar zijn beminde broer in zijn armen stierf.

Ik verlang naar het zuiden, de zon, de blauwe lucht. Maar de Alpen liggen er nog tussen en daar overheen komen zal mij meer moeite kosten dan de keizer.

Na een paar uur is Art terug.
'Mooi, dat groen!'
Het heldere groen staat goed bij zijn groene ogen en zwarte haar.
'De kleur is niet belangrijk. Het is erg goed gemaakt. Kijk.'
Hij demonstreert me hoe geraffineerd het jack in elkaar zit.
'Wat een mooie stad,' zegt hij.
Als ik hem vertel over Drusus en dat mij misschien hetzelfde lot wacht, zegt hij: 'Generaaltje van me, jij bent niet kapot te krijgen en anders zul je sterven in mijn armen.'
We studeren op de kaart die we hebben gedownload op mijn iPad. Misschien lukt het de bergen nog even te vermijden door nog een stukje verder naar het zuiden te fietsen en dan wat later naar het oosten af te buigen. Morgen moeten we Stuttgart halen. Dat is bijna honderd kilometer en het zal niet vlak blijven.

Tegen de avond duiken we een echt Duitse tent in, met ruwstenen muren, houten tafels en geblokte kleedjes, waar ik de *Pfälzer Wein* proef die wordt aanbevolen en Art de *Heisse Schokolade*.

We eten *Hausgemachte Zwiebelkuchen* en *Ofenkartoffeln mit Käse überbacken.*

Het is zeer rumoerig omdat er een afstudeerpartij wordt gevierd, met toespraken, handengeklap, juichkreten, toosts en gezang.

Onze fietsen zijn geparkeerd aan de overkant en door het raam houdt Art ze in de gaten.

De regen wordt erger, de druppels groter, de druppels gaan over in hagel, de hagel lijkt te veranderen in kiezelstenen.

Het is net winter, we bestellen warme apfelstrudel.

Als het buiten tot bedaren komt en binnen het kabaal aanzwelt wil ik weg.

Het regent nog licht maar we stappen op de fiets en rijden naar de Neckar, de oude brug over, op zoek naar de Philosophenweg.

Niet ver van de Alte Brücke kronkelt de Schlangenweg omhoog maar die blijkt gedeeltelijk uit trappen te bestaan.

Mijn vader schreef in zijn dagboek: 'We vonden een eindeloze stenen trap. Een oud vrouwtje kwam Margje achterop en lachte op haar Allemannisch: nooit had ze in haar lange klauterleven een mens, zelfs geen gek, met een fiets hier tegenop zien klimmen. Margje zonk op Moeder Aarde ineen en was alleen nog maar naar beneden te krijgen.'

Wij deinzen meteen terug en fietsen verder langs de Neckar tot we een onopvallend bordje ontdekken met daarop 'Philosophenweg'.

De weg loopt omhoog. Art fietst zonder moeite de berg op, mij gaat dat minder gemakkelijk af.

Er is niemand te bekennen en er is nauwelijks verlichting.

Het is fijn om weer op de fiets te zitten maar ik moet afstappen omdat het zo allemachtig steil is. Hoe moet dat straks in de Alpen, en nu heb ik niet eens bagage.

Sierlijke villa's liggen verscholen in romantische tuinen. Even verder staat de gebeeldhouwde kop van een Nobelprijswinnaar.

De regen tikt op mijn helm.

Eindelijk wordt het minder steil en stap ik weer op de fiets.

Het is donker en verlaten, maar na een tijdje zie ik lichtsignalen in de verte. Art staat me op te wachten bij de Filosofentuin, vanwaar je een fabelachtig uitzicht hebt over de stad en de rivier.

Het is volledig stil en er staan geen huizen meer.

Hier wandelden, dachten en discussieerden de geleerden en filosofen, zo zegt men. Anderen beweren dat de weg haar naam dankt aan de studenten die hier hun romantische escapades ondernamen en vroeger ook wel 'filosofen' werden genoemd.

Hier lieten de kunstenaars zich influisteren, zoals Joseph Freiherr von Eichendorff, wiens buste tussen de druipende struiken staat, en Friedrich Hölderlin, aan wie een eind verderop een gedenksteen is gewijd. Art verlicht hem met zijn fietslamp.

Aber schwer in das Tal hing die gigantische, Schicksalskundige Burg nieder bis auf den Grund, von den Wettern zerrissen.

En hier zaten mijn grootmoeder en grootvader in het gras na hun tocht over de Neckar. 's Avonds spraken ze weer af op de Filosofenweg en had mijn grootvader een roze marsepeinen hart voor haar meegenomen. Het was 14 juli. De veertiende juli van het jaar daarop verloofden ze zich en op die datum van het volgende jaar zijn ze getrouwd.

Ooit stond hier een klooster waarvan ik de ruïne zag op de prent van Merian. In nog vroeger tijden werd Wodan hier aanbeden en Mercurius, de god met de gevleugelde schoenen.

We zijn op de Heiligenberg en zo voelt het ook.

DAG 11
HEIDELBERG - STUTTGART
107 KM

*Er is slechts één weg naar geluk, en dat is op te houden met je zorgen
maken over dingen waar je geen invloed op hebt.*
– Epictetus

De etalage van café Moro ligt vol met de *Heidelberger Studentenküsse*. Chocola in mooie rode doosjes met een medaillon van een meisje en een jongen, uitgeknipt uit zwart papier, die op het punt staan elkaar te kussen.

Sinds 1863 worden die hier met de hand gemaakt, vertelt de ober. 'Heidelberg is de stad van de liefde.'

Toch moeten we ons hier losscheuren, maar we nemen een paar van die Studentenküsse mee als zoete herinnering.

Nu lokt de volgende etappe.

Het begint al snel te regenen. Mijn schoenen waren net droog. Gewoon doortrappen maar, door de buitenwijken van Heidelberg, door velden en weiden. Doortrappen naar de zon.

Als we de kortste weg nemen naar Stuttgart voert die ons door een bergachtig gebied, hadden we gisteren gezien op de kaart. Binnenkort zullen de bergen niet meer te vermijden zijn, dat weet ik, maar als het vandaag niet hoeft in de regen en met een nog niet geheel genezen knie dan fiets ik graag tien kilometer om en maak nog even gebruik van het vlakke land langs de Rijn.

Het regent zo hard dat het iets absurds heeft om door te fietsen. Ik heb mijn zonnebril op om mijn ogen te beschermen tegen de regen maar ik zou beter een onderwaterbril kunnen dragen. De lucht is donker en dampig. Ik kijk nauwelijks om me heen, beeld me in dat ik een machine ben die gewoon door moet draaien.

Maar af en toe denk ik aan de regel die mijn vader citeerde wanneer het op een van onze reizen even wat minder voorspoedig verliep: 'Ik wou dat ik thuis en in mijn bedde waar.' Dat verzucht Boerke Naas in het gedicht van Guido Gezelle.

Als we door Wiesloch fietsen herinner ik me dat daar de enige ruzie plaatsgreep die mijn ouders tijdens hun fietstocht hebben gehad. Mijn vader had tegen mijn moeder gezegd dat ze in het gastenboek een tekening moest maken die bij de naam van de plaats paste: twee dansende Hollandse koeien om een gat in de wei.

'Dat kan ik niet,' had mijn moeder gezegd. Mijn vader vond dat gezeur want mijn moeder kan erg goed tekenen, en het dreigde uit de hand te lopen.

'Goed, ik doe het, maar dan moet jij een sonnet maken.'

Zonder mokken was mijn vader aan de slag gegaan en had een sonnet geschreven.

Wat zou het leuk zijn om dat gastenboek op te sporen.

Mijn ouders hadden het ook niet getroffen met het weer. In hun dagboek had mijn vader geschreven: 'Daar rukten opnieuw de wolken aan, die ons haast de hele reis lang even trouw begeleiden als eens de wolk het heilige volk door de woestijn.'

Ik rijd zo hard mogelijk, als om ze af te schudden. Mijn schoenen zijn doorweekt, mijn broek, mijn handschoenen; af en toe fietsen we langs wijngaarden terwijl de regen met volle kracht naar beneden stort zodat de druiven sidderen en ik het gevoel heb dat we met zijn allen in een wijnpers zitten.

Italië, *o sole mio*, ik heb er nog nooit zo naar verlangd.

Als afleiding schat ik regelmatig hoeveel kilometer het nog is naar Stuttgart en kijk dan of ik het juist heb. Ik word er steeds beter in.

Onverwacht belanden we nog even op de Bertha Benzroute, het laatste stukje naar Bretten. Ik wilde dat ik bij haar kon instappen.

Hier waren mijn ouders al afgebogen naar het westen, richting Straatsburg.

In het geheel uit vakwerk opgetrokken hart van Bretten gaan we de eerste de beste Stube in om wat te eten en te drinken. Boven de schouw, waarin helaas geen vuur knappert, hangt een portret van Melanchthon, de rechterhand van Luther. Het is een gravure van Albrecht Dürer. Een scherpgesneden kop met hoog voorhoofd. Ook de felle blik is prachtig in lijnen gevat, daaronder staat de kraag van zijn jak nonchalant open. Het blijkt de geboortestad van Melanchthon te zijn. Schwarzerdt heette hij eigenlijk, maar de *schwarze Erde* werd vergriekst. Luther leerde Grieks van hem, wat erg belangrijk was voor de vertaling van het Nieuwe Testament in het Duits, en zei: 'Deze kleine Griek overtreft mij ook in de theologie.'

'Hij lijkt op een Hollandse hippie,' zegt Art, 'een ouwige hippie.'

Daar zit wel wat in. Het tamelijk lange haar, het baardje. Die twee losse kragen over elkaar.

Als ik zie dat er uiensoep op de kaart staat neem ik die. De lekkerste uiensoep van haar leven heeft mijn moeder gegeten toen ze na een lange dag fietsen door de regen in een jeugdherberg aankwamen.

Ook mij heeft uiensoep nog nooit zo goed gesmaakt.

We blijven niet lang want anders willen we niet meer weg en kunnen we Delphi op onze buik schrijven.

'Ik wil geen kilometer langer dan nodig door die regen fietsen,' zegt Art.

'Als we de kortere route nemen duurt die langer vanwege de bergen.'

'Heuvels.'

'Jouw heuvels zijn mijn bergen.'

Ik zeg dat ik sinds mijn ervaring op de Filosofenweg nog meer tegen de Alpen opzie.

'Zo steil als de Filosofenweg zijn ze niet. Het gaat geleidelijk. Alleen wordt het klimmen niet afgewisseld met dalen. Maar daarna, wacht maar, dan komt de pret.'

Als vissen duiken we het water weer in.

'Dit zijn allemaal sneldrogende kleren,' zegt Art bemoedigend.

Mijn ouders hadden slechts een gewone regenjas bij zich. Regelmatig heeft mijn moeder 's avonds haar hemd moeten uitwringen.

De weg is licht glooiend en dat is eigenlijk wel prettig want dat zorgt voor afwisseling. Net als die zachte klim ergerlijk begint te worden volgt de afdaling, die heerlijk is in dat aan alle kanten opspattende water. Ik voel me als een kleuter die in de plassen stampt.

Uren fietsen we zo door, in de regen die soms heviger is en soms minder maar die ons trouw blijft vergezellen.

Straks is deze dag een herinnering, en als zodanig wel mooi, denk ik telkens.

Tegen de avond rijden we Stuttgart binnen na 107 kilometer afgelegd te hebben. Het eerste wat we zien boven op een groot gebouw is een reclame van Mercedes Benz. Dit is niet alleen de stad van Carl Benz, maar ook van Gottlieb Daimler en Ferdinand Porsche.

Het is een lelijke stad, voor een groot deel platgegooid door de geallieerden, maar ik ben erg blij dat we er zijn.

'Mercedes Benz Arena, Mercedes Benz Museum' lezen we, en 'Bosch'; ook onze ijskasten en keukenmachines komen hier vandaan. Je merkt dat het de hoofdstad is van Baden-Württemberg. Alles is groot en veel en modern.

Hier in de stad blijken we nog het meeste te moeten klimmen. Misschien zijn er ook mooie gedeeltes maar ik wil nu naar het eerste hotel dat we tegenkomen. Dat bevindt zich in een groot, koel ogend gebouw.

Een spoor van water trekkend door de gang bereiken we onze kamer, die saai is maar voor mij toch een soort stalletje van Bethlehem. Alle kleren uit en onder de warme douche.

Art gaat daarna met grote zorg zijn tassen afspoelen onder de kraan. Ook zijn fototas. Er is geen foto gemaakt vandaag.

We sluiten de dag af met een Heidelberger Studentenkuss. En een echte.

DAG 12
STUTTGART - REUTLINGEN
50 KM

Proberen brengt alles tot stand.
– Theocritus

Voordat we ons weghaasten uit Stuttgart wil ik even langs het paleis van de Von Württembergs omdat ik af en toe samen met klavecinist Siebe Henstra een voorstelling geef over het leven van prinses Sibylla von Württemberg en haar protegé en geliefde de componist Johann Jakob Froberger.

Het paleis van de Von Württembergs blijkt vlakbij te zijn, een groot stoer slot waar nu een museum in gevestigd is. Ik stel me voor hoe zij daar achter die muren aan het klavecimbel zat met Froberger aan haar zijde. Later, wanneer Froberger naar Rome is vertrokken om in de leer te gaan bij zijn bewonderde Frescobaldi, geven zijn broers haar les. Nu zou Frobergers muziek uit de iPhone moeten klinken.

In dat slot woonde overigens niet alleen de familie Von Württemberg, maar hier heeft ook Von Stauffenberg gewoond, de man die op 20 juli 1944 een aanslag op Hitler pleegde. Aan de kasteelmuur hangt een grote foto van hem en zijn broer. Ze brachten hun kindertijd en jeugd hier door. Hun vader was opperhofmaarschalk van de laatste Württembergse koning, en de dienstwoning was in het kasteel. Er is een klein museum aan de broers gewijd.

En nu als een haas de stad uit.

Maar dat blijkt moeilijker dan ik dacht. Al snel loopt de weg heel steil omhoog. Met moeite gaan de pedalen rond, wat beloond wordt met een zalige afdaling. Maar ik word humeurig als er daarna opnieuw een zeer steile weg voor mijn wiel ligt en ik het gevoel heb dat die parallel loopt met de dalende.

Ik vraag of dit de juiste route is. Dat is zo, zegt Art.

'Dus nu belanden we in de bergen.'

'Ik weet het niet, ik heb geen topografische kaart,' zegt hij wat geërgerd.

'Ik heb geen zin om te dalen en te klimmen zonder dat dat nodig is. Voor jou is het kinderspel. Ik heb al mijn krachten nodig.'

Het lijkt onvermijdelijk.

Via statige buitenwijken belanden we op een smal pad. Achter hekken en hagen strekken eindeloze wijngaarden zich uit. Allebei zijn we verrast door de plotselinge overgang van stad in wijngaard. Als twee in het wit geklede nonnen ons tegemoet wandelen vraag ik of dit de enige manier is om in zuidelijke richting de stad uit te komen.

Ja, dat is zo, zeggen ze vol medeleven met een blik op de fietsen.

'Waar bent u naar op weg?'

'Naar Delphi.'

'Dat wordt ons niet elke dag gevraagd, de weg naar Delphi,' zeggen ze lachend. Ze wensen ons een gezegende reis.

Het begint licht te regenen maar we zien slechts een paar wolkjes boven ons hoofd. Al snel is de zon weer terug, en die is zo krachtig dat we onze jacks uittrekken.

We komen langs wegen die genoemd zijn naar Brünnhilde en naar Lohengrin; Stuttgart ligt inmiddels beneden aan onze voeten.

Ik heb last van mijn knie, wat het klimmen er niet prettiger op maakt.

Als de klim in Degerloch eindelijk ten einde komt blijken we nog steeds in Stuttgart te zijn. Ik heb behoefte aan koffie en aan een apotheek.

De apothekeres raadt me aan Betadinezalf op de wond te doen en daarna een verband.

De zon wordt steeds krachtiger en we laten ons verleiden door het terras van een Italiaans Eiscafé waar we al even proeven van het zoete leven en waar Art mijn knie behandelt.

We zijn op bijna vijfhonderd meter hoogte, de lucht is fris en de zon zendt ongehinderd zijn stralen op ons neer.

Het bleek voor vandaag niet de laatste klim te zijn. Er volgen er nog vele.

'Schakelen!' roept Art.

Maar vaak is het ook voor de eerste en tweede versnelling te steil. Ook als ik rechtop op de pedalen ga staan komt mijn roze fietsje niet vooruit. Zonder de bagage zou het anders zijn. Art is zo sterk, het lijkt of het hem geen enkele moeite kost.

Dat verrekte Stuttgart verdwijnt maar niet van de bordjes.

Art wacht geduldig op me, toetert af en toe om aan te geven dat hij in de buurt is, maar één keer raak ik hem kwijt. Ik ontvang een sms'je: 'Hoor je mijn toeter niet?' Door enkele instructies kom ik toch weer op het goede pad en vind hem terug op de Rembrandtstrasse, die nog steeds in Stuttgart blijkt te liggen.

Maar het duurt niet lang meer of we hebben die stad van ons afgeschud.

We fietsen langs velden vol zonnebloemen, glanzend geel afstekend tegen donkerblauwe heuvels waar hier en daar een dorpje wit oplicht. Dan voert het pad weer door een stil bos en vervolgens over een drukke weg.

'Let op de slakken!'

Navigon doet opnieuw een poging ons de autobaan op te sturen, maar tijdig hebben we hem door en we worden geen recidivisten.

Even zijn we terug bij de Neckar, maar helaas moeten we de rivier al snel verlaten. De route blijft mooi en wordt gelukkig ook wat vlakker zodat ik weer vaart kan maken. Na al dat trage klimmen en stukken lopen geniet ik ervan zo hard mogelijk te fietsen. Mijn benen zijn sterker geworden en mijn uithoudingsvermogen is groter.

De klauterpartijen hebben veel tijd gekost en daarom komen we lang niet zo ver als we wilden. Het is al schemerig als we Reutlingen bereiken, dat zich aankondigt met rommelige gebouwen en fabrieken maar waar we toch maar op zoek gaan naar een onderkomen voor de nacht.

Dat vinden we bij een Siciliaan, bij wie we ons aan de *cena* zetten nadat de fietsjes door Art met extra zorg zijn vergrendeld en opgeborgen.

We gaan in op het voorstel om een schotel met drie soorten pasta te nemen. Natuurlijk, alle drie vegetarisch. '*Non c'è problema.*'

We praten over de bergen.

'Als ik het van tevoren had geweten had ik het minder erg gevonden, maar het viel me zo rauw op mijn dak.'

Hij herhaalt dat ik moet schakelen. Dat doe ik natuurlijk ook, ik ben niet gek. De bagage is te zwaar. Hij stelt me gerust dat ik steeds sterker zal worden en vertelt nu dan maar alvast dat de dag van morgen weer klimmen in petto heeft.

Voor deze ene keer neem ik dan toch maar een Siciliaanse wijn. Ik had me voorgenomen alleen wijn uit de streek te drinken waar we op dat moment zijn.

Warme chocola bij het eten kan echt niet. Coca-Cola is ook gek maar nou ja, vooruit. Art bromt iets over burgerlijk en dat er in Armenië op dat gebied niet moeilijk wordt gedaan.

De pasta smaakt voortreffelijk; we loven de Italiaanse keuken totdat we bij het nuttigen van de derde pasta toch ham ontdekken.

Op onze kamer vinden we een boekje over de plek waar we verzeild zijn geraakt, en daarin lezen we de reden waarom de stad geen oud centrum heeft: in de achttiende eeuw brandde bijna heel Reutlingen af. Tijdens de Tweede Wereldoorlog werden hier de vleugels gemaakt van de v1-vliegende bom, *Vergeltungswaffe-1*, die in het laatste jaar van de oorlog werd gebruikt. Daarom werd Reutlingen zelf een doelwit voor bombardementen.

Was de aanslag van Von Stauffenberg maar gelukt.

Waar we ook komen, hoe lieflijk het land ook is en hoe vriendelijk het plaatsje, er is altijd wel slag geleverd.

Dag 3 Pauze in het plaatsje Alpen

Dag 4 *Valpartij in Düsseldorf*

Dag 5 *Kaiserplatz in Bonn*

Dag 6 *Aan de oever van de Rijn*

Dag 6   Koblenz

Dag 9   Tussen Mannheim en Heidelberg

Dag 9   Slot Heidelberg

Dag 11 *Heidelberger Studentenkuss*

Dag 13 *Tussen Holzelfingen en Engstingen, Baden-Württemberg*

Dag 13 Slot Sigmaringen

Dag 14 Sigmaringenstrasse

Dag 14 Pfullendorf

Dag 17   *Bottle tree in Zwitserland*

Dag 17   *Gezicht op de Alpen vanuit Maienfeld*

Dag 17   Art in de Alpen

Dag 17   Rosita's favoriete fietsweg

Dag 19   *Rust na het bereiken van de top*

Dag 19   *Uitzicht op de bergen vanaf de Ofenpas*

Dag 19   Art op de Ofenpas

Dag 19   Net over de grens tussen Zwitserland en Italië

Dag 19   Appelboomgaard Val Venosta

Dag 20   Liederen van Walther von der Vogelweide in Bolzano

Dag 20   Bolzano

Dag 20 *De eerste echte espresso*

Dag 21 *Dwergappeltje. Ten zuiden van Trento*

Dag 21 *Via Valdiriva, provincie Trento*

Dag 21 *Uitrusten na de* pista ciclabile

Dag 21 *Een minder gewone Italiaanse fietsweg*

Dag 22 *iPhone van Art*

Dag 22 *Lago di Garda*

Dag 23   Rosita's fiets op de Ponte Castelvecchio in Verona

Dag 23   Bij het huis van Julia in Verona

Dag 24   Gebroken spaak in Mantua

Dag 28   *Statua della Libertà in San Marino*

Dag 28   *In het Valkennest. Op het hoogste punt in San Marino*

DAG 13
REUTLINGEN - SIGMARINGEN
65 KM

De oorlog is de vader van alles en van alles de koning.
— Heraclitus

In het hotel logeert een groep Napolitanen. Ze kijken met grote belangstelling naar onze fietsen en willen weten hoeveel ze kosten. Daarna willen ze ook weten waar we heen gaan en hoe die pleister op mijn knie komt. Ze vinden het moeilijk te geloven dat we niet ergens een motortje verstopt hebben zitten.

'Goed dat ik een extra slot heb gebruikt,' zegt Art.

Op deze zaterdagochtend is het prettig stil. Later op de dag en vooral vanavond zullen de mensen hun huizen uit komen om te feesten.

Bij de eerste trappen voel ik mijn benen al, door de inspanning van gisteren. Maar het is fijn om weer op de fiets te zitten. Een dag rust is niet goed. Het lijf wordt lui en de geest wordt herinnerd aan een ander leven: met een boekje in een hoekje, met een glas op een terras. Misschien zal het orakel zeggen dat ik gek ben, misschien ook niet. In elk geval een ervaring rijker.

De lucht is blauw en het eerste stuk is tamelijk vlak. Als die bergen nou ook nog wegblijven dan is het fietsen een feest.

Maar nee hoor, daar zijn ze. Ze zien er mooi uit, overdekt met diepgroene bossen.

Dit moet de Zwabische Jura zijn.

Net doen alsof het niet erg is, zeg ik tegen mezelf, rustig ademen en doortrappen. Maar na een tijdje wordt de weg wel heel erg steil en voert een saai plaatsje in, vol dure huizen. Mijn hart bonkt hevig terwijl ik langs de huizen trap en de Mercedessen die er pronkerig naast zijn geparkeerd.

In de verte danst Art. Staand op zijn pedalen lijkt hij zonder veel moeite de berg op te gaan.

De weg leidt het dorp uit, een autoweg op die langs een rotswand kronkelt. Elke keer klinkt dat aanzwellende geluid van zo'n rotauto die me achterop komt.

Een overreden eekhoorntje, het bekje open. Art zal het zeker hebben gezien.

Soms geeft de teller maar zeven kilometer aan, niet veel sneller dan bij lopen, maar ik probeer zo lang mogelijk op die fiets te blijven zitten. Sigmaringen willen we in elk geval halen, dat is slechts vijfenzestig kilometer, maar zo schiet het niet op.

Gek word ik van dat geluid van de auto's. Had die meneer Benz ze maar nooit bedacht.

Maar eindelijk ben ik dan toch boven op de berg, wat een triomf.

Art staat me op te wachten bij een grote kruising. Hij lacht en geeft aanwijzingen met zijn arm. Ik haast me naar hem toe.

'Schatje, je fietst tegen het verkeer in met zo'n grappige blije kop. Zie je die pijlen niet op de weg? Als je niet naar het asfalt kijkt kun je zo over een slang of een ander dier heen rijden.'

Art vertelt dat we op 753 meter hoogte zijn.

'Je merkt het aan de frisheid van de lucht.'

Tegelijk is het behoorlijk warm.

Even later staat hij te schateren als ik met moeite mijn fiets over een hoge stoeprand til.

'Je bent net Hercules die zijn dertiende en allermoeilijkste werk aan het volbrengen is. Die gespannen kop, alsof je leven ervan afhangt. Als een mier die een olifant probeert op te tillen. Liefste, ik wist niet dat het zo leuk zou zijn om met jou te fietsen. Alleen jammer dat je niet sneller bent.'

'En nu?' vraag ik, geïrriteerd door die laatste opmerking.

We fietsen door een sprookjesachtig gebied langs het hoog op een rots gelegen ridderslot van Lichtenstein, niet te verwarren met Liechtenstein, en langs Bährenhöhle, dat we niet kunnen bezichtigen omdat we verder moeten maar waar je kunt zien wat de naam al zegt: grotten waar holenberen huisden.

We komen weer over de Römerstrasse, waarvan het antieke plaveisel waarschijnlijk schuilgaat onder het asfalt. Veel autowegen en treinrails lopen over de oorspronkelijke Romeinse wegen, die altijd de meest directe, rechte en kortste route volgen. Ik zie ze bezig, de slaven, een geul gravend van anderhalve meter diep, in regen, kou en hitte. Die vulden ze met zand, puin en cement om daar dan in een lichte welving platte stenen bovenop te leggen. Greppels aan weerskanten. Niet om te flaneren waren deze heerbanen of om uitstapjes te maken voor de pret, maar om ijlings legers te verplaatsen.

Er volgt een heerlijke lange afdaling dwars door een dorp en dan tussen korenvelden en maïsvelden door. Vrouwen met doeken om het hoofd zijn sla aan het oogsten en kool.

Er draaft een klein muisje over de weg.

Art draait zich om. 'Zag je dat? Lief hè? Zag je dat dode eekhoorntje?'

De zon blijft stralen. We klimmen en dalen en dat gaat steeds soepeler. De spierpijn is eruit getrapt. Als de beklimmingen niet te zwaar zijn en niet te lang heeft het wel wat, want telkens volgt die beloning van het dalen.

Het schemert al wanneer we in de verte een kasteel zien oprijzen als in een sprookje. Het slot van Sigmaringen.

Beneden stroomt *der schöne blaue Donau*.

'Daar zat de regering van Vichy, de collaborerende Fransen. Nadat de geallieerden Frankrijk waren binnengevallen.'

Ook Céline verhuisde mee naar Sigmaringen, waarover hij schreef in *D'un château à l'autre*. Van zijn denkbeeldige kasteel in een voorstad van Parijs komt hij in Sigmaringen terecht en is hij getuige van het groteske leven in en om dit kasteel met de dagelijkse, door protocol omgeven wandelingetjes van maarschalk Pétain, de orgieën van militairen met de plaatselijke meisjes, de niet te doven hoop op een Duitse overwinning en de barre ellende van de mensen door het ontbreken van medische hulp.

Aan de voet van het kasteel vinden we Gasthaus Donau, een ouderwets ogende Duitse herberg tevens Griechisches Spezialitätenrestaurant.

Er is plek voor ons, en als de Griekse gastheer hoort dat we op weg zijn naar Delphi krijgen we de mooiste kamer.

Een van de wanden van de hal wordt geheel bedekt door een foto van Athene, waar de familie vandaan komt. Ook het restaurant, dat op het eerste gezicht een Duitse indruk maakt door de houten lambrisering en de kroonluchters, is versierd met foto's van Griekenland. Vanaf de bar waar onze tafel tegenaan staat, kijkt Pallas Athene op ons bord, en Hippocrates, de grondlegger van de westerse geneeskunst, die naast haar staat, houdt een oogje in het zeil. De plank boven de bar, waar flessen ouzo en retsina op staan uitgestald, wordt gestut door kariatiden. Dionysos heeft eveneens een plek op de bar gevonden en in nissen staan nog meer Griekse goden en helden. Over tafelkleedjes en servetten kronkelt de meander.

DAG 14
SIGMARINGEN - MEERSBURG
52 KM

Alles wat te veel is raakt in strijd met de natuur.
– Hippocrates

Er wordt veel gezeurd over het Griekse eten maar wij vinden het een veelbelovend voorproefje. De Griekse yoghurt, de Griekse kaas, de baklava vallen zeer in de smaak en ook de Griekse koffie.

We zitten aan hetzelfde tafeltje als gisteravond.

'Nou is het wel genoeg,' zeg ik als Art voor de zoveelste keer opschept. 'Hippocrates vindt het ook niet gezond.'

'Pallas Athene hitst jou weer op om in de aanval te gaan.'

'Je wilde toch afvallen?'

'Ik kan niet hard genoeg fietsen.'

'Man, ik fiets mijn longen uit mijn lijf. Jij moet je porties aanpassen.'

Terwijl we de fietsen uit het rommelige schuurtje halen, galmt het Grieks over de straten. Er zit kennelijk een hele Griekse kolonie in en om Gasthaus Donau.

Als Art vraagt welke route we zullen nemen en ik antwoord dat dat van de bergen afhangt, reageert hij geërgerd. 'Zo val ik dus niet af en de bergen zijn niet meer te vermijden. Kom, we gaan.'

'Tiran!'

Twee vrouwen kijken om. Ik realiseer me dat het een Grieks woord is dat ik mijn geliefde op luide toon toevoegde.

In elk geval gaan we richting Bodensee.

De zon schijnt, mensen zitten op terrassen, drinken koffie en eten ijsjes. Genoeglijke taferelen waar niet lang geleden maarschalk

Pétain zijn ommetjes maakte en waar de Fransen toen de stad werd bevrijd, vochten met de Fransen.

We fietsen wat rond in het centrum, nemen afscheid van het kasteel en van de Donau, die verder oostwaarts stroomt.

Om Sigmaringen uit te komen moeten we meteen flink klimmen.

'Wat een kwelling, hè?' roept een wandelaar.

'Zeg dat wel.'

Het is tachtig kilometer naar Ulm. *In Ulm, um Ulm und um Ulm herum.* Wat zitten er toch een rare dingen in je hoofd. En we gaan helemaal niet naar Ulm maar naar Pfullendorf, vrijwel loodrecht naar het zuiden.

De lucht is helderblauw boven glanzend gele velden met graan dat bijna openbarst. Op sommige plekken wordt gemaaid, ook al is het de dag des Heren, en elders ligt het koren al opgerold op het land. Ik word bijna van de weg geblazen door een maaimachine, en zie een muis er als een haas vandoor gaan.

Het is klimmen en dalen, dat zal ik voorlopig moeten accepteren. Mijn Rohloff ratelt vrolijk en betrouwbaar.

Soms ligt de weg golvend voor me, ga ik zo hard mogelijk naar beneden om het eerste stukje van de daaropvolgende klim vanzelf omhoog te rollen, dan snel schakelen en nog even doortrappen. Andere keren lijkt er geen einde te komen aan de klim.

Zo'n rotberg, wat kun je er een hekel aan krijgen. Tegelijk is het spannender dan vlak. Vals plat is ook zeer ergerlijk als het lang duurt. Maar het allerergste is misschien wel tegenwind en die hebben we nu. Wanhoop en euforie wisselen elkaar voortdurend af. Euforie ja, tijdens het lange dalen door dat weidse landschap, vervolgens dwars door een dorp, waar ik alert ben op de zijstraten en plots opduikende kinderen. De zonnebril op tegen insecten. Dat beschermt alleen de ogen want ik haal even later een vlieg uit mijn mond en een wesp uit mijn schoen die tijdens de afdaling tegen mijn sok botste en knel kwam te zitten. Behalve een zacht prikje heeft hij niet echt gestoken. Dat zijn zo van die meevallers.

De wind neemt weer af waardoor de warmte alle kans krijgt, en dat is in combinatie met klimmen niet ideaal.

Nu de zon zo op me neer zindert verheug ik me op dat stukje in de verte waar de weg gedeeltelijk in de schaduw ligt van de bomen die erlangs staan.

We rijden door weilanden en maïsvelden met hier en daar een

boerderij, de rode daken van dorpjes in de verte.

Ik begin te verlangen naar de Bodensee, naar water, mijn favoriete element. Een man uit het hooggebergte met een vrouw van de zee, dat is vragen om natuurrampen. Maar het is altijd van korte duur. Hij houdt me goed in de gaten en stapt soms af om me een kus te geven. Bij een afdaling stopt hij nooit, dan gaat hij zo hard mogelijk, opzwepende aria's in zijn oren.

Daarom verbaast het me hem halverwege een afdaling naast zijn fiets te zien staan. Er is toch niks gebeurd? Een lekke band?

Wanneer ik dichtbij ben zie ik dat hij bij een kalfje staat dat in een kooi zit.

'Mooie ogen,' zeg ik.

'Hij is bang. Zijn hok is veel te klein.'

Het dier heeft gele oorbellen in zijn oren waar een nummer op staat.

Art loopt langs de andere kooien met kalfjes.

Wat weemoedig stappen we weer op de fiets. Laat er alsjeblieft een wolk voor de zon schuiven.

Ons water is bijna op. We hebben nog letterlijk twee slokken en die nemen we niet, ook al snakken we ernaar.

'Kijk, een Gaststätte.'

Art wil er niet naar binnen vanwege de naam, Jäger, en we zijn nu toch vlak bij Pfullendorf.

Maar het vinden van water blijkt daar net zo moeilijk als in de woestijn. Er is geen bar, winkel, restaurant of kraam open. Nergens een kraan of een fontein.

We klagen onze nood bij twee bejaarde fietsers. Een man en een vrouw.

Het ziekenhuis, zeggen ze. Dat is de enige plek waar we water kunnen kopen. Ze leggen ons allervriendelijkst en in een Duits dat al flink naar Zwitsers klinkt, uit hoe we bij het Krankenhaus komen.

Even later loop ik door de gangen van het Pfullendorfse ziekenhuis en vraag aan een verpleegster waar de winkel is.

We praten wat met de patiënten die op een bankje in de zon zitten. Ik besef hoe snel je moeilijke tijden vergeet wanneer het weer goed gaat. Net zoals je niet meer aan de klim denkt zodra je naar beneden zoeft. Niet lang geleden lag ik zelf maandenlang in het ziekenhuis met een gebroken rug. Het was een bewegingloze pelgrimage, een louteringstocht, van iedere verplichting verstoken, zonder bezit.

Die gebroken rug werd aangevoerd als reden waarom ik deze reis niet zou kunnen maken, maar anderen zeiden dat fietsen juist goed is voor de rug omdat de spiertjes rond elke wervel sterker worden. Gelukkig blijkt dat voor mij zo te zijn.

Langs het ziekenhuis suizen we naar beneden, verder, richting Bodensee.

Maar daar begint het weer, dat treiterend langzame stijgen waar geen einde aan komt. Dat je vrijwillig zo'n gevecht aangaat, met de aarde, met jezelf! Maar het is prettig om te voelen dat je steeds sterker wordt, en later op de dag gaat het beter dan aan het begin.

Twee wielrenners komen in flink tempo naar beneden. We groeten. Je hebt altijd een speciale relatie met je tegenligger. Als je klimt ben je jaloers, als je daalt heb je medelijden, maar je weet dat uiteindelijk alles rechtgetrokken wordt. Er is altijd een gevoel van verbondenheid.

Wanneer ik na de lange uitputtende klim de top van de berg heb bereikt staat Art op me te wachten bij een wagentje met ijs. Het lijkt daar neergezet voor ons, op dat lommerrijke pad waar verder niemand te bekennen is. Terwijl we aan ons ijsje likken zegt Art: 'Je fietst steeds beter, steeds sneller. Ik vind het fijn om met je te fietsen. Bij elke tocht dacht ik: was zij er maar bij.'

De Italiaanse ijscoman verkoopt geen water. Dat kopen we in het restaurant vlakbij. Als Art aan de gerant vraagt of hij de ijsverpakking daar kan weggooien mag dat niet.

'Maar er is geen prullenbak bij de weg.'

'Dat is uw probleem,' zegt de man met een uitdrukkingsloos gezicht.

Dan maar in de tas, want Art zal nooit ook maar één snipper in de natuur achterlaten.

'Ik had hem graag knock-out geslagen.'

Behalve de beloning van het ijsje volgt er ook nog een grootse afdaling die heel lang duurt, met vergezichten over appelboomgaarden en velden met maïs.

Halverwege stopt Art. 'Weet je waarom? Omdat ik bezorgd was. Je moet meer rechts fietsen en wat schuiner door de bocht.'

Door koele bossen glijden we verder naar beneden, naar het meer. En even later ligt daar dan eindelijk, tegen de achtergrond van blauwe bergen, de zilveren vlakte van het Bodenmeer, glanzend in de avondschemering.

Het voelt als een grens en dat is het ook. Aan de overkant liggen Zwitserland en Oostenrijk. Hier in het meer rekt de Rijn zich uit, neemt het ervan, overweegt om hier te blijven maar stroomt dan toch maar verder, heel Duitsland door en via Spijk richting de Noordzee.

Nadat we onze spullen hebben achtergelaten in de eerste Zimmer die we tegenkwamen, stappen we op onze onbeladen fietsjes en racen naar het meer.

Op een groot, feeëriek verlicht terras gaan we eten, met uitzicht over het water. Het is zo vol dat we moeten aanschuiven bij een elegant echtpaar met een jonge dochter.

We kijken naar de glinsterende Zwitserse lichtjes aan de overkant. Daar is feest, vertellen onze tafelgenoten, en dat zetten ze luister bij door vuurwerk. Het schouwspel wordt nog spectaculairder als ook het hemelvuur gaat meedoen. Flitsende bliksems mengen zich met veelkleurige vuurpijlen. Niemand kijkt meer op zijn bord, ieders blik is gericht op dat spel van vuur aan de overkant van het water. Het moet daar flink tekeergaan en wij zitten er deftig naar te kijken.

Tot er plots een enorme windvlaag over het terras raast, die parasols en tafels omgooit. Het begint te stortregenen. Gegil; de mensen rennen naar binnen. Wij ook.

Daar is het alsof we in de winter zijn beland. Alle deuren zijn gesloten, de mensen, van wie de meesten natgeregend zijn, zitten op elkaar gepakt tussen de gelambriseerde wanden. Er worden kaarsen neergezet en de openhaard wordt aangestoken.

DAG 15
MEERSBURG-BREGENZ
55 KM

Onzichtbare harmonie is sterker dan zichtbare.
−Heraclitus

De gekookte eitjes hebben gebreide kipjes op hun kop. Waarschijnlijk eigenhandig vervaardigd door de dikke hotelbazin, die aan haar vaste tafeltje zit en regelmatig luidruchtig zucht. We bespreken de route maar daar zijn we snel over uitgepraat, gewoon langs het meer via Friedrichshafen naar Bregenz, wat betekent dat we vandaag een landgrens passeren en ook dat we het voorlopig vlak houden. Daarna komen we toch echt de Alpen tegen, maar als we via Liechtenstein gaan kunnen we de echte bergen nog eventjes omzeilen.

Er is geen tijd om naar de thermen te gaan, maar we fietsen nog wel even langs kasteel Meersburg, het oudste kasteel van Duitsland, dat eruitziet als een ridderburcht uit een kinderboek.

De zon schijnt, maar er hangen buien in de lucht.

Als we op een tweesprong komen en ik de Bodensee Fahrradweg zie, lijkt het me logisch dat we die nemen. Maar Art is daar niet zo van overtuigd want de weg is slecht, met veel kiezels. Hij gaat het een stukje verkennen en is al snel terug met de conclusie dat dit niks is.

'Maar het is toch een fietspad?'
'Het is een slechte weg.'
'Dat zal wel meevallen.'
'En waarschijnlijk langer.'
'Ik wil langs het water fietsen.'
Het loopt uit de hand en mij ontglipt: 'Ach man, hoepel op.'

Dat laat hij zich geen twee keer zeggen. Terwijl hij de andere weg inslaat en er in volle vaart vandoor gaat roept hij: 'Ik hoor het wel als je in België bent gearriveerd.'

Ik neem de Fahrradweg. Dat getut over slechte wegen. Niet voor niks heb ik een mountainbike en met mijn balloonbanden zal ik het wel redden.

Het eerste stuk is inderdaad hobbelig maar na een tijdje wordt het beter. Erg moeilijk zal het niet zijn, gewoon langs het water naar Bregenz. De wegen zouden weer bij elkaar komen, zei Art. Hij zal wel iets van zich laten horen, denk ik, maar het blijft stil.

Omdat stukken van de kust privébezit blijken te zijn voert de weg soms bij het meer vandaan door de velden, langs volkstuintjes, weilanden en appelboomgaarden.

Ik fiets in een flink tempo en ben al snel in Friedrichshafen, een moderne stad waar de mensen op terrassen nog wat zonnestralen opvangen. Daar stap ik even af bij het Zeppelinmuseum en ontdek dat hier zeppelins werden gebouwd tot in het begin van de Tweede Wereldoorlog en dat er daarom heel wat bommen op deze stad zijn gegooid.

Waar zou Art zijn? Gek dat hij niks laat horen.

Ik rijd over de Untere Seestrasse bij Langenargen waar het water van het Bodenmeer op allerlei plekken gewoon de tuinen in spoelt. Een enorme meiboom staat afgetekend tegen een steeds grijzer wordende lucht. Als ik even verderop pal langs het terras van hotel Seeperle kom, besluit ik daar een glas witte wijn te drinken en contact te zoeken met mijn reisgenoot.

Een ouder echtpaar kijkt nieuwsgierig toe terwijl ik mijn fiets parkeer, en vraagt waar de reis naartoe gaat.

'U gaat toch niet alleen naar Delphi?'

Ik vertel hun wat er is gebeurd. 'Hij wilde de kortste weg, ik de mooiste.'

'De mooiste weg is de kortste,' zegt de man.

Ze vinden het wel vermakelijk en zeggen dat die dingen nu eenmaal gebeuren als je samen zo'n reis maakt.

'Laat de zon niet ondergaan over uw toorn, leerde mijn moeder ons,' zegt de man.

'Een goede raad uit de Bijbel,' weet ik.

Ze komen uit Keulen.

'Net als mijn grootmoeder.'

'Keulenaren zijn vrolijk,' zeggen ze.

Ik word ook vrolijk van deze mensen, en nog vrolijker als ik ontdek dat ik een sms'je heb gekregen: 'Mooi stadje is het hè, Friedrichshafen? Waar moet ik op je wachten?' Het is al bijna een uur geleden verzonden.

Een volgend bericht stuurde hij een kwartier later. 'Waar verblijft mijn liefje, zonder haar trouwe oppasser? Ik wacht op je aan de Seestrasse in het centrum.'

Ik sms terug dat ik zijn berichten nu pas vind, dat ik Friedrichshafen al voorbij ben en bij Seeperle zit in Langenargen. 'Fiets ik door naar Bregenz of kom je hier nog langs?'

Hij antwoordt dat ik maar moet doorfietsen en dat we elkaar in Bregenz zien.

Kort nadat ik weer op de fiets ben gestapt voel ik de eerste spetters. Uit de dreigende lucht achter me zal nog wel meer gaan vallen en daarom fiets ik zo hard mogelijk door.

Het fietspad voert weg van het water en gaat over in een gewone weg. Na enige tijd kom ik bij een kruispunt waar geen enkele aanwijzing staat. Nergens 'Bregenz' op de bordjes, nergens een levend wezen te bekennen behalve een paar prachtige paarden. Jammer dat die niet kunnen praten, zoals de paarden waarmee Patroclus ten strijde trok tegen Hector, en die in tranen uitbarstten toen hij werd gedood. Op school vertaalden we dat hoogtepunt uit de *Ilias*, de dood van Patroclus.

Hè, wat vervelend, ik zal wel hartstikke fout zitten. Ik wil niet meer fietsen zonder kaart.

Het is mijn eer te na om Art te bellen.

Als de nood het hoogst is, is de redding nabij. Warempel, daar komt een oude man aan fietsen.

Ik roep dat ik de weg naar Bregenz zoek.

Fiets maar met me mee, zegt hij.

Ik vertel dat ik mijn vriend ben kwijtgeraakt.

En daar fietsen we samen langs boomgaarden en weilanden met mooie boerderijen. Het ruikt naar mest.

We praten wat over de schoonheid van zijn land tot we worden opgeschrikt door een luide toeter.

Kort daarna rijdt Art langszij.

Ik groet de man, bedank hem hartelijk en fiets weer naast Art.

Hij was bezorgd over die kiezelstenen want dat is vragen om een lekke band. Een band plakken is het probleem niet, maar waar wast hij zijn handen? Zo'n band heeft over resten van dode dieren gereden.

In de regen fietsen we door plaatsjes als Wasserburg en Lindau, afgewisseld met stukken langs het meer. Dat is net zo egaal grijs als de lucht erboven zodat de scheidslijn tussen water en lucht niet meer te zien is. Ook de bergen aan de overkant zijn in de regen opgelost.

We komen bij een brug over een smalle rivier, die wordt geflankeerd door een reeks kleurige borden. 'Republik Österreich' staat er op een bord met een rood-witte vlag waar ook de adelaar op staat. Op een ander bordje lezen we: 'Land Vorarlberg'.

Doordat ik op een fiets zit is het passeren van een staatsgrens weer net zo opwindend als in mijn kindertijd. Er is niemand te bekennen, we fietsen gewoon over dat kleine riviertje en zijn in een ander land.

Ineens draait Art zich om, wijst en roept geestdriftig: 'Kijk, de Alpen!'

Reusachtig rijzen ze op in de regen.

Zo'n juichkreet zal ik slaken als ik de Middellandse Zee zie.

Het weer is hetzelfde als in dat laatste stukje Beieren, en dat blijft het tot en met Bregenz.

De terrassen in de bocht van de Bodensee zijn leeg en de plezierjachten liggen werkeloos en verlaten in de haven.

Art is verrukt van een futuristisch uitziend schip. Hij beschrijft alle hypermoderne details terwijl ik de boot in gedachten zie veranderen in een Romeinse trireem met een rechthoekig zeil, een grote enterbrug en drie rijen roeiriemen.

Ooit lag hier de Bodenmeervloot van de Romeinen nadat de latere keizer Tiberius de stad had veroverd op de Brigantiërs en samen met zijn broer Drusus de alpenvolken had verslagen, waardoor wat we nu Zwitserland noemen als de provincie Helvetia werd ingelijfd bij het Romeinse Rijk.

Even verderop komt op het reusachtige podium dat boven het water is gebouwd een ander stuk van het verleden tot leven. Daar wordt, zoals op de affiches van de Bregenzer Festspiele staat aangekondigd, nu elke avond de *Aida* opgevoerd, de woestijnopera.

Het begint te stortregenen.

DAG 16
BREGENZ - TRIESEN
56 KM

Als u vreugde wilt vermenigvuldigen, moet u haar delen.
– Pythagoras

Nu moeten we het toch echt hebben over hoe we de Alpen overgaan, via welke pas. Aan de ontbijttafel turen we samen op de iPad. Met een lichte vingertip zien we niet alleen de kaart maar rijzen de bergen driedimensionaal voor ons op.

Art heeft dierbare herinneringen aan Sankt Anton am Arlberg. Met behulp van Google Earth vliegen we ernaartoe en zoomen in op dat plaatsje midden in de bergen omgeven door groen. Van daaruit had hij gebeld om te zeggen hoe mooi het was en dat hij daar graag met mij naartoe zou gaan. De natuur was overweldigend, de lucht en het water zo puur en er waren veel mensen in mooie sportkleding die daar fietsten en wandelden. Ik vertelde hem dat Vladimir Poetin daar ook graag zijn vakanties doorbracht, wat Art nou weer minder attractief vond. Daarna was hij doorgegaan naar Pfundz, waar hij zichzelf had getrakteerd op warme chocolademelk, omdat hij volgens zijn Navigon nog maar twee kilometer van Zwitserland was verwijderd. Maar het bleek dat die twee kilometer in beslag werden genomen door een reusachtige berg.

We besluiten nog even listig om de bergen heen te gaan en uit te buiten wat de Rijn ook hier met eindeloos geduld voor ons gedaan heeft. Via het Rijndal kunnen we een stukje door Liechtenstein en dan pas oostwaarts de bergen in. Bijkomend voordeel is dat Art zo nóg een land aan zijn verzameling kan toevoegen.

Ik zou wel naar Venetië willen om die toverstad aan Art te laten zien, maar hij denkt dat dat om is. Hij zegt dat het erg mooi en prettig fietsen is langs het Lago di Garda en dat heb ík nog nooit gezien.

Mijn knie is nog steeds ontstoken en het wordt eerder erger dan minder door dat getrap in de regen, en daarom besluiten we raad te vragen aan een apotheker hier in Bregenz.

'Het zou toch ongezellig zijn als je me onderweg ergens moest begraven.'

'Liefste, wat weet je je toch aandoenlijk uit te drukken. Dat vraagt om heel veel kusjes.'

Kort nadat we de fietsen uit de garage hebben gehaald en de tassen eraan gehangen, begint het te plenzen. We wachten in een portiek, wel een uur, tot het minder wordt want anders zijn we meteen doorweekt. Als de stortbui verandert in miezerig druppen spoeden we ons naar de apotheek, maar die blijkt pas om twee uur open te gaan. We besluiten de tijd zinvol te besteden door bij een Konditorei uit 1880, niet ver van de apotheek, onderzoek te doen naar hun huisspecialiteit.

Een man en een vrouw vragen of ze bij ons aan het tafeltje mogen zitten omdat de andere bezet zijn. Ze zijn hier voor de Festspiele en hebben de *Aida* gezien. Het was een grootse belevenis, zoals elk jaar, en ze raken vooral niet uitgepraat over het decor met enorme zwevende elementen tegen de achtergrond van het meer. De woestijnopera kwam schitterend uit op het drijvende vlot en het water werd voortdurend benut. Horden dansers sprongen erin en dansten half ondergedompeld, zodat de druppels in het rond spatten.

De man blijkt apotheker.

'Dat is nou toevallig.'

Hij is ook zanger in jazzclubs.

'Het fijnste wat er is, zingen, maar niet altijd voor mijn vrouw.'

'Mijn man zingt te veel,' zegt ze met een lach.

Ik vertel over mijn valpartij in Bingen en de wond die maar niet wil helen. Hij kijkt er even naar en stelt een andere crème voor, maar daarna praat hij graag weer verder over de vreugde van het zingen.

Het is kennelijk niet verkeerd om er crème op te smeren. Ik heb altijd geleerd dat je er helemaal niks op moet doen, maar nu met die regen...

Zodra de apotheek opengaat haal ik de crème die de zingende apotheker heeft aangeraden.

Art heeft ook een probleem: zijn lockout van de Lefty werkt niet, wat betekent dat hij de vering niet meer uit kan zetten en dat is erg vermoeiend. Het zou fijn zijn als dat verholpen kon worden voordat we de bergen in gaan.

Zigzaggend door historisch Bregenz dalen we weer af naar het Bodenmeer, waar we al snel afscheid moeten nemen van het water want we buigen af naar het zuiden. Het volgende water dat we zullen zien, zo God het wil, zal het Gardameer zijn, dat me nu een meer in het paradijs lijkt. De Rijn zien we helaas niet want die stroomt aan de westelijke kant van de vallei, wij blijven in het oosten.

Het stijgt geleidelijk maar het is goed te doen, en klimmen wordt hier nog afgewisseld met vlakke stukken.

En daar zijn ze dan, in de verte maar pal voor ons, breeduit en in de hoofdrol: de Alpen, donkerblauw, paars, machtig en onverbiddelijk. Onontkoombaar. Een genot om naar te kijken maar we moeten eroverheen... Nu begrijp ik die uitdrukking beter, 'Ik zie er als een berg tegen op'.

Nooit heb ik op deze manier naar de bergen gekeken. Het was decor dat ik vanaf de achterbank van de auto bewonderde of waar ik op neerkeek vanuit het vliegtuigraampje bij een kop koffie of een glas prosecco.

Nu ga ik pas echt een relatie met ze aan.

Art is vrolijk en opgewonden en als een bergbokje dartelt hij ze tegemoet. Ik kijk naar de lichtgrijze hemel, waar donkergrijze wolken in hangen.

We fietsen over een zeer brede weg, een soort autobaan maar met een bordeauxkleurige streep erlangs voor fietsers. De weg wordt geflankeerd door grote moderne bouwwerken met namen erop als Porsche, BMW, Opel, Suzuki, Austin Martin, Saab. De auto's staan lonkend achter de ruiten. Toyota, Mercedes.

En we vinden zowaar ook een fietswinkel, die natuurlijk de mooiste fietsen verkoopt. Een Cube, een Simplon, een Ghost. Duitse merken, zegt Art, veel jonger dan Cannondale.

De fietsenmaker van Zweirad Feuerstein kan Arts probleem niet oplossen, maar hij kent een Cannondalewinkel niet heel ver hiervandaan, in Rankweil. Hij belt naar zijn collega en die zegt dat we welkom zijn. Het is zo'n vijfentwintig kilometer, ja, wel met wat klimmen maar niet heel erg.

Vijfentwintig kilometer vlak rijden is inmiddels een peulenschil. We zitten intussen al op 430 meter hoogte en het bereiken daarvan is me eigenlijk wel meegevallen.

Van frisse bergweitjes nog geen spoor, integendeel, ik fiets over een groot verkeersknooppunt en de auto's razen om me heen. Dan heb ik misschien toch liever een berg.

Het blijft geleidelijk klimmen.

Bij Altach komen de weilanden en zie ik de eerste man met een alpenhoedje en houten huizen met veranda's vol bloemen. Door de wolken vallen stralen als spotlights op de bergen en lichten hier en daar een witte rotswand of een dorpje op of kleuren een weiland extra felgroen.

De natuur neemt het langzaam over. Er staan steeds minder huizen; velden en wouden krijgen hier alle ruimte. Steeds kleiner worden we. Het trappen gaat zwaarder maar het is of dit ontzagwekkende decor nog meer kracht geeft.

Op sommige plekken spuit het water uit de rotsen, de lucht wordt frisser.

Zonder moeite vinden we de Siegle Bikeshop, aan de voet van een kasteel. Het is een beetje of je op familiebezoek bent met al die Cannondales.

De man die bezig is met een rode racefiets, werpt een blik op onze fietsen en zal het probleem zo oplossen. Intussen geeft Art me een rondleiding langs al die verschillende Cannondalemodellen. Ik zou ook weleens op zo'n racefiets willen rijden, zonder bagage.

Als Art zegt dat hij voor een Scalpel Teamedition zou gaan en als Hardtail een Flash Ultimate, zegt de man: 'Ja, de Scalpel is een goede fiets, maar die van jou,' wijzend op de mijne, 'dat is een kunstwerk. Daar kun je designprijzen mee winnen. De onderdelen, de kleuren, hoe hij in elkaar is gezet.'

Dat die tweedehandsfiets uit Harderwijk nog eens zo'n makeover zou beleven, door de kennis, de toewijding, de smaak van Art. 'Vooral liefde,' zegt hij, en dat heeft hij nog eens benadrukt door de hartjes die hij op de spatborden heeft laten spuiten.

Nadat de lockout is hersteld vraagt Art aan de man of hij de ketting, die er telkens af glipte, kan schoonmaken met teflon. Dat is veel beter dan olie, want olie wordt korrelig, het vuil van de straten blijft eraan kleven. Teflon maakt soepel en tegelijk schoon.

Daar gaan we weer, hij op een fiets die niet meer onnodig veert en ik in het besef dat ik op een kunstwerk rijd. Daardoor komt het misschien dat het klimmen lichter aanvoelt. Zelfs bijna als dalen, zegt Art geestdriftig.

We steken een riviertje over en rollen het middeleeuwse Feldkirch binnen, waar we water kopen en frambozen.

Het is al na zessen, de lucht wordt steeds grijzer maar we gaan pas een hotel zoeken als we in een ander land zijn en daar komen we vanzelf als we over de brede Liechtensteinerstrasse blijven fietsen.

'Zollamt Schaanwald', staat er boven de doorgang met witte letters afgetekend tegen de donkere lucht waar nu druppels uit beginnen te vallen.

Art wacht al aan de andere kant van de grens, en omdat ik nergens controleurs zie, rijd ik in een flink tempo naar hem toe, met een triomfantelijk gevoel vanwege weer een grens.

Een schreeuw.

Ik schrik, kijk om.

Een uit het niets opgedoken douanebeambte komt me zwaaiend met zijn armen tegemoet. Opgewonden vertelt hij me dat ik aan de verkeerde kant de grens ben overgegaan, dus tegen het verkeer in.

Maar er is geen verkeer. Iedereen zit lekker thuis in plaats van zich in dit grauwe miezerweer te wagen.

Art staat te hikken van de lach. 'Die vrolijke kop waarmee jij overtredingen begaat; bij mij kun je nooit meer kapot.'

Over dezelfde brede weg, die nu is omgedoopt tot Vorarlbergerstrasse, fietsen we door het vorstendom, omgeven door hoge bergen die voor een groot deel schuilgaan in mistige regen. Af en toe passeert ons een dure auto met een kroontje op de nummerplaat.

We wilden eigenlijk naar Vaduz, de hoofdstad, maar omdat het harder begint te regenen stoppen we in Nendeln bij hotel Weinstube. Dan drinken we morgen wel koffie in Vaduz.

Art gaat op onderzoek uit. De ervaring leert dat hij een kamer meestal voor een lager tarief weet te bemachtigen.

Maar de Weinstube is erg duur en bovendien vol.

Het wordt al donker en het is nat.

Dan toch maar door naar Vaduz, wat niet echt een sfeervolle stad lijkt te zijn, ook al heet het hoofdplein Champagnerplatz. Veel luxueuze winkels met beroemde merken, dure restaurants en waarschijnlijk ook dure hotels. Art gaat informeren bij Gasthaus Löwen en vervolgens bij hotel Adler. Geen van beide heeft plaats voor ons.

Er is nog één hotel waar we het kunnen proberen, en dat ziet er het deftigste uit van allemaal: hotel Real. Art gaat weer naar binnen in zijn natte jack en fietsbroek terwijl ik zijn fiets vasthoud en naar de grote BMW met het kroontje op het nummerbord kijk die voor de deur staat geparkeerd. Aan de overkant is Bank Alpinum, waar waarschijnlijk geld wordt bewaard dat eigenlijk naar de belasting moest.

Art blijft lang weg, wat een gunstig teken kan zijn, maar helaas blijkt dat niet het geval. Ze hebben alleen nog een suite voor heel veel geld. Ik neig ertoe dat toch maar te doen, het is al half negen, het regent zonder ophouden, maar Art zegt: 'Kom liefste, dit belazerland is gelukkig klein. Nog een kilometer of tien en we zijn in Zwitserland.'

Mopperend stap ik weer op de fiets; dat hele Liechtenstein kan mij intussen gestolen worden.

Na een paar kilometer door de grijze nattigheid, omsingeld door donkere bergen, ontwaart Art met zijn valkenblik nog een hotel en dat zou weleens open kunnen zijn want daar brandt licht.

Het is een flinke klim. Het laatste stukje is zo steil dat ik moet afstappen.

Maar er is plek! In hotel Schlosswald. We worden allervriendelijkst ontvangen door Gerlinde, een blonde fee die ons een degelijke garage toont en een ruime kamer met wifi. Even later serveert ze aan de bar twee dampende Käsebrötchen met een beker warme chocola en een glas Vaduzer Pinot.

'De mensen denken hier alleen maar aan geld,' zegt ze. Ze was getrouwd en heeft twee kinderen. Haar man is weggelopen want hij vond de kinderen te duur.

We maken het niet laat, we zijn moe en morgen wordt het weer klimmen.

Als Art nog even naar beneden gaat om een fles water te halen komt hij terug met een hand vol snoepjes.

'Die gaf Gerlinde me. Zo lief, ze zei: "Je moet ze met Rosita delen."'

DAG 17
TRIESEN - DAVOS
63 KM

Wanneer iemand zich inspant, helpt God ook.
– Aeschylus

De zon schijnt, er hangt een blauwe lucht boven de bergen maar in Sankt Anton am Arlberg zal het de komende dagen regenen. Dan moeten we toch een andere route nemen.

De vriendelijke hotelmanager verdiept zich in onze problematiek, haalt een kaart en spreidt die uit over de tafel waaraan we hebben ontbeten.

De Brenner is een relatief makkelijke pas, maar die nemen we niet want dan moeten we heel Oostenrijk door en komen ook te oostelijk uit. Dat is om. We willen het liefst zo veel mogelijk in een rechte zuidoostelijke lijn naar Delphi. De Brenner is bovendien erg druk, zegt de man.

'Via Klosters naar Davos, dan kun je door naar Sankt Moritz en via de Berninapas,' oppert hij. 'Willen jullie via het Comomeer of het Gardameer?' Het Comomeer is te westelijk. Bovendien is Art bij een eerdere tocht langs het Comomeer gefietst en dat is hem slecht bevallen.

We besluiten na Klosters en Davos meer oostwaarts af te buigen, dan zijn we via de Ofenpas al heel snel in Italië. Althans, zo noemen ze dit deel van het voormalige Oostenrijk nu. Art denkt dat we in drie dagen de grens over zullen zijn maar dat lijkt mij sterk.

Een andere blonde dame, medewerkster in hotel Schlosswald, die van Gerlinde had gehoord over Nederlandse fietsers, komt ons begroeten en een goede reis wensen. Haar naam is Laetitia en ze is afkomstig uit Friesland. Er werken erg veel Nederlanders in Liechtenstein, vertelt ze, in de horeca, als fysiotherapeut en bij Swarovski, die hier in Triesen een flonkerfabriek heeft staan.

In volle vaart dalen we nu de oprijlaan weer af, een wereld in waarin de kleur is teruggekeerd, de vele schakeringen groen van weiden en bossen, het grijsblauw van de bergen onder een kobaltblauwe lucht. Op een heuvel ligt een witte burcht.

Liechtenstein is leeg en stil. Zo vroeg zijn we nog nooit op pad gegaan maar er wacht dan ook een ambitieus traject op ons, niet in kilometers maar wel in hoogte: bijna duizend meter. Er is niemand op de weg die tamelijk vlak voor ons ligt, wat mij in combinatie met de stralende zon overmoedig maakt. Kom maar op met die bergen!

In een half uur passeren we weinig spectaculair de vierde landsgrens, gewoon door over dezelfde stille door het groen voerende weg langs de Zwitserse vlag te fietsen. Alleen hangt er nu om de paar honderd meter een knalrode fles aan een boom, wat Art mateloos intrigeert maar waarvan we de betekenis niet kunnen duiden.

Snel daarna begint het, het stijgen, tamelijk steil en zonder ophouden, door mooie, steeds ongereptere natuur.

Gewoon doortrappen, genieten van het uitzicht, de frisse lucht; doortrappen of je een machine bent, of je benen vanzelf gaan. Maar ze gaan niet vanzelf: het kost me al mijn kracht en ik zit al bijna op het laagste verzet.

Had ik maar zo'n lichte racefiets zonder bagage. Al die kilo's de berg op trappen, wat een gekkenwerk. Art lijkt het zonder veel moeite te doen en hij heeft dubbel zo veel gewicht in zijn tassen door al die apparatuur. Meestal klimt hij staand. Dat doe ik af en toe ook maar het blijft zwaar. Met steeds meer moeite krijg ik de pedalen naar beneden.

Mijn hart bonst hevig, mijn longen zetten uit. Straks val ik nog dood neer. Art is uit het zicht verdwenen.

Ze zijn mooi, de bergen, maar geef mij maar de zee, het strand, een antieke tempel, een oude stad, verhalen.

Het wordt steiler. Ook al sta ik met heel mijn gewicht op het pedaal, hij gaat niet naar beneden. Afstappen, er zit niks anders op. Niet dat lopen makkelijk is met die beladen fiets, laat staan prettig.

Het is of de bergen me uitlachen, ze staan daar maar groot en onverzettelijk. Na een tijdje stap ik weer op, fiets een stukje zittend, een eindje staand. Voortdurend tuur ik in de verte of ik al een eindpunt zie, een afdaling, een stukje vlakke weg, even verlossing.

Niets daarvan. Art had me al gewaarschuwd dat het op een bepaald moment louter klimmen zou zijn. Dit is anders ja, tot nu toe mocht ik telkens, net als ik de wanhoop nabij was, de berg weer af.

Daar staat hij te schateren.

'Gnoompje van me, ben je lekker arm- en schouderfietsduwoefeningetjes aan het doen? Dit moet ik fotograferen. Liefste, je bent echt net een kabouter, zo van bovenaf, eerst die grote kop met die helm en dan die kleine pootjes.'

'Met een heel mooie maar heel zware roze fiets. Jij bent een man van de bergen, ik een vrouw van de zee. Ik ben hier misplaatst.'

'Wacht maar af.'

Er volgt een stuk dat minder steil is, langs alpenweiden met scharrelende kippen en te koop staande berghutten.

En dan volgt als een onverwacht geschenk een meer dan fantastische afdaling door weilanden en zonoverspoelde wijngaarden, begeleid door het getinkel van koeienbellen en gefluit van vogels. Nu zijn de rollen omgedraaid, nu speel ik de hoofdrol en de bergen kijken toe hoe ik met soepele bochten naar beneden suis.

Blonde koeien grazen in een veld met bomen vol rode appeltjes, een oude toren op de achtergrond. Daarnaast ligt een wijngaard en een Weinstübli, waar ik graag zou afstappen.

Een arend hangt roerloos boven het dal.

Het enige nadeel van zo'n afdaling is dat je weer omhoog moet en dat je het gevoel hebt dat je voor niks hebt geklommen.

Na veel water en een Zwitsers middagmaaltje, Heidi's gratin, die Art bij nader inzien weigert te eten vanwege de vele aanstormende en op de tafel vastgeplakte vliegen, vervolgen we ons pad, en dat loopt zoals we konden verwachten weer omhoog.

Maar opnieuw volgt er een afdaling, nu door een fris bos langs een kalkwitte beek. Ik moet denken aan vakanties van vroeger, toen we gingen picknicken bij Zwitserse bergbeekjes en daar dammen in opwierpen.

We stappen even af omdat ik mijn voeten in het water wil steken, in het zojuist gesmolten ijs. Graag had ik bij zo'n beek gepicknickt, maar Art wil dat niet vanwege de slakken en insecten. Hij is er niet bang voor, zegt hij, maar vindt ze vies.

'Leeuwen eten ook van de grond.'

Hij glimlacht maar is niet te vermurwen.

Het water murmelt raadselachtig.

Verder gaan we weer, door de natuur die me nu in vervoering brengt terwijl ik haar net nog verloochende. Op één dag maak je alle stemmingen mee, van wanhoop tot euforie.

We ontmoeten een aardig gepensioneerd echtpaar uit de buurt op mooie fietsen. Ze zeggen dat we een prachtige tocht tegemoet gaan en dat de weg ons door het Nationale Park voert waar tot kort geleden lynxen woonden en waar dinosauriërsporen zijn gevonden.

De zon valt door de bladeren op het pad langs de witte beek. Af en toe klinkt de fluit van een trein, die even later knalrood voorbij raast.

Grootser en geweldiger wordt het nog; de witte beek verandert in een blanke rivier, de bergen komen naar ons toe, hoge rotswanden rijzen op aan weerskanten als enorme coulissen waartussen wij onze kleine toneelstukjes opvoeren, onze tragikomedies en farces.

'Liefste,' roep ik luid, 'wat is dit mooi!'

'Ik zei het toch!'

Zwarte wanden van verwrongen steen, zwarte en zilverachtige op elkaar geperste lagen. Het lijkt gestolde lava waarvan de golven nog te zien zijn. Volgens Art is het obsidiaan. Dat hebben ze ook in Armenië en het werd geëxporteerd voor messen. Het is vlijmscherp.

'Kijk, er groeien bomen uit de spleten.' Hij wijst me op de systemen waarmee de rotswanden in bedwang worden gehouden en die neerstortende stenen opvangen, met cement, netten, metaal. 'Soms ook door een soort harnas van metalen ringen als, hoe heet het, dat wat ridders vroeger droegen.'

'Een maliënkolder.'

Ja, dat bedoelde hij, maliënkolders voor de bergen.

Art is zo blij om te zien dat ik geniet, dat ik onder de indruk ben en vol ontzag. 'Zie je hoe puur en helder het water is, rechtstreeks van de bergtoppen, nog niet vervuild.'

Witte berkenstammen staan op een rij naast het witte water.

Even later fietsen we weer door een dal waar de zon de weilanden nog feller groen maakt.

Als ik een bord zie met een fiets erop ga ik ervan uit dat ik die weg moet hebben, ook al is Art niet meer te zien.

Met luid getoeter en een snelle achtervolging haalt hij me even later van de autobaan. Nadat hij me in veiligheid heeft gebracht legt hij met een mengeling van geschoktheid en vermaak uit dat ik moet kijken wat voor kleur de rand heeft rond dat bord met een fiets erop.

'Liefste, dit soort wegen oefenen dezelfde aantrekkingskracht op je uit als het circuit van Laguna Seca op Valentino Rossi. Dit moet op de foto, jij bij het bord, mijn eigen Alice in Wonderland.'

Dan volgt weer een zware klim, een heel zware, serieuze. Tot nu toe was het warmlopen om erin te komen, met allerlei beloningen, maar vanaf nu wordt het menens.

De klim brengt ons in Saas im Prättigau, waar we een rondje rijden en ik even op adem kom op een paar vlakke wegen. Boven de deur van een eethuis ziet Art een gewei hangen en hij wil snel weer doorfietsen.

Daar begint het klimmen weer, niet heel steil gelukkig, door een groene wereld van weiden en bomen. Zodra het even vlak is of daalt vergeet je de ellende en wordt je blik weer ruimer.

De Prättigauerstrasse gaat over in de Kantonstrasse, soms is de weg vlak en dan klimt hij weer een beetje, en eerder dan ik dacht zijn we in Klosters, een luxueus oord met chique chalets, hotels, pianobars, dancings, maar het heeft ook iets intiems. Het is het favoriete ski-oord van prins Charles, werd ons verteld, en hij schijnt hier ook weleens in een pianobar te spelen. Art verdenkt hem ervan dat hij hier vooral komt om te jagen.

Bij ons rondje door het centrum, met etalages vol ski's en skikleren, zien we bar Fellini, gehuisvest in een zachtroze chalet met houten balkons. Er is wifi en daarom besluiten we daar koffie te drinken en het komende traject te bestuderen.

Het is een elegante bar, die ook de knusheid heeft van een skitent door de houten meubels en wanden, gelukkig zonder geweien.

We kruipen in een nis bij het raam en turen op de iPad. Er is een mailtje van mijn moeder, geestdriftig over het Heidelbergerfilmpje, met het advies de trein te nemen want in de Alpen is zwaar weer op komst.

Morgen lijkt de regen inderdaad onontkoombaar, dus hoe verder we vandaag komen hoe beter. 'Nog eens zo'n afstand als van Saas tot hier en we zijn in Davos,' zegt Art opgewekt.

Het is minder dan twaalf kilometer, maar wel meer klimmen, zo'n vierhonderd meter want Davos ligt op 1560 meter hoogte. Jarenlang vond ik die 42 meter van de Amersfoortse Berg al veel en de heuvels van Rome. Ik had niet gedacht dat je die grenzen zo snel kon verleggen. Dan morgen de Flüelapas, dat is een klim van achthonderd meter, maar daarna volgt er een geweldige afdaling en dan nog een klimmetje van vijfhonderd meter naar de Ofenpas.

De in een elegant pak gestoken ober aan wie ik vraag of hij deze route kent zegt: 'Als ik u was zou ik de trein nemen. Die gaat door de tunnel naar Zernez.'

'Is het zo zwaar?'

'Het wordt slecht weer.'

Misschien is het wel een idee, zeg ik, maar Art is faliekant tegen.

'Natuurlijk, het is een erg mooi traject,' zegt de jongeman, 'maar in de regen wel een stuk minder.'

'Je hebt eerder door de regen gefietst,' zegt Art. 'Dan geniet je straks des te meer van de zon.'

Hij heeft gelijk.

We onderzoeken of er een hotel is bij de Ofenpas en dat blijkt er te zijn. Ik bel om te vragen of er plaats is morgennacht en dat is zo. We reserveren alvast.

Er volgt nog een zware klim door steeds ijlere lucht en een steeds groenere, verlatener wereld. Boven ons wordt de blauwe hemel geleidelijk verdrongen door donkere wolken.

Het wordt avond en bijna nacht, zonder sterren en maan. Mijn blik is gericht op dat heen en weer deinende lampje voor me. Mijn longen zuigen zich vol berglucht, mijn hart pompt het bloed naar mijn benen, mijn voeten, mijn tenen, mijn wangen, die gloeien. Gespartel ben ik in een zwarte koker.

Soms is het of mijn geest mijn lichaam verlaat en kijk ik uit de verte naar dat trappende vrouwtje daar in het donker op dat hellende vlak.

Af en toe moet ik afstappen en duw ik de fiets de donkere berg op.

Vlak voor Davos, met de vele klinieken en kuuroorden waar ik me graag aan allerlei zorgen zou overleveren, kán ik niet meer en wil ik die Zimmer in waarop '*Frei*' staat.

Het was de zwaarste dag van de reis en tegelijk de meest spectaculaire.

DAG 18
DAVOS - OFENPAS
VIA DE FLÜELAPAS
56 KM

Hoe kun je de top bereiken met geringe inspanningen?
–Euripides, *Orestes*

Het regent zoals was aangekondigd en wachten tot het ophoudt heeft geen zin.

We gaan voor de top. Aan het ontbijt zal het niet liggen: een bak muesli en een dampende mok Ovomaltine, geserveerd door onze gastvrouw met gentianenschort.

Het vooruitzicht van een afdaling van tweeduizend meter geeft vast vleugels aan onze voeten. Het zal trouwens iets minder zijn dan tweeduizend meter want we dalen niet meteen tot aan de zeespiegel. O zeespiegel, o zee, o spiegelende zee!

Eerst gaan we naar een postkantoor om wat bagage naar Nederland te sturen; kleren en de papieren die we tot nu toe hebben verzameld: rekeningen, folders, boekjes.

Ik pas op de fietsen terwijl Art de verzending regelt, een doos uitzoekt, die inpakt en aflevert. Hij heeft ook nog wat spullen uit mijn tassen overgeheveld naar de zijne, waaronder mijn fietsketting want elk onsje scheelt bij zo'n klim.

Iets lichter rijd ik nu langs de klinieken en sanatoria waar mensen al eeuwenlang komen om van hun ademnood, huidproblemen en andere kwalen te genezen, zoals mijn oudoom, die aan tuberculose leed en al die mensen uit *De Toverberg*. Het was tijdens een bezoek aan zijn vrouw, die in Davos aan het kuren was, dat Thomas Mann op het idee kwam voor dat boek over Hans Castorp, die hier aankomt en niet meer weggaat.

We fietsen verder langs de Davosersee, die op een tovermeer lijkt met die mistige dampen erboven en onzichtbare oevers. Ik stel me voor dat de personages uit *De Toverberg* daaruit tevoorschijn komen en zeggen dat ik niet goed bij mijn hoofd ben om die bergen te beklimmen, dat ik moet komen uitrusten bij hen.

Maar ik negeer hun lokroep, en voordat de stad echt begint maak ik een bocht naar het oosten en ga de Flüelapassstrasse op, die me wegvoert uit de wereld van de mensen en de klok, de gebouwen en de schema's; een oerlandschap in waar mist heerst, dag en nacht, waar we bijna geen auto's meer zien en de weg meer dan de helft van het jaar onder de sneeuw verdwijnt. Hier word je teruggezet op je plek, een dwergje in een donkerpaars regenjack op een roze fietsje.

'Im Winter gesperrt', lees ik. Dat windt me op dezelfde manier op als de bordjes in Venetië met aanwijzingen wat te doen bij hoog water. Wat te doen als alles weer terugkeert tot de oorspronkelijke staat? Ik ben me er voortdurend van bewust dat we in een schijnorde leven, met schijnveiligheden en schijncontrole. Als de natuur iets anders wil zijn we nergens. Wanhopig pakken we de bergen in in maliënkolders en werpen we dammen op tegen het water. Maar Moeder Aarde houdt het laatste woord.

Na enige tijd begint de weg te klimmen en dat zal hij veertien kilometer lang blijven doen tot we de Flüelapas bereiken, het hoogste punt van onze reis.

Doortrappen nu, naar de top, naar de zon, naar de zee, naar Delphi.

'Kijk uit voor de slakken!' roept Art.

Hij ziet alles, elke slak, tor, muis – dood of levend.

Aan weerskanten staan hoge dennenbomen, die na verloop van tijd wijken en ruimte geven aan hellende weiden met rondslingerende stenen, alles versluierd in mistige regen. Ook de bergtoppen zijn uitgewist.

Het is een gestaag stijgen zonder respijt, maar niet erg steil.

De wereld wordt steeds leger, heel af en toe komen we nog een huis tegen, zoals Gasthof Alpenrose, een skilift of een digitaal scherm waarop de skipistes staan afgebeeld en waarop je kunt lezen dat het nu twaalf graden is. Koud heb ik het niet door de inspanning en door mijn lichte maar warme kleding.

Ademen, in en uit, door de neus in, door de mond uit, de pedalen naar beneden duwen, in hetzelfde tempo, met dezelfde kracht, de blik op het grijze asfalt, dat ik in gedachten toegedekt zie worden door sneeuw. In een wit vacuüm trap ik hijgend voort.

Als we een flink stuk hebben geklommen staat Art me op te wachten om te kijken hoe het met me is.

'Merk je hoe fris het ruikt?'

Het ruikt naar Kerstmis en sauna.

Door gaan we weer, over de weg die we geheel voor onszelf hebben, door een wereld die niet is aangetast door mensen. Auto's, motoren en fietsers wagen zich niet in dit zichtbelemmerende weer. Overal vermoed ik de mooiste panorama's. Vangrails lijken mist en dampen te moeten tegenhouden maar waarschijnlijk gaan er ravijnen onder schuil.

Regelmatig kijk ik naar mijn kilometerteller. Ook de hoogtemeter is een speeltje waar ik veel aan heb. Soms kijk ik er onafgebroken naar om te zien hoe snel ik stijg, dan weer een tijdje niet en gok ik hoeveel ik heb geklommen. Wat zou het heerlijk zijn met een lichte racefiets zo'n klim te doen; nu voel ik me een muilezel, maar de vrijheid die je hebt door zelf je spullen mee te torsen is de kern van het avontuur. Ik moet er niet aan denken dat een auto onze bagage van de ene overnachting naar de andere vervoert. We willen niet van tevoren weten waar we slapen en wanneer, zoals we nu niet weten of we vandaag de Ofenpas gaan halen.

Er klinkt getinkel van koeienbellen, en even later doemen er blonde koeien op uit de mist, als mythologische dieren, en staren ons aan.

Soms houden mist en regen zich even in om ons een blik te gunnen op de heuvels vol stenen en rotsblokken die zijn meegesleurd door sneeuw en ijs. Een enkele keer zien we een glimp van een besneeuwde top. Een jong beekje dartelt naast ons pad, net geboren, puur en onbedorven.

Maar meestal rijden we door een wazige tunnel van mist waarachter de afgronden en bergen zijn verscholen.

Omgeven door nevelen ben ik, als de Pythia in de dampen, de aarde onder me, met haar ravijnen. Oerbossen schemeren door met vochtig blad. Dieren gaan er hun gang. Een lynx kijkt me aan met zijn alziende blik en loopt verder met soepele tred. Een dinosauriër graast en baant zich een pad. Alles ademt, stroomt, klopt in een eeuwig ritme waar ik in opgenomen ben. Er klinkt geluid, een zacht gedreun, metaal. Uit de mist doemen soldaten op, strak in het gelid, hun helmen glanzen, hun speren flikkeren. Vogels vliegen weg met brede zwarte vleugels. Witte beken kleuren rood.

Uit het hart van de aarde kringelden de dampen omhoog die de Pythia bedwelmden en in contact brachten met de godheid. Door aardverschuivingen en barsten, onderaardse rivieren en verborgen vuur kwamen de stoffen vrij die haar in extase brachten en haar door de sluiers van de tijd heen lieten kijken. Wie weet werd de roes ook op een andere wijze opgewekt, zoals men vermoedt dat dat gebeurde bij de Mysteriën van Eleusis, waar de mensen vierden dat Demeter haar dochter Persephone ging terughalen uit de onderwereld zodat het lente zou worden. Voordat de ingewijden meegingen op die reis dronken ze van de geheimzinnige *Kukeion*. Ze moesten zwijgen over het ritueel maar wel bekenden ze dat er niets grootsers bestond dan deze ervaring en dat ze niet bang meer waren voor de dood. Er is een vermoeden dat in die godendrank opiaten zaten en stoffen die dezelfde zijn als in bepaalde paddenstoelen. 'Driemaal zo gelukkig zijn de stervelingen die de riten hebben meegemaakt voordat ze naar de Hades vertrokken,' schreef Sophocles. 'Zij alleen hebben het ware leven gezien.'

De nevel om me heen is zilverig, een verblijf voor goden. Er glinsteren sterren in en ogen. Ook een berg op fietsen doet wonderlijke dingen met je.

De bomen onder ons hebben het veld geruimd. Ik rijd in de laagste versnelling maar soms is zelfs dat te zwaar en stap ik af. De lucht is vochtig maar mijn mond wordt droog door mijn hijgende adem.

Na vele uren rijst er eindelijk een groot gebouw met houten luiken voor ons op. Als we dichterbij komen lezen we in witte letters 'Flüelapas, 2389 m'. Het Passhotel Flüela Ospiz staat er al sinds 1869 nadat in 1866 deze pas werd aangelegd, maar bronzen speerpunten die hier zijn gevonden wijzen erop dat er al vóór de Romeinen mensen via deze route over de bergen trokken.

Naast het hotel liggen twee grote meren met gletsjerwater, zo helder dat je elke steen kunt zien die op de bodem ligt. Een smal stroompje voert nog meer water aan.

Dit zal het hoogste punt zijn dat we tijdens deze reis bereiken en we zien alleen maar mist. Het uitzicht even verderop moet adembenemend zijn, van de Grossglockner tot de Mont Blanc, maar ook dat zal in nevelen gehuld blijven. Het leven neemt je altijd bij de neus.

We gaan even snel wat eten. Het grote terras is leeg, en binnen in de houten ruimte zit bijna niemand maar het is er warm en het doet aan Kerstmis denken. Alles tintelt in me, elke cel is door elkaar geschud, geschrokken, opgewekt.

Je moet sterven om te kunnen leven.

We eten *Käsespäzli mit Spiegelei*, een pastagerecht, niet zwaar maar vol energie die we misschien niet nodig hebben voor de afdaling maar wel voor de volgende col.

'We zijn bijna in Italië, schatje.'

'Ik kan het haast niet geloven.'

'Dan begint de ellende pas.'

De wegen zijn daar vaak slecht, zegt hij. De Italianen hebben een rare aanpak van de bergwegen, met veel overbodige zigzags, het is er droog en stoffig, zonder de frisheid van hier.

Toch verlang ik ernaar, naar Italië, naar de zon.

Art geeft me instructies voor het dalen. Anticiperen, voordat er een bocht aankomt het pedaal aan de binnenkant omhoog zodat die het plaveisel niet kan raken. Neem de bochten niet te krap maar ook niet te wijd vanwege tegenliggers en verkeer achter je. Nooit remmen op kiezels, niet te lang in de remhendels knijpen want dan kan de olie verhit raken en werken de remmen minder goed. Niet bang zijn.

Ik ben niet bang, ik heb er zin in.

Ik ben alleen bezorgd om hem. Hij wil natuurlijk weer als een motorrijder schuin door de bochten naar beneden scheuren.

'Beloof me dat je remt met die mist,' zeg ik. 'Wie brengt me anders naar Delphi?'

En daar gaan we, als vanzelf, tussen de vergruizelde bergtoppen door, langs dorre velden met door gletsjers meegevoerde stenen, langs bergbeken, door mistbanken, langs vangrails, ravijnen en glimpen van besneeuwde toppen, terwijl daar in de diepte de bomen weer opdoemen, en even later suis ik door een geurige tunnel van dennen die steeds groter worden. Na een stel klassieke haarspeldbochten rollen we samen met een kolkende beek Susch binnen, dat we langs mooie beschilderde Engadinerhuizen meteen weer verlaten door af te buigen naar het zuiden, naar Zernez, waar de volgende klim op ons wacht.

Maar door deze fabelachtige afdaling hebben we zo veel inspiratie en energie gekregen dat we het gewoon gaan doen.

We zijn nu meer gedaald dan we daarvoor hebben geklommen, naar 1438 meter. Zernez ligt 36 meter hoger dan Susch, en dat is bij die paar kilometers ernaartoe nauwelijks te merken.

Een tijdje later fietsen we door het al even kleurige Zernez, met zijn ranke torens en zetten onze tocht voort naar de volgende top, nu van 2149 meter. En morgen de berg af naar Italië.

We rollen weer over fluwelig plaveisel tussen hoge dennen door, over een weg die steeds stiller wordt. En het klimmen begint weer, gestaag, maar het is of ik warmgelopen ben. Het is zwaar, heel zwaar, maar het gaat.

Van Zernez naar Süsom Givè is 21 kilometer en 675 meter klimmen. Maar dan zijn we er ook. Ik kijk op mijn metertjes en tel af. Mijn blik wordt weer nauwer, is gericht op mijn knieën, mijn voeten, het plaveisel vlak voor mijn wiel. Mijn benen bewegen in een zware cadans. Ik zie de voeten van de Romeinse soldaten voor me, de machtige poten van de olifanten als wandelende zuilen. De Romeinen namen op hun veroveringstochten onder meer deze route, Hannibal een zuidelijker pas, de Col du Mont Cenis misschien.

Wat zullen de Romeinen raar gekeken hebben toen de grote generaal uit Carthago in het noorden opdook met zijn leger van dierlijke tanks. Na vele overwinningen werd hij uiteindelijk toch verslagen en werd aartsrivaal Carthago met de grond gelijkgemaakt.

Ik denk aan de zee met de zon erboven, aan een warm maal en een bed, maar vaak denk ik ook helemaal nergens aan. Er is geen ruimte voor, geen energie meer over. Alles in me is erop gericht vooruit te komen en omhoog.

Er volgt een onverwacht fikse afdaling bij Ova Spin, waar ik gemengde gevoelens over heb omdat al die inspanning zo voor niks was. Het klimmen begint opnieuw. Steeds ontzagwekkender wordt de natuur; een rivier kolkt in de diepte, nevelslierten drijven door het dal, besneeuwde toppen duiken op uit de mist.

Art wacht af en toe op me, geeft me een kus, wijst me op de rotsen en vraagt zich af wat voor steen het is. Hij is een beetje bezorgd, bekent hij, want noch Navigon noch Tomtom toont een plaatsje met de naam Süsom Givè.

Het wordt steeds kouder en daarom moeten we proberen zo hard mogelijk te fietsen. Maar ik kan niet harder.

Vorig jaar belde Art vanuit het ziekenhuis. Hoog in de Franse Jura was hij overvallen door ijzige regen en wind en was de temperatuur gedaald naar drie graden. Hij had aangebeld bij een skiresort – waar ze niet opendeden –, in een telefooncel geprobeerd een taxi te bellen en ook mij, maar de muntjes pakten niet. Hij had in wanhoop tegen de telefooncel geslagen, voortdurend warme lucht in zijn handen geblazen, was weer naar de deur van het skiresort gegaan, en uiteindelijk deed een man open. Die had soep voor hem opgewarmd en een taxi voor hem gebeld. In de taxi was hij misselijk geworden, voelde hij elektriciteit door zijn lijf en vooral door zijn vingertoppen schieten en was hij over zijn hele lichaam gaan trillen. De chauffeur had hem afgeleverd bij het ziekenhuis, waar een paar lieve verpleegsters een dag en een nacht voor hem hadden gezorgd zodat hij de dag daarna zijn tocht naar Rome kon vervolgen.

Laat ik alsjeblieft een kilometer verder zijn, smeek ik voordat ik naar de teller kijk. Nee, dat ben ik niet, wel hoger, steeds hoger. Mijn hart bonkt. Laat mijn bloed ijzer naar mijn spieren jagen, zodat het metalen kabels worden zoals Art in zijn benen heeft. Laat er extra zuurstof naar al mijn vezels gaan.

Het schemert al als we het natuurpark binnenrijden, het enige van Zwitserland, met alpendennen die tweeduizend jaar oud kunnen worden, waar edelweiss groeit, vossenbessen, mannentrouw en heel af en toe een vrouwenschoentje, waar steenbokken en gemzen wonen, sneeuwhazen, marmotten, steenadelaars en lammergieren en waar ook beren zijn gesignaleerd.

Hier zouden de sporen van dinosauriërs zijn gevonden. Ik heb het gevoel dat er elk moment een op kan doemen.

Het wordt steeds donkerder, de weg is nauwelijks verlicht. Art fietst vlak voor me en past zich aan aan mijn tempo. Af en toe klinkt de roep van een vogel. Het ruikt naar hars en dennen.

'Kijk,' zegt Art zacht, terwijl hij afstapt.

Een hert springt over de weg met grote elegante sprongen, nog een, een hele reeks volgt; sommige hebben geweien en er zijn ook kleintjes bij.

We staan roerloos te kijken.

'Prachtig, hè?' zegt Art. 'Edele dieren. Dit is hun wereld, wij horen hier niet.'

Misschien zien we ook nog een beer, zeg ik, maar Art denkt niet dat dat zal gebeuren en hij krijgt gelijk.

Het is al bijna elf uur als we een groot wit huis in helder lamplicht zien. Op de muur staat geschreven: 'Hotel Sŭsom Givè', en in het

Reto-Romaans: 'Pass dal Fuorn, 2149 m'. Verder is er geen huis te bekennen. Süsom Givè is geen plaatsje maar dit hotel.

Er is op ons gerekend. Nadat we de fietsen naar de garage hebben gebracht, waar nog een serie fietsen staat, gaan we naar binnen met onze tassen. Ik heb het gevoel dat ik zweef. Nu pas heb ik vleugels aan mijn voeten.

In de grote ruimte, waar weer alles van hout is, zitten op dit late uur nog aardig wat mensen te eten en te drinken. Het zou een heerlijke haven zijn, ware het niet dat de houten wanden zijn behangen met geweien en koppen van dieren. Ik kijk naar Art. Zijn blik is donker, hij gromt tegen me dat hij het jammer vindt dat dit het enige hotel is. Een jongeman wijst ons een stukje de weg naar onze kamer, en die voert door een ruimte vol geweren en door de ontbijtzaal, waar Art meteen het kleine opgezette babyhertje ziet.

'Jullie Zwitsers zijn er trots op hè, dieren doodmaken,' zegt Art.

'Rustig maar,' zeg ik zacht.

'Weet je waar we in Nederland trots op zijn? Dat we bij kickbokswedstrijden alle Zwitsers meteen knock-out slaan.'

Hij zegt het in het Engels en ik weet niet of de jongen het begrijpt. Hij lacht wat glazig.

Ik begin maar snel over de tocht die we hebben afgelegd. Niks bijzonders voor hem natuurlijk, want het zal hier een voortdurende stroom zijn van fietsers die nog veel zwaardere parcoursen hebben afgelegd. Maar ik heb vandaag voor mezelf in elk geval een record gebroken.

We eten polenta met *funghi porcini*, Engadinernotentaart toe en ik drink voorlopig voor het laatst Zwitserse wijn.

Terug in onze kamer, waar de verwarming loeit, doen we het raam open en snuiven de bergnacht op. Morgen de grote afdaling en dan begint het zuiden.

DAG 19
OFENPAS - MERANO
78 KM

Er is niets in het verstand wat niet eerst in de zinnen is geweest.
–Aristoteles

Als we de luiken opendoen zien we een schitterende ansichtkaart. Grijsblauwe bergen met een brede rand van witte toppen, daaronder heldergroene vlakken van de weiden, ingelijst door donkergroene dennenbossen. Alleen de lucht is niet blauw zoals op 'Groeten uit Zwitserland', maar een palet van vele soorten grijs. Deze kaart kun je ruiken, zo fris, en zo meteen rijden we erbinnen. In de diepte ligt Val Müstair en daar fietsen we straks. Als ik niet uit de bocht vlieg.

We ontbijten onder een geweer dat wordt geflankeerd door geweien. Nogmaals herhaalt Art waar ik aan moet denken bij het dalen. Dit zal de langste afdaling van onze reis worden. Hij vertelt me dat ik behalve in kiezels ook niet moet remmen in modder want dat is erger dan op een banaan, en dat remmen in een koeienvlaai veel gevaarlijker is dan in paardenpoep.

Hij maakt foto's van het opgezette babyhertje.

'Wat mooi,' zeg ik.

'Levend nog mooier. Ik denk dat hij twee dagen oud was, net begonnen aan het leven, helemaal gaaf, onschuldig, en toen: pang! Of ze hebben zijn moeder gedood.'

Buiten zijn nog meer mensen die aan de afdaling beginnen, ook een jong stel op een tandem van Cannondale. Dat trekt me nou helemaal niet, een tandem, en dan met een vaart van 83 kilometer de berg af zeker. Verder twee magere mannen met racefietsen en een hele groep motorrijders.

Art kan zijn fototoestel weer tevoorschijn halen want het regent niet. Hij maakt foto's van de bergen en helpt een van de racers, die problemen heeft met zijn fiets. Er hangt een sfeer van opwinding boven op de top.

Art controleert nog even of mijn broekspijpen goed in de roze klemmen zitten rond de enkels en of mijn spiegeltje goed staat, want zeker bij het dalen is het belangrijk om te kunnen zien of er iemand achter je rijdt.

Ik zet mijn zonnebril op, Art geeft me een kus en zegt dan: 'Ga!'

En daar ga ik, de berg af, Val Müstair en Italië tegemoet, tussen witte rotsen en donkere dennen door. Als de dag begint moet ik altijd even loskomen en ik druk nog lichtjes op de remhendels maar al snel laat ik ze los en ga ik harder naar beneden, eerst een stuk recht en dan schuin door de bochten die nog wijd zijn, het goede pedaal omhoog, de blik op het asfalt en voor me uit. Bij een nauwere bocht rem ik af, denkend aan mijn moeder, aan wie ik beloofde heelhuids terug te komen. De lichte stammen van de dennen flitsen aan twee kanten langs me heen. Soms wijken ze even en gunnen me een blik op de besneeuwde bergen, dan sluiten ze de gelederen weer.

Het is koud, maar af en toe valt er een zonnestraal op de weg. Daar stuift Art me in volle vaart voorbij. Hij rijdt vast meer dan zeventig. Het hoogste wat ik op mijn teller zag was vijftig, maar als ik erg hard ga, kijk ik liever op de weg. Ik voel de temperatuur stijgen. Het wordt een steeds soepeler samenspel tussen de berg en mij. De berg die me martelde, uitputte, waaraan ik bijna mijn laatste adem gaf, laat me nu het ene hoogtepunt na het andere beleven.

Ik rijd langs muren die door mensen zijn opgetrokken om de bergen te bedwingen. Verder en verder daal ik, en gek genoeg voelt het ook als een verlies. Zo snel afscheid te moeten nemen van die hoge wereld die we met zo veel inspanning hebben bereikt. Die stille, geheimzinnige toppen waar de natuur het rijk alleen heeft. Zo'n tocht leert je dat je moet leven in het nu, dat elk moment en elke plek je iets kan bieden, ook die duivelse klim en ook dat industrieterrein. Het orakel komt me tegemoet en strooit zijn lessen nu al op ons pad. Onze weg is geplaveid met kennis als je er maar oog voor hebt.

De eerste huizen duiken alweer op en na zes kilometer rijden we in volle vaart door een klein dorp. We zijn in Val Müstair. Verder dalen we, suizend door andere kleine dorpen als Fuldera en Vachava, en dan zie ik Art, die me staat op te wachten bij Santa Maria Val Müstair.

We stralen als kinderen die van een heel hoge glijbaan zijn gegaan. Ik de hoogste van mijn leven. Als tweejarige wilde ik dat al in de speeltuin, volgens mijn moeder, en toen ze probeerde me tegen te houden riep ik luid: 'Ik duft wel.'

Het dalen is nog lang niet afgelopen, we zijn pas op 1375 meter. Maar we houden even halt in dit dorp, dat net op een tentoonstelling van huizen lijkt, zegt Art, omdat ze niet alleen allemaal anders zijn gekleurd en met andere ornamenten zijn versierd maar ook wonderlijke vormen hebben, ronde muren en balkons als theaterloges. Overal lezen we teksten in het Reto-Romaans.

In een supermarkt koop ik water, dat hier *aua* heet. De mevrouw begroet me met '*Allegra*' en bij het afscheid zegt ze '*A revair*'. Om de beurt brengen we een bezoek aan de *tualetta*. Art aan *d'umens* en ik aan *da dunnas*. Een wonderlijke taal, genoemd naar de Raeti, een bergvolk uit de Romeinse tijd.

Voort maar weer. Na een paar kilometer zien we de grens, Dazi Müstair. De Zwitserse vlag zwaait ons uit en de Italiaanse verwelkomt ons. Er hangt een gemoedelijke sfeer. De in het blauw geklede Zwitsers staan wat te babbelen met de postbode. Niemand weet wat een mijlpaal dit voor me is en ik heb zin om het ze te vertellen.

Bij de Zwitsers kunnen we zo doorrijden, maar we moeten stoppen bij de Italianen, die in het grijs gestoken zijn. Daar laten we ons paspoort zien.

'We komen uit Amsterdam met de fiets,' flap ik eruit in het Italiaans.

'Met de fiets?'

'En we gaan naar Delphi.'

'Zozo.'

Ik voel me een kleuter. Of nog jonger, de trotse tweejarige die van de hoogste glijbaan is gegaan.

Ik greep mijn kans om Italiaans te praten maar misschien spreken die douanebeambten wel liever Duits. Het ligt hier moeilijk.

En daar staat het, met grote letters: 'Italia', de sterren van Europa eromheen. Pal over de grens kun je in een telefooncel meteen *la mamma* bellen.

Voor het eerst van mijn leven ben ik in Südtirol Alto Adige.

Nadat we een stukje hebben gefietst roept Art: 'We zijn in Italië, schatje. Als we het niet door de douane wisten konden we het zien aan de wegen.'

Het wegdek is hier minder egaal dan we gewend waren, niet zoals de fluwelen Flüelapassstrasse, die ons over de hoogste top hielp en die straks weer gaat uitrusten onder de sneeuw.

'Maar het is nog niet zo erg als de weg naar Rome, die beroemde, hoe heet die ook alweer, de Aurelia. Daar moet je voortdurend kuilen en lokkende spleten ontwijken en zorgen dat een van de vele tachtig kilometer rijdende vrachtwagens je niet alsnog tussen de labia van zo'n asfaltvulva laat belanden. Als je dan niet in de berm omvalt in de armen van een Afrikaanse prostituee of Zuid-Amerikaanse travestiet maar richting weg, verandert zo'n truck je kop in een plaveiselsticker,' zegt Art.

Ondanks de oneffenheden geniet ik van de weg, die soms vlak is, dan weer meer of minder daalt, door groen land met kleine kerkjes en nog steeds reusachtige bergen.

We passeren bordjes met 'Stelviopas', 'Reschenpas', maar wij hoeven geen passen meer over, we hebben het volbracht, wij dalen geleidelijk en gestaag richting de zee. Wel worden we nog even geplaagd door tegenwind en zelfs door een onverwachte klim, ja, dat is nou wel even welletjes, maar ook die trotseren we en daar gaat het weer verder naar beneden, spectaculair over een brede niet zo drukke autoweg, wat koninklijk aanvoelt en stoer, ook omdat die toppen nog in mijn benen zitten. Wij hebben recht op zo'n weg. Zij in hun autootjes met hun onnozele trajectjes naar het werk of naar een kopje thee niet. Wij komen op eigen kracht van over de bergen. Steeds zekerder zit ik op mijn fiets.

We steken de Rio Ram over, die straks samenvloeit met de Adige, en drinken in Laudes de eerste Italiaanse koffie op een plek waar andere fietsers dat ook doen. Art signaleert een Cannondale Scalpel en een vader en zoon met een Specialized.

Voort maar weer. Er staan nog steeds veel Duitse aanwijzingen: '*Echte Pedalritter fahren mit Helm*'. En in een minder sprekende kleur: '*Cavalieri del pedalo portono il casco*'. De tekst wordt geïllustreerd door een afbeelding van een middeleeuwse helm en een moderne die bijna zo mooi is als onze Lazer.

Even wil een bordje met '*Radweg*' alias '*Pista ciclabile*' ons een pad met kiezelstenen op voeren, maar Art is alert want door de wol geverfd. Hij zegt dat er nog heel wat van dat soort pistes op ons liggen te wachten. 'We zijn in Italië.'

Maar wel in een heel Oostenrijks Italië. Pas na de Eerste Wereldoorlog werd Zuid-Tirol, net als de provincie Trento, onderdeel van Italië. Dat was het cadeautje dat de Italianen kregen voor het meevechten met de Entente. Vrijwel iedereen sprak Duits maar Mussolini heeft dat grondig aangepakt. Het Duits werd verboden en Duitse familienamen veritalianiseerd, zelfs op de grafstenen; de oorspronkelijke bewoners moesten vaak hun huizen en boerderijen verlaten om ze af te staan aan Italiaanse immigranten. Daarom zijn we nog steeds niet in het echte Italië. Maar het komt gestaag dichterbij.

Langzaam glijden we verder naar beneden door het dal, door Val Venosta, waar het late zonlicht op heuvels en bergen schijnt en delen daarvan goudgeel en blinkend wit maakt. Donkergroen liggen de wijngaarden aan de voet van de bergen terwijl de hemel boven de toppen steeds blauwer wordt. Het asfalt van het fietspad is bordeauxkleurig en rolt zich voor ons uit als een rode loper.

Af en toe fietsen we langs de wilde Adige, de rivier die regelmatig buiten zijn oevers treedt als er te veel sneeuw gesmolten is. Steeds paradijselijker wordt ons pad en het voert ons door een onafzienbare appelboomgaard die de hele vallei lijkt te vullen. Op een zeker moment gebeurt er iets heel Italiaans en verandert het plaveisel in gras. Het heeft wel wat om over een pad van gras door een hof van Eden te fietsen, mijn neus vol appelgeur.

Het is al donker als we de dag afsluiten met een wervelende serpentinerijke afdaling die heel lang duurt, en we langs een verlicht kasteel samen met de breed bruisende Adige binnenstormen in Merano.

DAG 20
MERANO - TRENTO
VIA BOLZANO
84 KM

Ritme en harmonie dringen diep in de ziel door.
– Plato

In hotel Isabella spreken ze liever Duits dan Italiaans. De familie die het hotel drijft heeft een Duitse achternaam en ook de gasten, onder wie veel keurige oudere dames, lijken allemaal Duits te spreken.

Met Italiaans praten moet ik nog even geduld hebben, want het is duidelijk dat ik daar geen goede beurt mee maak.

Nu zijn ze in dit gebied bezig al die veritalianiseringen van familienamen weer ongedaan te maken, maar namen van plaatsen moeten verplicht in twee talen.

Ik bel mijn moeder dat ik veilig de Alpen over ben. Wat een triomf, zegt ze, iedereen was bezorgd, zeker na de berichten over het slechte weer.

Maar dat ligt achter ons, de zon is doorgebroken en we gaan verder naar het zuiden, richting Bolzano, dat ze hier liever Bozen noemen, en dan door naar Trento.

Na deze inspanningen is het goed om een proteïneshake te drinken om de spieren te belonen, zegt Art, en met zijn zoekprogramma heeft hij binnen een mum van tijd een fitnesswinkel opgespoord, vlak bij het hotel.

De deur is dicht maar er hangt een papiertje op met '*Vengo subito*'. Dat zal dan wel weer een echte Italiaan zijn want na een uur is hij er nog niet.

We fietsen door de stad, vroeger een Romeins legerkamp en nu een kuuroord, omringd door de Dolomieten en doorkruist door de kolkende Adige. Hier kwam ook Franz Kafka kuren, die in een brief aan zijn geliefde schreef dat drie vriendinnen hem in de rivier wilden gooien. De oudste van de vriendinnen was vijf.

Maar wij gaan door en hebben die oppepper voor de spieren helemaal niet nodig want de lucht is tintelfris, de zon op volle kracht en langs een blauwe hemel dwaalt een enkel sneeuwwit wolkje.

We rijden weer over een prachtige weg met rechts en links jonge bomen vol rozerode appeltjes. Soms maken de appelbomen aan één kant plaats voor de rivier de Adige en fietsen we een tijdje langs het water tussen bermen met rozenbottels. Er duiken Afrodites op, Diana's, cupido's en tuinkabouters van terracotta of van marmer, ter opluistering van tuinen en terrassen.

Vandaag zijn er veel fietsers op de weg want het is zaterdag. Ze rijden op mooie fietsen en dragen elegante Italiaanse fietspakjes, kleurig en met Italiaanse teksten erop. Zoiets wil ik eigenlijk ook wel. Dan moet ik geduld hebben tot het Lago di Garda, zegt Art, want daar wemelt het van de fietsmode. Bij elke opwaartse beweging van mijn been trekt de broekspijp lichtjes aan mijn dij en dat begint te irriteren. Bij de Mavic gebeurde dat niet, maar zo'n zwarte broek met wijde pijpen tot op de knie was voor donkerder tijden.

Toch geniet ik intens van het fietsen en mijn benen gaan vanzelf. Misschien zou ik mijn Griekse les weer moeten oppakken, want het ziet ernaar uit dat we Griekenland gaan halen. Maar ik doe het niet. Ik zet barokmuziek op, Vivaldi, opwekkend maar niet dominant, die ik niet via de oordopjes maar direct uit de iPhone laat klinken.

We naderen Bolzano. De afwisseling van natuur en stad is volmaakt, vooral met de fiets omdat je regelrecht naar het centrum toe kunt en die naast je cafétafel kunt parkeren.

We strijken neer op een terras aan de voeten van het beeld van Walther von der Vogelweide en een wederopgestane Walther van vlees en bloed, die zijn liederen zingt terwijl hij zichzelf begeleidt op een middeleeuws snaarinstrument. De grote minnezanger zou in 1170 in Bozen zijn geboren.

Hij zingt in het oorspronkelijke Oudduits. In een koffertje dat de eeuwen doorstaan lijkt te hebben, liggen de teksten met vertalingen en cd's. *'Daz si da heizent minne, Deis niewan senede leit.'* Dat wat ze liefde noemen is niets anders dan de pijn van het verlangen.

Het café oogt zeer Italiaans, de obers ook. Ze spreken Italiaans en ze hebben zelfs tiramisu, wat Art wederom een geluksmoment bezorgt.

We drinken er behalve een caffè ook heel veel *Meraner Mineralwasser* bij terwijl we toekijken hoe een hondje wordt gewassen in een fontein.

Hier is men er minder goed dan in Merano in geslaagd de veritalianisering tegen te houden, ook doordat hier meer industrie is en er veel Italiaanse arbeiders naartoe zijn gestuurd. De wanhoop en woede van de oorspronkelijke Tirolers ging zo ver dat er in de jaren zestig regelmatig bomaanslagen zijn gepleegd.

Onze fietsen staan innig door één ketting verbonden tegen de muur waar Art het zicht op heeft. Af en toe houdt een voorbijganger even halt om naar ze te kijken.

Het is prettig hier in Bolzano en het voelt als vakantie, maar het is ook prettig om weer op de fiets te springen en verder te gaan, de stad uit, de appelboomgaard in.

Mijn benen zijn sterker geworden, merk ik, en ik zet mijn Rohloff een tandje hoger. Het is fijn om iets zwaarder te trappen met groter effect. Meestal is de weg vlak, maar die kleine klim af en toe is geen onaangename afwisseling.

Blauwer en blauwer wordt de hemel en steeds vaker moet ik naar mijn waterfles grijpen. Het ruikt naar appels en er vallen schaduwen van appelboompjes op de weg. Lange tijd heb ik geen schaduw gezien omdat er geen zon was. Ik kijk naar de schaduw van mijn wiel, de draaiende Rotor en mijn voeten.

We stoppen even bij een tentje langs de weg om fruit te kopen. Een typische plek voor fietsers. De wanden zijn beplakt met grote fietskaarten, en op tafel liggen naast Dolomiter en Südtiroler kranten ook folders over fietsen en fietsroutes.

Art herinnert zich dat hij hier tijdens zijn tocht van een paar jaar geleden vijgen had gekocht. 'Ik belde jou in Rome. Je lachte me uit omdat ik om *fica* had gevraagd in plaats van om *fico*.'

Nu zijn er geen vijgen maar wel abrikozen, die lekker zijn maar nooit zo goed smaken als de Armeense.

Als we weer op de fiets stappen zien we een adelaar zweven boven het dal.

'Arm muisje,' zeg ik.

Zeus liet twee adelaars uitvliegen van de twee uiteinden van de aarde, die elkaar ontmoetten boven Delphi. Dat bleek dus de navel van de wereld.

Met abrikozensmaak op de lippen fietsen we weer tussen de appeltjes door, die op een gegeven moment plaatsmaken voor druiven.

De weg heet nu dan ook Strada del vino – Weinstrasse. Sinds de Oudheid wordt hier wijn gemaakt.

Een volgend bord langs de weg vertelt ons dat we over de Via Claudia Augusta fietsen, de weg die vanaf de Donau over de Alpen voert tot aan de Adriatische zee. De aanleg werd begonnen onder keizer Augustus en afgerond onder keizer Claudius. Keizerlijk rollen we voort over het gladde plaveisel waaronder de Romeinse keien verborgen liggen.

Ik stel me voor hoe de Romeinse soldaten hier lopen, hoe een postkoets voortrolt of een koerier in ijlende vaart op weg is naar Rome. Elke dertig, veertig kilometer was er een station waar de ruiters konden rusten of wisselen van paard.

Langzaam maar zeker wordt het dal bezoedeld door lelijke bouwwerken, fabrieken, industrieterreinen.

De wijnstraat en de keizerweg raken we kwijt, en als we vlak bij Trento zijn belanden we onverhoeds weer op een autostrada en dan ook nog net op het moment dat daar de Polizia Stradale aan komt zetten. Daar stappen een paar prachtig geklede en gladgeschoren mannen uit, dus ik vraag maar in het Italiaans of ze ons kunnen vertellen waar we een *pista ciclabile* kunnen vinden. Die ligt aan de andere kant van de snelweg, zeggen ze, en we moeten eigenlijk een grote omweg maken om daar terecht te komen.

Maar zij weten een oplossing. Ze pakken beiden een stok uit de auto waar een rood rond bordje op zit, en terwijl ze dat fier omhoog steken, zoals Mozes zijn staf boven de Schelfzee, gaan ze de snelweg op, waar het al enigszins opgewonden *sabato sera*-verkeer tot stilstand komt en wij voor al die glanzende autoneuzen langs de verschillende stroken van de weg over kunnen lopen met de fietsen aan de hand.

'Grazie mille!' roepen we en we wuiven.

'*Buon viaggio!*'

We komen inderdaad op een fietspad, dat ons al snel naar een volgende chaos van wegen en drukte van verkeer leidt. Maar uiteindelijk weten we Trento binnen te dringen.

Er galmen romantische liederen over de weg die mij herinneren aan een vorig leven op Sicilië, waar ik zwom in de Ionische zee en 's avonds danste onder de palmen, in mooie jurken en op hoge hakken.

Overal lokken dancings en disco's. De *febbre di sabato sera* loopt geleidelijk op.

Door straten die steeds mooier worden en steeds ouder, fietsen we naar het hart van de stad, de Piazza Duomo, waar de kathedraal machtig en wit oprijst, en we maken een rondje om de fontein waar Poseidon bovenop staat met zijn drietand geheven. Daar in die dom, achter de god van de zeeën, werd in de zestiende eeuw het Concilie van Trente gehouden, de start van de Contrareformatie. Ik leerde erover op school en nu fiets ik zomaar langs die plek. Het concilie werd met opzet in het noorden georganiseerd om het beter bereikbaar te maken voor calvinistische en lutherse waarnemers.

Het hotel blijkt vol fietsers te zitten. Niet alleen America maar alle hotels, vertelt de eigenaar, want morgen is het Monte Bondone-dag, een eerbetoon aan Charly Gaul, de beroemde Luxemburgse wielrenner. Hij werd 'de engel van de bergen' genoemd vanwege zijn uitzonderlijke klimtalent. Zijn meest legendarische optreden was in dit gebied tijdens de Giro d'Italia van 1956, toen hij door sneeuw- en regenbuien in een temperatuur van min vijf, nadat de helft van de renners die gestart waren het had opgegeven, met acht minuten voorsprong op de tweede, vrijwel bevroren over de finish ging.

Morgen starten hier in het hart van Trento duizend fietsers. Plus twee.

DAG 21
TRENTO - NAGO - TORBOLE
40 KM

Zoals de zoete appel
bloost aan het eind van een tak
hoog in de hoogste twijgen
vergeten door plukkers
nee, niet vergeten
maar buiten bereik.
– Sappho*

De duizend fietsers zijn allang begonnen aan hun tocht en hebben beter weer dan Charly Gaul destijds. De zon schijnt hartstochtelijk, en voordat we vertrekken moeten we dan ook water zien te bemachtigen. Maar dat is moeilijker dan we dachten want de zondagsrust wordt hier streng in ere gehouden, wat misschien nog een regelrecht gevolg is van het Concilie, dat soberheid voorstond.

Uiteindelijk vinden we een automaat waar ik met veel moeite vier kleine flesjes water uit weet te toveren terwijl Art zich verwondert over de boom met bladeren 'groter dan zijn kop' en al die *zip ties* die door de hele stad op het plaveisel liggen, kleine plastic kabeltjes om dingen mee vast te maken. Die worden wel om fietswielen gedaan bij sneeuw of nattigheid en fungeren net zoals sneeuwkettingen voor auto's.

Door stille straten verlaten we het mooie Trento. We fietsen de brede Adige over, de appels en druiven weer tegemoet. Nu bevinden we ons niet alleen op de Strada del vino maar zelfs op de Strada del vino e

---

*Vertaling: Paul Claes, in *Liederen van Lesbos*, Meulenhoff/Manteau

dei sapori, de straat van de wijn en van de smaken, die meestal samenvalt met de Via Claudia Augusta. Maar we hebben fikse tegenwind en daar zijn we allebei heel boos over. Nu zit alles mee en krijg je dit. De wind staat pal in ons gezicht. Het enige voordeel is dat je de hitte niet voelt, maar toch heb ik het liever warm dan dit pesterige geduw.

We vinden soms afleiding bij al die verschillende smaken die deze weg ons beloofde. Art plukt twee vuurrode appels die heel zoet zijn en zeer sappig. Even later denken we tussen de appels een pruimenboompje te ontdekken met kleine bordeauxkleurige vruchten, maar ook dat blijken appels met al even bordeauxkleurig vruchtvlees, zurig maar ook fris.

Als we langs Calliano fietsen herinnert Art zich dat hij daar logeerde tijdens zijn eerste tocht naar Rome in 2007, met de vouwfiets. Een paar honderd meter nadat hij de mooie agriturismo had verlaten 'raakte' de reserveband van zijn vouwfiets 'gegat' en zat er niks anders op dan lopen richting het Gardameer, in de hoop dat hij daar een fietsenmaker zou vinden. Hij had troost gezocht bij vijgenbomen maar dat had hem alleen nog maar meer gefrustreerd want óf de vruchten waren niet rijp óf al overrijp van de boom gerold en verpletterd. Na een wandeling van ongeveer vijftien kilometer zag hij bij een Bicigrill, een wegrestaurant voor fietsers, een busje waar een Duitse jongeman fietsen repareerde en kettingen oliede. Helaas had hij geen banden voor die kleine wieltjes maar hij was zo aardig geweest Art met zijn busje mee te nemen naar een fietswinkel vele tientallen kilometers verder.

Tegenwind vind ik erger dan regen. Vol goede moed geef je al je krachten maar je komt zelfs op een rechte weg nauwelijks vooruit. Ik ben dan ook blij wanneer ik Art in de verte zie staan. Hij heeft een boom vol hazelnoten ontdekt. Ik heb nog nooit een hazelnoot van de boom geplukt. Ze zijn verpakt in een lichtgroen strokenjurkje en smaken goed.

We maken een bocht naar Rovereto, schudden de tegenwind af en fietsen door wijngaarden waar de trossen vol en donker aan de struiken hangen: Merlot, zo leren bordjes in de berm. De eerste palmen duiken op en we zien heel grote zonnebloemen.

Het wordt tijd voor een ijsje aan de oever van de Adige.

Art belooft me dat het heel fijn fietsen is straks langs het Lago di Garda en dat er nog een mooie afdaling op ons wacht.

Maar zover is het nog niet. Niet lang na het ijsje raken we verstrikt in een complex verkeersknooppunt. Omdat er een brug dicht is worden we omgeleid over drukke wegen totdat ik tot mijn opluchting een bord zie met een fiets erop.

Art juicht niet zo hard als ik.

De *pista ciclabile* voert ons een wijngaard in. We rijden over gras, wat best te doen is en zelfs leuk maar toch ook een beetje vreemd. Maar misschien komen we vanzelf weer op een weg die beter past bij onze voorstelling van een fietspad.

Dat is niet het geval. Het pad van gras, of eigenlijk is het geen pad maar gewoon gras, brengt ons naar wat je wel een pad zou kunnen noemen maar geen fietspad. Het bestaat uit grotere en kleinere keien en voert over een smalle dijk die langs een wijngaard loopt. Ik denk aan mijn val in Bingen, mijn nog steeds niet genezen knie en stap af. Mijn wielen hobbelen gemoedelijk voort over de rotsblokken.

Aan het eind van dit rotsachtige pad staat Art en hij wijst op twee groezelige plastic stoelen waar iedereen die het tot zover heeft weten te brengen kan uitrusten.

'Ja liefste, dit zijn de Italiaanse fietswegen. Kijk, de *pista ciclabile* gaat verder.'

Die is nu niet meer van keien maar weer van gras en voert langs de Adige, die een stukje lager stroomt. Er staat een waarschuwingsbord in de berm van het graspad en daaronder is in vier talen te lezen dat het *pericoloso* is omdat er onverwacht grote golven over de weg kunnen slaan. In het driehoekige bord met rode rand staat zo'n tsunamiachtige golf afgebeeld.

Ik kijk naar de Adige, die eruitziet als een vriendelijke vakantierivier, maar ik ben op mijn hoede.

'In Italië is alles onvoorspelbaar,' had Art al begrepen.

Na deze etappe over de grasmat belanden we weer op een geplaveide straat. Langzaam maar zeker dalen we naar het Lago di Garda over een weg die een zijderoute lijkt, zo soepel en glad.

Aan het eind van dit weergaloze dal, uitpuilend van appels en druiven, zie ik de twee reusachtige wanden van de bergpartijen waar we al dagen tussendoor fietsen, elkaar naderen. Het lijkt het decor van een theater waar alles meehelpt om de spanning op te voeren. Het wordt donker en koeler omdat de weg door het bos voert, maar door het loof heen zien we hoe tussen de enorme donkerblauwe coulissen van de bergen de hemel roze kleurt. De eerste olijfbomen steken zilverachtig af tegen rode rots.

Straks zal daar het meer verschijnen. Maar dat moment bewaren we voor morgen.

DAG 22
NAGO-TORBOLE-BARDOLINO
48 KM

Gestage oefening wordt een natuur.
– Galenus

Nago-Torbole ligt als een amfitheater tegen de witte rotsen, Nago wat hoger en Torbole lager. Slalommend tussen huizen en tuinen door, die als tribunes boven elkaar zijn gerangschikt, dalen we af, terwijl de sfeer en de kleuren steeds Italiaanser worden en de spanning stijgt. En daar zien we ten slotte achter de kleurige huizen en het felle groen van struiken en palmen het meer zijn opkomst maken, glanzend, groot, effen en turquoise, omringd door rotsachtige bergen.

Door steile smalle straatjes dalen we af tot op de Piazza Goethe, waar we stoppen voor een fietskledingwinkel. Daar kies ik onder kritische begeleiding van Art een geschikt kostuum voor de volgende etappe van ons avontuur: de reis door Italië. Een fietspakje in de kleuren wit, zwart en roze, van Nalini. Geen wijde pijpen meer maar strak om me heen. Art vindt dat het kan nu ik na mijn uitputtingsslagen en vechtpartijen met de bergen meer in vorm ben gekomen.

Leunend op mijn fiets, waar ik nu nog beter bij pas, bestudeer ik de plaquette naast de fietsklerenwinkel. Deze onthult dat Goethe tijdens zijn Italiaanse reis, op 12 september van het jaar 1786, in dit huis verbleef en er werkte aan *Iphigeneia*.

Hij was hier net zo alleen als zijn heldin op de kust van Tauris, zo schreef hij in zijn dagboek.

Op de fontein voor het huis waar Goethe die geïnspireerde momenten beleefde, zit een uitzonderlijk grote krekel, roerloos.

Iets verder, in een prieel van groen, ontdekken we de gelauwerde kop van Dante. Op de sokkel onder het bronzen beeld zijn de regels geschreven die hij wijdde aan dit meer dat ooit Benaco heette: 'Suso in Italia bella giace un laco. A piè dell'Alpe che serra Lamagna sopra Tiralli, ch'ha nome Benàco'. Hoog in het mooie Italië ligt aan de voeten van de Alpen die een grens vormen met Duitsland vlak bij Tirol, een meer dat Benaco heet.

Het is te begrijpen dat zo veel kunstenaars, niet alleen schrijvers maar ook schilders, werden ingefluisterd en betoverd door deze plek en er soms nooit meer weggingen. Hier ligt het meer in zijn volledige lengte voor je uitgestrekt de hemel te weerspiegelen.

Wij moeten door naar andere meren en zeeën. We stappen op de fiets en rijden langs de oever, slechts door een roestige reling gescheiden van het water. Af en toe verdwijnen we even in een tunnel maar dan doemt het meer weer op, onder een kobaltblauwe lucht waar geen wolkje aan te zien is, alleen wat nevel rond de grijsblauwe bergtoppen. Er glijden zeilbootjes over het water en waterskiërs trekken witte sporen. Een bordje vertelt ons dat we de regio Veneto binnenrijden en de provincia di Verona, eindelijk het echte Italië. We komen langs olijfgaarden waar je olie kunt kopen, langs pijnbomen, palmen en om zich heen grijpende bougainville, langs hotels met namen als Iphigeneia, Apollo en Nikè. We ruiken middagmalen, dennen en de zwoele geur van vijgen. Art plukt ze tussen de grote bladeren vandaan, paars, sappig en zoet.

We rijden door kleurige plaatsjes, langs havens met beschilderde boten waar zwanen tussen drijven, langs strandjes van kiezels met zonnebadende mensen. Ik voel een sterk verlangen in het water te springen maar Art denkt dat dat niet verstandig is met mijn nog steeds niet geheelde knie. Dat hoeft hém niet te weerhouden.

We parkeren de fietsen bij een terras aan de rand van het schilderachtige plaatsje Malcesine, dat dan ook vereeuwigd werd door Gustav Klimt, zo zien we op de drankjeskaart. Art duikt in het water terwijl ik een koel glas Garda Classico Chiaretto drink, een donkere rosé, bloemiger dan alle andere rosés van de wereld, zegt de charmante ober. Ik denk aan mijn zomers op Sicilië, waar ik dagelijks borrelde en at aan de zee. Toen had ik nooit kunnen vermoeden dat ik nog eens in een fietspakje met sportschoenen op een strandterras zou zitten, mijn helm naast mijn glas.

Mijn Romeinse buurvrouw verrast me met een sms. Ze schrijft

dat mijn terrasje in volle bloei staat en op me wacht.

Helaas is Rome te ver om. Weliswaar eindigen al die duizenden kilometers lange heerbanen vanuit uithoeken als Britannia, Egypte, Spanje, Armenië uiteindelijk allemaal in Rome bij de gouden mijlpaal op het Forum, maar wij zoeken een vluchtroute naar Delphi.

Druipend verschijnt Art aan het tafeltje en vertelt me hoe prettig het was. We blijven lang zitten, kijken uit over het water, waar vogels en deltavliegers boven zweven. Wat is de regen lang geleden en ver weg, we zitten in een andere etappe, een feestelijke, lichte, een dolce vita op la *bicicletta*.

Verder gaan we, soms wat omhoog door een plaatsje, dan weer omlaag langs het water. Het fietspak zit lekker, mijn benen voelen sterk. Een hondje ligt midden op de weg van het uitzicht te genieten en laat dat niet verstoren door fietsers. In soepele cadans rijden we over de Via Dante Alighieri. Ik voel me een onderdeeltje dat geolied meedraait in het reusachtige raderwerk van het universum.

Vlak bij het kleurige haventje van Brenzone wijst Art op een Farmacia. Hij houdt mijn fiets vast terwijl ik aan de apotheker vertel wat er is gebeurd. Met moeite haal ik het verband van de wond, die nog flink ontstoken is en nat ook door de zalf die ik er telkens op smeer.

'Helemaal fout,' zegt de man streng. 'Verband eraf. Dit moet behandeld met zilver.'

Hij loopt weg en komt even later terug met een spuitbus.

'Dat legt een laagje zilver over de wond. Verder niks doen. Zo behandelen alle wielrenners hun wonden.'

Hij fietst zelf ook.

Het is erg prettig om eindelijk met twee blote knieën te fietsen en te weten dat het nu wel goed zal komen. Vaak heb ik de Italiaanse medische stand verdedigd. Het gaat er wat ongeorganiseerd aan toe maar men heeft wel verstand van zaken.

De avond valt al wanneer we in Garda arriveren, waar langs de eindeloze oever het ene terras in het andere overgaat. We besluiten er wat te eten aan de rand van het water. Bij de risotto met truffel wordt mij aangeraden de beroemde Bardolino te drinken. Mensen flaneren langs de tafels in hun mooiste kleren, de vrouwen hoog gehakt. Een jongedame legt een folder op onze tafel waarin we worden verleid om te komen baden in de Terme di Vergilio e Catullo in Sirmione aan de zuidkust van het meer. De dichter Catullus had daar een villa, zo leren we, en ook Vergilius bezong het Lago di Benaco. *Fluctibus et fremitu resonans Benace marino.* De golven en het gebrul van de zee weerklinken over het Meer van Benaco. Vandaag dus niet.

Nu stappen we weer op de fiets want we willen weg uit dit toeristencircus.

Het is sprookjesachtig fietsen langs de oever in het donker met dat glinsterende snoer van lichtjes. Ik denk aan al die mensen die veel eerder dan wij uitkeken over ditzelfde meer: Vergilius, Catullus, Dante, Goethe. Ook Mussolini. Aan de overkant ligt Salò, ooit hoofdstad van de door Mussolini gestichte vazalstaat.

Ons pad blijft langs het water voeren maar aan de andere kant maakt de berm plaats voor terrassen van bars en restaurants; zuilen van licht rijzen op langs de oever, een grote fontein ruist met zilveren stralen, de grond is versierd met bloembedden in vele kleuren.

En iedereen drinkt Bardolino.

We zijn in het hart van het stadje waarnaar de wijn is genoemd. Vele malen heb ik Bardolino gedronken en nooit geweten dat die naam naar nog iets anders verwijst dan naar de wijn. Hier in deze wervelende plaats willen we blijven.

Het is moeilijk maar uiteindelijk vinden we toch een plek in een hotel verscholen achter palmen. Ik doe het enige rokje aan dat ik bij me heb en flaneer op mijn sportschoenen aan de arm van Art over de feestelijke Passeggiata Lungolago.

DAG 23
BARDOLINO - MANTUA
VIA VERONA
67 KM

Wijn is de melk van Aphrodite.
– Aristophanes

Het ontbijt bestaat uit taarten en cakes. Geen hartigheid meer, we zijn in een andere wereld beland, die van het zoete leven.

Onder een stralende zon fietsen we naar het water, waar langs de oevers hoog riet zachtjes wuift en soms plaats maakt voor een strandje. Geleidelijk wordt het drukker; overvolle campings rukken op, met tenten, caravans en kleine huisjes. Hier is het te druk, te vol en dat maakt het minder erg om het prachtige Lago te verlaten. We slaan af richting Verona, wat meteen een pittige klim oplevert. Wat vergeet je dat snel als je een tijdje over gepolijste en lieflijk welvende wegen fietst, denk ik, terwijl ik op een steeds lager verzet omhoog ploeter. Maar ook de verrukking van het dalen was ik bijna vergeten. Daar gaan we weer in volle vaart naar beneden, dwars tussen wijngaarden door met uitzicht op een stoere oude stad beneden in het dal.

We zitten midden in de Valpolicella. Het is stil geworden op de weg. Tijdens de uren van het middagmaal heeft in Italië niemand iets op straat te zoeken. Vlak ervoor en erna des te meer. Hetzelfde herhaalt zich rond het avondeten.

We komen door het uitgestorven Bussolengo, langs een fontein met leeuwen die Art meer op lammetjes vindt lijken, en langs een hoog op een zuil tronende madonna. In de enige bar die open is ontdekt Art een fles Acqua minerale San Francesco, zijn favoriete heilige vanwege diens liefde voor de dieren. Nadat we daar twee van hebben gekocht, fietsen we tussen druiven en bijenkorven door tot we de buitenwijken van Verona bereiken.

Krekels zingen in de bomen. We kopen vijgen langs de weg die we ter plekke opeten. Even later rijden we over de rode Ponte Castelvecchio en kijken tussen de M-vormige kantelen door uit over de Adige met haar hoge oevers. In de veertiende eeuw werd de brug gebouwd als vluchtroute naar het noorden voor de bewoners van het Castel Vecchio. Het oude kasteel is gebouwd op een Romeins fort. Verona was een belangrijke stad voor de Romeinen, de uitvalsbasis voor de veldtochten de Alpen over.

We stappen af, kijken uit over de rivier waar we al zo veel kilometers langs hebben gefietst. Vijf eeuwen heeft de brug het volgehouden totdat de Duitsers deze samen met de andere bruggen van Verona opbliezen bij hun terugtocht op 24 april 1945.

Art maakt close-ups van de hartjes die hij op mijn spatbord liet spuiten. Daarna fietsen we over de schaduwen van de kantelen naar het huis van Julia, waar drommen mensen staan te wachten om op de binnenhof het balkon te zien waar Romeo naar opkeek. Om de beurt gaan we kijken terwijl de ander de fiets vasthoudt. De muren zijn tot de laatste centimeter overdekt met liefdesverklaringen en hartenkreten.

Je kunt een brief schrijven aan Julia, vertelt Art wanneer hij weer opduikt uit de menigte. 'Dat vertelde een vrouw. Er is een groep Veronese dames die ervoor zorgt dat Julia ook antwoord geeft. En als je over de linkerborst aait van het beeld van Julia krijg je geluk in de liefde, zeiden ze.' Dat had hij niet gedaan want dat geluk was hem al overkomen.

We fietsen door het Centro storico en besluiten te tafelen in de grandioze eetzaal van de Piazza dei Signori. Het vierkante plein met een standbeeld van Dante in het midden wordt omgeven door middeleeuwse of vroegrenaissancistische palazzi, gesierd met zuilen en loggia's.

Art signaleert dat allerlei toeristen en autochtonen vooral aandacht hebben voor onze fietsen, die naast ons terras gezamenlijk tegen een muur leunen.

Ik bestel een glas Valpolicella, de lokale wijn, bij mijn *Insalata Caprese* en verwacht dat de ober dat een goed idee vindt, maar hier kunnen ze uit meerdere vaatjes tappen. Hij raadt me een Soave aan, gemaakt van druiven die niet ten westen maar ten oosten van Verona groeien.

We raken in gesprek met een Duits echtpaar, dat thuis ook Cannondales heeft maar niet zulke mooie als deze. Ze zien dat over elk detail is nagedacht en dat mijn fiets gemaakt is met *amore*. Ik bel mijn moeder om te vertellen waar we zitten en zij vertelt me dat het pakket uit Davos inmiddels is gearriveerd.

Davos, wat lijkt dat alweer ver, maar zo lang geleden is het niet. Doordat je je beweegt lijkt de periode wanneer je erop terugkijkt langer. Reizen rekt de tijd uit.

Vorig jaar zag ik met mijn moeder hier in de arena *Tosca* en *Aida*. De *Aida* dreigde niet door te gaan omdat er een pot inkt tegen de hemel leek uitgegooid die een zwarte vlek vormde die zich dreigend uitbreidde. Maar doordat het voltallige publiek ging zingen en gelijktijdig heen en weer bewegen zodat er golven ontstonden, werd het onheil bezworen.

Nu is het wéér tijd voor de opera. Tussen de feestelijk geklede operagangers door slalommen we langzaam langs de arena met 20.000 plaatsen, waar vanavond *Il Trovatore* wordt uitgevoerd. We rijden langs attributen en decors.

Met de fiets zijn we snel op stillere wegen die ons naar Mantua moeten voeren, de stad waarheen Romeo verbannen werd en waar Vergilius het levenslicht zag, een stad waar ik nooit ben geweest.

Het is prettig om in de koelte van de avond te fietsen. Ik rijd in een hogere versnelling en houd dat langer vol; mijn benen zijn sterker, mijn longen en hart kunnen meer aan.

We rijden Lombardije in, provincie Mantua.

Af en toe passeert er een fietser in kleurig tenue aan de overkant van de weg. Sinds ik mijn Nalini-outfit draag word ik nóg vaker gegroet. '*Ola*,' roept een man op een fraaie racefiets. De lucht ruikt naar kruiden.

Het is nog vier kilometer naar Mantua, maar Art stapt af.

Ik rem en stop naast hem.

'Ik moet iets vervelends zeggen.'

'Wat is er?' vraag ik geschrokken.

'Ik denk dat mijn spaak gebroken is. Dat geluid ken ik zo goed.'

We buigen ons voorover naar het wiel, en helaas, de spaak is kapot en er zit ook een flinke slag in zijn wiel, wat betekent dat we moeten lopen.

'Als dit gebeurt tijdens een afdaling terwijl je met een snelheid van zeventig kilometer door de bocht gaat, breekt het wiel.'

De fiets is te zwaar beladen. Morgen moeten we een fietsenmaker zoeken.

Art vertelt over eerdere keren dat er een spaak brak. Vooral met zijn vouwfiets was het een probleem omdat dat soort korte spaken moeilijk te vinden is.

Mantua is omgeven door meren: we ruiken water en voelen het aan de lucht.

Art vindt dat het stinkt, mij stoort die lichte geur van rottenis hier net zomin als in Venetië.

Even later voert een brug ons in het donker over het zwarte water. Volgens een legende zouden het de tranen zijn van de helderziende Manto, dochter van Tiresias. Nadat Manto als oorlogsbuit vanuit Thebe was meegevoerd naar Delphi, vluchtte ze, en ze kwam uiteindelijk hier terecht. Vergilius verhaalt dat ze trouwde met de Tibergod en dat hun zoon deze stad stichtte die hij naar zijn moeder noemde. Ook Dante laat Vergilius tijdens hun reis door de hel verwijzen naar die oorsprong van de stad.

Iedereen die zijn dorst leste aan dit water, deze tranen, zou ook in de toekomst kunnen kijken. Vermoedelijk zouden er dan tranen worden toegevoegd aan die van Manto want de toekomst blijft roodgekleurd van het bloed.

De Romeinen beroemden zich graag op Griekse wortels maar er was ook een andere uitleg van de naam. Voordat de Romeinen Mantua veroverden was het een Etruskische stad, genoemd naar de god Mantus, dezelfde als Hades.

Ik kijk naar de donkere watervlakte onder ons. Het lijkt de ingang tot zijn rijk.

Een beroemde regel van Vergilius klinkt in mijn hoofd: *Ibant obscuri sola sub nocte per umbram.* In duister gehuld liepen ze door het donker van de eenzame nacht.

Aeneas begeleid door de Sibille op weg naar de onderwereld.

De Etrusken voeren ook uit naar Delphi om het orakel te raadplegen. Ze hadden er een schathuis en deden mee aan wedstrijden. Zelf waren ze meesters in het voorspellen van de toekomst, maar zij deden dat door naar de vlucht van vogels te kijken, de richting van de bliksem of door het schouwen van ingewanden.

Stil rollen de fietsen naast ons voort. Na enige tijd stuiten we op een muur, misschien de stadswal, waar we lange tijd langslopen. Nergens is iemand te bekennen.

'Een dooie stad,' zeg Art.

'Dat weet je nog niet.'

Elke stad is een persoonlijkheid en niet te verwarren met een andere. Toegankelijk, open, gereserveerd, brutaal, oppervlakkig of mysterieus.

Door een poort in de muur komen we in een uitgestrekt park. In het midden staat, beschenen door de maan, een groot beeld van Vergilius, een lauwerkrans om het hoofd.

We wandelen verder en komen op prachtige pleinen met elegante palazzi. Mensen zitten aan tafeltjes onder zandkleurige arcaden. Dit is de stad van de Gonzaga's, die de kunsten lieten bloeien.

We proberen onderdak te vinden in hotels met klinkende namen als Apollo, Dante, I Due Guerrieri en Mantegna, maar tevergeefs. Ten slotte wordt ons gezegd dat er plaats is in een nieuw hotel aan de rand van de stad. Jammer dat we het oude centrum verlaten.

De kamer aan de Via Garibaldi blijkt ultramodern, futuristisch bijna.

'De allermooiste ooit!' zegt Art.

We zijn in de stad van Vergilius en Mantegna, maar het eerste wat we morgen doen is een bezoek brengen aan een fietsenmaker.

DAG 24
MANTUA - BOLOGNA
104 KM

Orakelspreuken en dromen kan men meestal pas
na de gebeurtenissen beoordelen.
– Heliodorus

Als het wiel meteen gerepareerd kan worden lukt het misschien toch nog om Bologna te halen.

Zodra Art de etalage ziet, vol ouderwetse rijwielen en Chinese kinderfietsjes, weet hij dat ze hem hier niet kunnen helpen. Inderdaad zegt de bejaarde fietsenmaker dat hij de fiets niet kan repareren. Hij verwijst ons naar een collega, een aardig eindje daar vandaan. Er zit niets anders op dan verder te wandelen, onze Cannondales als kalme paardjes aan de hand. En passant komen we zomaar even langs het paleis van de Gonzaga's.

Gonzaga is een bekende Zuid-Amerikaanse kickbokser, weet Art me te vertellen.

Het paleis is ontzagwekkend groot en gesierd met dezelfde gotische kantelen als de brug in Verona. Vier eeuwen heersten de Gonzaga's over Mantua, de hertogen van wie we de gezichten kennen door de schilderijen van Tintoretto, Mantegna, Titiaan en Rubens. Tegenwoordig is het paleis een museum, dat zeer het bezoeken waard zal zijn maar wij hebben iets anders aan ons hoofd.

We hopen dat de volgende fietsenmaker meer te bieden heeft dan de vorige maar dat blijkt niet het geval. Het is een klein, ouderwets zaakje met een paar overjarige rijwielen voor de deur.

'Zulke fietsen zijn in heel Italië niet te vinden,' zegt de man, die denkt dat een nieuw wiel de beste oplossing zou zijn.

Art mompelt tegen mij dat hij het niet gelooft.

Nee, een andere fietsenmaker in Mantua is er niet. Waarschijnlijk zijn er in Bologna wel goede fietswinkels, maar het is bijna Ferragosto – Maria-Hemelvaart –, zegt hij, dus de meeste zaken zijn dicht.

Hij wil wel proberen het wiel recht te zetten zodat Art er nog even voorzichtig op voort kan.

Dat moet dan maar, een andere oplossing is er niet.

De man haalt het wiel uit de fiets, zet het in een klem tussen een paar stevige kaken, laat het wiel rollen, kijkt, verschuift iets, en buigt het wiel geleidelijk weer in de bedoelde vorm.

Gelukkig zijn er tussen Mantua en Bologna niet echt bergen te verwachten.

Voordat we op weg gaan, fietsen we nog even langs het beeld van Vergilius. De grote dichter heeft zijn ene arm geheven alsof hij declameert. Daarbij wordt hij begeleid door ruisende fonteinen die aan weerskanten staan. Op de sokkel is geschreven: 'A Virgilio, la Patria'. Begrijpelijk dat het vaderland de dichter dankbaar is want in zijn epos liet hij het Romeinse volk afstammen van de goden, Venus en Mars. Zelfs de liefde moest wijken voor Aeneas' missie de Romeinen deze imposante stamboom te geven. Op school lazen we de hartverscheurende passage hoe de verlaten Dido zich in de vlammen wierp.

Vergilius verruilde Mantua voor Milaan en Rome, waar hij bevriend raakte met Horatius en Maecenas, die zijn beschermer werd. Net als wij reisde Vergilius naar Griekenland, maar die reis werd hem fataal. Op de terugtocht werd hij ziek en hij stierf in de haven van Brindisi. In Napels bezocht ik zijn vermeende graf waarop geschreven staat: *'Mantua me genuit, Calabri rapuere, tenet nunc Parthenope; cecini pascua, rura, duces'*. Mantua heeft me voortgebracht, de Calabriërs hebben me geroofd, nu houdt Napels me vast; ik heb gezongen over weiden, akkers, helden.

Nadat we het park uit zijn gereden maken we een laatste rondje door het centrum, over de oude keien waarmee de wegen zijn geplaveid.

'Dit is geen stad om te fietsen,' moppert Art. 'Wat zijn dit nou voor wegen en niet eens een fatsoenlijke fietswinkel.'

We fietsen langs het ene mooie palazzo na het andere, langs boekwinkels, langs het Vergiliusmuseum en het huis van Mantegna.

Mensen drinken koffie in de gaanderijen en dat voorbeeld volgen we. Art gaat nog even door over de slechte wegen.
'Dan ga je maar lopen tot je weer op dat stomme asfalt bent.'
'Wil je liever dat er nog een spaak breekt en lopen tot Bologna?'
'Kijk om je heen man, kijk naar die schitterende stad.'
'Ja, een mooi stadje maar achterlijk op fietsgebied.'
Graag zou ik hier langer blijven, maar als we Bologna willen halen moeten we nu weg want het is meer dan honderd kilometer.

De zon schijnt, er staat geen wind en er lijken geen bergen op ons pad te liggen. Gewoon maar een dagje doortrappen, kilometers maken. Voorzichtig rijden we over die prachtige antieke stenen het centrum uit en al snel rolt het gladde plaveisel onder ons door.

Even fietsen we langs een van de meren, waar tot onze verbazing lotusbloemen in bloeien. Die gedijen kennelijk goed in tranen.

Manto had de gave in de toekomst te kijken van haar vader Tiresias, de blinde ziener, die haar baarde toen hij vrouw was en dus eigenlijk haar moeder. In de vroegste tijden waren orakels in handen van vrouwen. Tijdens de opkomst van de stadstaten verdrongen priesters de priesteressen en moest de aardgodin wijken voor een mannelijke god die zich meer met oorlog bezighield. Zo gebeurde dat ook in Delphi.

Langs maïs- en aardappelvelden trappen we en vervolgens voert de weg langs de Mincio, de rivier die ontspringt bij het Gardameer en waarlangs Attila de paus ontmoette die hem ervan weerhield naar Rome op te trekken. Hier en daar kun je je terug wanen in die vijfde eeuw als er slechts water is te zien, en struiken en bomen die erin weerspiegeld worden. Dan zou de 'Gesel Gods' zo tevoorschijn kunnen springen. Mijn vader imiteerde hem op de Catalaunische velden, door zijn ogen tot spleetjes te trekken – bloemen van de overwinning in zijn haren – en vertelde zijn kindertjes over de gevreesde koning der Hunnen, die al plunderend een rijk veroverde dat zich uitstrekte van de Oeral tot de Rijn en van de Oostzee tot de Donau. Waar Attila was geweest groeide geen gras meer, maar op die velden in Noord-Frankrijk werd zijn veroveringstocht gestuit, net als hier bij de Mincio.

Door kleine plaatsjes rijden we en dan weer tussen akkers door, over stoffige, stille wegen. Art ziet veel doodgereden dieren op de weg, kleine en grote, een hond, een egeltje, een kat. 'Misschien staken ze over om water te zoeken of naar hun vrouwtje te gaan.' Telkens raakt het hem op dezelfde manier.

'Dieren zijn onschuldig,' herhaalt hij vaak.

'Maar die eten elkaar toch ook op?'

'Dat is instinct, daar kunnen ze niks aan doen. Bij mensen is het hebzucht en moordlust.'

Prachtige bruggen hebben we gezien, kastelen, muren met kantelen, meren, allemaal ter bescherming tegen de medemens.

Toen Art als vijfjarig jongetje zag hoe bij een Armeens klooster een lammetje werd geslacht door de priesters, had hij stenen naar hen gegooid. Een andere keer had hij stiekem het touw waaraan een schaap vastzat dat geslacht zou worden, losgemaakt.

We steken de Po over, dat kan bij allerlei heiligen, zoals San Nicolò en San Giacomo, maar wij wagen het erop bij San Benedetto. De brede rivier laten we meteen weer achter ons, ook bordjes met de verleidelijke namen Ferrara en Parma negeren we om rechtstreeks door te stoten naar Bologna.

We passeren de grens van Emilia Romagna en komen in het hart van Italië, waar Noord-Europese en Griekse invloeden het minst de kans hebben gekregen. Het is de geboortegrond van Mussolini, die de grens van Emilia Romagna iets heeft verlegd zodat de Tiber nu in zíjn provincie ontspringt. Ook Fellini, met zijn schildering van het wezen van de Italianen, de *Italianità*, kon niet anders dan hier vandaan komen. Er staan veel madonna's langs ons pad en veel eetgelegenheden. In een daarvan nemen we een snelle Romagnoolse pasta, heel veel water en gaan weer door. Het is prettig om kilometers te maken, je komt in een roes. Mijn benen gaan vanzelf.

Het schemert wanneer we Bologna binnenrijden, maar de rode kleur is goed te zien in het licht van de lantaarns. De stad lijkt te gloeien, te blozen. Bologna *la rossa, la grassa, la dotta*. Rood van kleur en politiek, vet vanwege de zalige keuken en geleerd omdat het de oudste universiteitsstad van Europa is. En *bellissima*.

Ook al is het na sluitingstijd, toch rijden we langs twee fietswinkels die Art had gevonden op de *Pagine gialle*. Het blijken goede professionele zaken met prachtfietsen in de showrooms, maar beide zijn niet alleen nu maar ook de komende dagen wegens vakantie gesloten. Er zijn andere fietswinkels verder uit het centrum maar dat onderzoeken we morgen.

Op een bus zie ik de naam Fellini en een beeld uit *La dolce vita*.

We fietsen langs en door de rode arcades waar winkeltjes en bars in schuilgaan die zijn gesloten. De stad is leeg, de stad ligt daar voor ons, warm en royaal. Een deel van de straat is net geasfalteerd. Art is bezorgd dat asfaltkorrels die aan de banden blijven kleven langzaam zullen binnendringen. We rijden over kleine en grote pleinen met statige rode palazzi, de Piazza Maggiore en de Piazza di Nettuno, waar de zeegod glorieus op een fontein staat.

Als kinderen in een speeltuin rijden we rond.

We vinden een klein hotel in een middeleeuws straatje. Een vriendelijke nonna verwelkomt ons alsof we familie zijn. Haar zoon, die tot Arts verrassing accentloos Engels spreekt ook al is hij Italiaan, opent de garage en sluit die veilig af wanneer we onze fietsen hebben geparkeerd. Hij vertelt ons ook waar je goed kunt eten, en dat is vrijwel overal.

We gaan te voet, wat na een dag fietsen net zo onwennig voelt als na een dag op een boot, en komen terecht op een binnenhofje waar het stampvol is en waar de stad haar reputatie van *La grassa* eer aandoet. Met een glas dieprode Romagnoolse wijn toost ik erop dat we met een spaak minder toch aan deze tafel in deze prachtstad zijn beland, en ik spreek mijn hoop uit dat we morgen een fietsenmaker vinden die geen vakantie viert.

Door de lege rode straten wandelen we terug naar ons middeleeuwse adres.

DAG 25
BOLOGNA - RAVENNA
90 KM

Water is het beste.
– Pindarus

'Dit is de beste chocolademelk van de hele reis,' zegt Art in het Italiaans tegen de *nonna*, die deze romige versie heeft bereid.

'Dus dat moet in de krant,' reageert ze. Ze glundert als Art vraagt of hij misschien nog een kopje zou kunnen krijgen.

Het zit diep in de genen van Italiaanse *nonne* en *mamme*. Ze geven kinderen en kleinkinderen het liefst de hele dag te eten.

Omdat er geen internet is waarop we kunnen zien of een fietswinkel al dan niet open is, pleegt de kleinzoon wat telefoontjes en vindt er een.

'Ver?'

'Ja, zes kilometer.'

'Dat is niks.'

'Voor een Italiaan is dat ver,' zegt hij. 'Eén kilometer is al ver. Italianen willen twee dingen: een scooter en een vrouw.'

We rijden door de lege rode straten. Het is een stukje klimmen maar zonder bagage is dat zelfs wel leuk.

De winkel is niet groot maar wel goed, ziet Art meteen.

Ze zullen een nieuwe spaak in het wiel zetten en dan maken ze het meteen nog wat rechter.

Voor toerfietsen met bagage kun je eigenlijk beter een wiel met 36 spaken gebruiken in plaats van 32, zegt de man.

Dat wist Art wel, zegt hij tegen mij, maar wielen met 36 spaken zijn zeldzamer geworden. Minimalisme en design winnen terrein.

Met nieuwe technologieën en betere materialen – bijvoorbeeld 7000 alloy in plaats van 6000 – proberen ze het wiel zo strategisch mogelijk te ontwerpen en zo licht mogelijk te maken.

'Is het wel verantwoord om zo door te fietsen of moet je een nieuw wiel?'

Voorlopig waagt hij het erop. Bovendien hebben ze hier alleen maar DT Swiss, Rigida of Shimano en dat vindt hij rommelig met zijn Mavicvoorwiel. 'Andere _decals_, kleuren, spaakpatroon.'

Mijn Mavics XM 117 had hij eraf gehaald en vervangen door de aanzienlijk sterkere Syncros FL-DS23-velgen met SON Deluxvoornaaf. 'Als ik dat niet had gedaan waren ze na jouw trottoir op en af donderen allang gebroken of minstens krom.'

Hij wijst op zadels in alle kleuren en met veelsoortige motieven. '_Selle Italia_, de grootste zadelmaker van de wereld.' Ik ben nog steeds heel blij met mijn Charge Ladle.

Door deftige buitenwijken waar rode villa's verscholen liggen in het veelkleurige groen, fietsen we terug naar het hotel. We hangen onze tassen aan de bagagedrager en gaan naar de Piazza Maggiore, waar we een reclame voor gratis wifi zagen. Nadat we ons hebben ingeschreven bij de gemeente kunnen we de komende jaren internet gebruiken op de rode binnenhof, _il salotto di pietra_. Daar staan stenen banken rond een stenen tafel waar een asbak aan vast is geboetseerd. Ik stuur een mailtje naar mijn moeder, we bekijken het komende traject en de weersverwachting, die tot onze schrik regen belooft, en sluiten weer af.

De rode pleinen lijken balzalen waar het feest nog moet beginnen. Zelden zullen ze zo leeg zijn als nu. Felrode rolgordijnen bedekken de ramen van de palazzi. De zon straalt aan een blauwe lucht en het is tegen enen. We gaan water halen bij de fontein. Als een stoere macho staat Poseidon robuust en naakt met zijn drietand te glanzen in het licht. Onder hem houden mollige jongetjes zeedieren vast en daaronder vier voluptueuze nimfen hun borsten waar stralen water uit spuiten.

Art houdt zijn San Francescofles eronder.

Hij wijst op het wapen van de paus dat ook een plek heeft gevonden te midden van deze erotiek.

Nu het al laat is en heet besluiten we te lunchen op een schaduwrijk terras. De ober, die zelf ook fietst en verrukt is van onze tocht, heeft _Melanzane alla parmigiana_ voor ons met een glas droge Lambrusco voor mij.

Als Art zegt dat hij graag nog een tiramisu neemt en ik frons, reageert de ober: 'Maakt u zich geen zorgen, in Griekenland valt hij vanzelf af.' Italianen hebben geen hoge pet op van de Griekse keuken. Of we nog water nodig hebben voor onderweg, maar ik vertel dat de borsten ons al hebben voorzien. Hij vertelt dat het Neptunusbeeld door toedoen van de kerk een tijdje een metalen broek aan kreeg en dat zijn drietand prijkt op de Maserati.

Naast onze zwarte schaduwen fietsen we door de rode straten Bologna weer uit.

'Hier in de buurt is de mierenberg!' roept Art.

Die was hij tegengekomen op zijn eerste reis, de Monte delle formiche, ten zuiden van Bologna. Hij had me opgebeld en vertelde het me rustig maar er klonk nog steeds verbijstering in door. 'Bij een kerkje plegen één keer per jaar honderdduizenden mieren zelfmoord. Dat doen ze voor Maria. Je kunt die dode mieren kopen in puntzakjes.' Hij begreep steeds beter waarom ik me in Italië zo op mijn plek voelde. 'Alice heeft haar Wonderland gevonden.'

Bij een rotonde staan we stil om water te drinken. Daar praten we wat met een groepje fietsers uit Imola. De leider van de club heeft door Armenië gefietst. Een prachtig, ongerept land, zegt hij, met schitterende bergen en zeer gastvrije mensen. Alleen de honden waren minder gastvrij. De reusachtige dieren kwamen vaak woest op die vreemde fietsen af gestormd. Als we in Imola zijn kunnen we bij hen logeren.

We rijden door vlaktes vol geurende oregano en velden met uitgebloeide zonnebloemen.

In Medicina vullen we de watervoorraad aan. Als we de barman vragen waarom de plaats zo heet vertelt hij ons zonder een fonkeling van ironie dat Frederik Barbarossa, keizer van het Heilige Roomse Rijk, ziek was en hier genas doordat er een slang in zijn soep terechtkwam. Elk jaar in september wordt hier het Roodbaardfeest gevierd. We laten ons verleiden tot de Barbarossasoep, koud, pittig, gemaakt van dieprode tomaten.

Na nog wat onooglijke plaatsjes en lelijke wegen wordt het land geleidelijk vriendelijker en rijden we door lanen overschaduwd door een dicht bladerdak.

Ik besef dat ik alert moet blijven, niet moet indutten, oog moet houden voor die ene steen voor het wiel, een spleet in het wegdek, een onverwachte beweging van de zijkant. Al geruime tijd zie ik minder voortekenen van een fatale afloop, minder ziekenhuizen en kerkhoven, waarschijnlijk omdat ik meer vertrouwen heb.

Het wordt avond, de hemel kleurt roze, Ravenna is nog 27 kilometer bij ons vandaan.

De wind gaat liggen maar maakt plaats voor de duisternis, wat niet prettig is als er geen lantaarns zijn. In het donker zie ik lang niet zo goed als Art. We rijden over een stille weg waar geuren van gras en appels hun kans weer grijpen. Ik houd me vast aan de witte streep langs de kant en aan het rode lampje voor me.

We steken een rivier over, en niet lang daarna komt Ravenna ons tegemoet, eerst met diezelfde buitenwijken vol showrooms, elektronicawinkels en kantoorgebouwen, maar dan verandert het asfalt in grote witte stenen en over dat lichtende pad rollen we het centrum binnen. Het is er feestelijk en druk, Ferragosto tintelt al in de lucht. Geopende winkels tonen tassen, parfums, pumps, bikini's, foulards, fonkelende juwelen, en ook asbakken en serviezen gesierd met de beroemde mozaïeken. Ravenna is toeristischer dan het verstilde Mantua en het grandioze Bologna. De terrassen zitten vol met mondain publiek. Mannen in gestreken hemden of strakke shirts, vrouwen in blote jurkjes op hoge hakken drentelen door de lichte straten.

Daar sta ik ineens tussen, op het terras van een Gelateria, stevig in mijn sportschoenen, twee fietsen aan de hand. Art informeert aan de overkant of er plaats is bij hotel Byron en dat blijkt zo te zijn. We stallen de fietsen, brengen de bagage naar de kamer en gaan een ijsje eten.

Door ons toevallige onderkomen ontdekken we dat Byron hier een tijd heeft gewoond omdat hij in de nabijheid wilde zijn van een jonge maar getrouwde Italiaanse schone. Een paar jaar later zou hij naar Griekenland vertrekken, en net als Vergilius overleefde hij dat niet.

Na het ijsje maken we een wandeling. Het is bijna middernacht. Een bliksemschicht flitst langs de zwarte hemel en even later dreunt de donder.

DAG 26
RAVENNA - CESENATICO
37 KM

Uit een oorlog ontstaat immers een hechtere vrede.
– Thucydides

De lucht is donker en al snel stort de regen eruit neer. We blijven lang in de ontbijtzaal hangen in de hoop dat het overgaat, maar dat gebeurt niet. De regenjacks, die ik al bijna naar Nederland wilde sturen, worden weer opgedolven.

Voorlopig kunnen we schuilen in de kerken bij de mozaïeken, die we toch ook willen zien.

Er liggen grote plassen op het witte plaveisel en er zijn veel minder mensen op straat dan de afgelopen nacht.

Eerst brengen we een bezoek aan het graf van Dante, die na zijn verbanning uit Florence de laatste jaren van zijn leven doorbracht in Ravenna en hier in 1321 stierf.

Art past op mijn fiets terwijl ik de kleine kapel binnenga die een Gonzaga in de achttiende eeuw liet bouwen over het oorspronkelijke graf. De kapel heeft de vorm van een klassiek tempeltje en staat naast het franciscanerklooster. De wanden van de kapel zijn bedekt met marmer. Boven de originele tombe toont een reliëf de 'goddelijke dichter', zijn hand bij zijn hoofd, verzonken in gepeins. De Florentijnen hebben vaak gevraagd het lijk van 'hun grootste zoon' terug te geven en de Florentijnse Medicipaus Leo X gaf de opdracht het stoffelijk overschot op te halen. Maar het graf bleek leeg. De franciscanermonniken waren het Toscaanse gezantschap te slim af geweest en hadden het gebeente in veiligheid gebracht.

De aardse resten zijn inmiddels teruggelegd, en in de Santa Croce van Florence wacht nog steeds een leeg graf.

Als ik weer naar buiten kom wijst Art naar een marmeren steen tegen een met klimop bedekte heuvel. Daarop staat te lezen dat het gebeente van Dante daar van 23 april 1944 tot 19 december 1945 veilig kon rusten.

Het plenst en ik wil gauw naar de volgende kerk.

Art is geïrriteerd. 'Als je alle kerken van Italië wilt bekijken komen we nooit in Delphi.'

'Deze kerken horen bij de mooiste en beroemdste van de wereld!'

'Dan moet je naar Armenië.'

Midden in de regen krijgen we laaiende ruzie over kerken.

'Barbaar! En als ik alle fietswinkels van Italië moet bezoeken komen we er zeker wel?'

'Als ik niet over elk detail had nagedacht had je je fiets allang vernield. Met andere velgen had je je wiel gebroken, met een ander zadel geklaagd over pijn in je kont, en zonder dat ledlicht had je helemaal niks gezien.'

'En jij zakt door je fiets omdat je je buik volpropt met tiramisu!' schreeuw ik uit volle borst.

Hij pakt mijn pols. Voorbijgangers bemoeien zich ermee.

Ik trek mijn arm los en fiets zo hard ik kan weg door de Via Dante, over prachtige pleinen terwijl het water opspat.

Nu moet ik zelf de weg vinden. Het is toch ook eigenlijk te dol dat ik maar een beetje achter hem aan fiets. Ik zoek naar bordjes met 'Sant' Apollinare'. In het hotel zeiden ze dat die kerk de meest spectaculaire mozaïeken heeft. Lang geleden, toen ik nog op school zat, heb ik ze gezien, samen met mijn ouders. Ik wilde ze nu opnieuw bekijken maar ook dat Art ze zag. Nergens een aanwijzing. Dan maar vragen. Het wordt me uitgelegd maar ik rijd een paar keer fout omdat ik nog zit te foeteren op Art. Ik vraag het opnieuw en uiteindelijk vind ik de reusachtige kerk met de ronde toren. Maar die fiets mag natuurlijk niet mee naar binnen. Misschien is er iemand die erop kan passen. Als hij wordt gestolen is alles afgelopen.

Op een bordje lees ik dat de kerk aan het begin van de zesde eeuw werd gebouwd.

Nadat het westelijk deel van het Romeinse Rijk was overspoeld door Barbaarse volkeren, op drift geraakt door de aanvallen van de Hunnen en Rome was geplunderd, werd Ravenna de hoofdstad van het West-Romeinse Rijk. De rol van Rome werd overgenomen door de vroegere Griekse stad Byzantion, als Constantinopel hoofdstad van het Oost-Romeinse Rijk. De inwoners noemden zich Romeinen maar spraken Grieks.

Daar staat Art.

Vlak bij de ingang. Hij is in gesprek met een langharige man.

'Dag schatje,' zegt hij kalm.

De langharige man verkoopt kaartjes. Hij komt uit Sicilië en spreekt goed Engels. Ze hadden het over muziek, zegt Art, naar aanleiding van de klanken die uit zijn iPhone kwamen. Zelf fietst hij ook, maar alleen hier in de buurt en dan neemt hij een cd-speler mee.

De man zal op onze fietsen passen terwijl wij de kerk bekijken.

Samen gaan we naar binnen.

Aan alle kanten schittert het ons tegemoet. Deze hofkapel van koning Theodorik lijkt de feestzaal van een paleis. Boven een rij sierlijke zuilen is alles mozaïek, randen in rijke kleuren met veel goud waarin wanneer je langer kijkt de wonderen van Jezus zichtbaar worden. Heiligen in toga met gouden aureolen om het hoofd, een stoet van vrouwen achter de drie koningen aan op weg naar Maria met Kind, gezeten op een troon. Art kijkt aandachtig; hij merkt op dat de heiligen allemaal verschillend zijn, de vrouwen vrijwel identiek.

Ook het paleis van koning Theodorik is opgetrokken in mozaïek. Als kind sliep deze bastaardzoon, die de Gotische koning had verwekt bij een vrouw die hij had leren kennen in het kamp van Attila, in tenten, net als zijn vader bij zijn paard. Het zal hem geduizeld hebben toen hij als achtjarige krijgsgevangene het fonkelende Byzantijnse hof betrad. De blonde blauwogige prins viel in de smaak bij keizer Leo, die hem toen hij volwassen was toestond zich in Italia te vestigen en de Barbaarse koning van de troon in Ravenna te stoten. Nadat Theodorik met honderdduizenden Goten naar Italia was getrokken en Odoaker had verslagen, bood hij hem aan om samen te regeren en organiseerde hij een feestelijk banket. Toen Odoaker was aangeschoven kliefde Theodorik hem van sleutelbeen tot heup.

Met Odoaker was er een einde gekomen aan het West-Romeinse Rijk en waren de duistere Middeleeuwen begonnen.

Het Oost-Romeinse of Byzantijnse Rijk hield het nog duizend jaren vol.

Achter de ramen tussen al dat goud wordt de zwarte lucht verlicht door de bliksem.

Voor we deze grandeur verlaten koop ik kaarten van de portretten die zo veel indruk maakten toen ik ze zag als kind maar waarmee een andere kerk is opgeluisterd. Het is de mozaïeken beeltenis van Justinianus, de keizer die in de zesde eeuw een groot deel van het West-Romeinse Rijk heroverde en de Aya Sofia liet bouwen. Ik herinner me dat mijn vader vertelde dat Justinianus' vrouw een actrice was die als keizerin Theodora veel deed voor de positie van actrices en van vrouwen in het algemeen. Beiden zijn gesierd met een kroon, oorbellen, een gouden aureool en kijken ons aan met grote ernstige ogen.

Ook Art is onder de indruk.

Het dondert en bliksemt, de regen klettert neer.

We praten nog even met de man, die goed op onze fietsen heeft gepast. Hij is een beetje jaloers op ons, zegt hij. 'Omdat jullie samen zo'n fietstocht maken. Mijn vrouw krijg ik niet mee.'

Hij is getrouwd in een andere prachtige kerk, de Sant' Apollinare in Classe, die we vanzelf zullen zien als we Ravenna uit fietsen. Waarschijnlijk komen we ook nog door een plaatsje met een kanaal dat Leonardo da Vinci heeft ontworpen. Hij raadt ons aan eerst een pizza te gaan eten in een stamtent van hem niet ver hier vandaan, en te wachten tot het droog is.

Dat vinden we geen gek advies en we fietsen ook nog even langs het mausoleum van Theodorik.

Zoals gewoonlijk vraag ik om wijn uit de buurt. Ze hebben *Spumante*, zegt de man, een Trebbiano di Romagna. *Perfetto*. Als ik een slok neem van dat drankje dat bijna net zo prachtig fonkelt als de mozaïeken, doet Art na hoe ik heel vakantievierend Ravenna aan het schrikken heb gemaakt en hem erbij. '"Barbaar! Botterik! Materialist! Ik ga nooit meer met jou op reis! Proleet!" De toeristen stootten elkaar aan en zeiden: "Dit is het echte Italië." Liefste, bij mij kun je nooit meer kapot.'

Na de pizza vraag ik of hij zin heeft in tiramisu, maar hij kan zonder. 'Als je me een kus geeft.'

We praten over het vervolg van de reis. We willen naar Ancona, maar dat halen we vandaag niet. Art zou eigenlijk wel naar San Marino willen en nog een land aan onze ketting hangen. Ook ik ben er nog nooit geweest.

Aan het eind van de middag houdt de regen op en dringt er zelfs een halve zonnestraal door.

Het is heerlijk om weer op de fiets te zitten en verder te gaan, richting Rimini eerst maar eens.

Mooi is het land niet, maar dat doet er even niet toe.

Weer rijden we langs velden met verdorde zonnebloemen, lelijke huizen met ordeloze erfjes. Maar dan lezen we op een bord met grote letters 'Lido di Dante'. Zou hij daar gewandeld hebben, de woorden wegend in zijn hoofd?

Ik voel dat de zee dichtbij is maar we zien haar niet. Na een tijdje zien we wel een reusachtige kerk, weer met zo'n ronde toren ernaast. Dat moet de Sant' Apollinare in Classe zijn, ook uit de zesde eeuw, waar de Siciliaanse kaartjesverkoper is getrouwd.

Luid klinkt het geblaf van kleine hondjes wanneer we langsfietsen. Art lacht. 'Die kleintjes winden zich veel meer op dan grote honden.'

We komen door Milano Marittima, een echte badplaats; toch voert onze weg nog steeds niet langs de zee maar tussen breed uitwaaierende pijnbomen door, langs de achterkant van strandhotels. Het enige water dat ik zie zijn de grote plassen op straat. Ook hier is even alles stilgelegd, overhoop gegooid door het noodweer en zijn de mensen in hun vaste ritme gestoord.

'Ik wil naar de zee!' roep ik.

Er is hier geen weg langs de zee, zegt Art, alleen voor voetgangers misschien.

Wij bevinden ons intussen geenszins op een voetgangerspad. Het is of alle auto's na de laatste regendruppel tegelijk de straat op zijn gegaan. Ze rijden nog harder en verhitter dan gewoonlijk en met het bekende Italiaanse uitgangspunt: wat kan, dat mag.

Na een dag regen moet het nu weer leuk worden, bovendien is het bijna Ferragosto, hét feest van het jaar.

Ik houd me vast aan de witte streep terwijl de auto's langsrazen. Ook ik rijd hard, wat prettig is na zo'n luie dag.

'Kijk uit, glas!' roept Art.

Het wordt al donker.

In volle vaart flitsen we langs een eindeloze sliert dancings, bars, pretparken, restaurants en pizzeria's.

Maar dan, onaangekondigd, komen we door een sfeervol havenplaatsje met aan twee kanten van een gracht mooie terrassen vol tafelende mensen.

Het blijkt het Canale di Leonardo da Vinci. We besluiten te blijven.

Hotel Laura heeft plaats in een dependance, en de fietsen mogen logeren op de kamer, zoals de paarden in de tent van Theodorik.

'We houden van fietsen,' vertelt de hoteleigenaar. 'Elk jaar vindt hier de Pantanitour plaats. Marco kwam hiervandaan.'

In 1998 won Marco Pantani zowel de Tour de France als de Giro d'Italia. Na een dopingschandaal raakte hij in een depressie en stierf in Rimini op zijn vierendertigste aan een overdosis cocaïne.

DAG 27
CESENATICO - SAN MARINO
56 KM

De tijd zal alles vertellen. Hij is een babbelaar.
Je moet hem geen vragen stellen voordat hij spreekt.
– Euripides

Als ik mijn ogen opendoe zie ik mijn roze fiets, die naast het bed staat.

Het ontbijt, dat wordt geserveerd in een kale zaal vol Ferragosto vierende families, is niet best. Wat ons wel als deftig verrast, is dat op de kleine pakjes boter de gelauwerde kop en de naam van Vergilius staan.

Zodra we op de fietsen stappen vallen de eerste druppels. We rijden over grauwe wegen onder een grijze lucht, door vale opeenhopingen van hotels en flatgebouwen. Strandoorden zijn naargeestig in de regen maar er is geen wind en ook de koelte maakt het gemakkelijker om op te schieten.

En dan staan we ineens voor de Rubicon.

Op een bordje met een afbeelding van blauwe golven lezen we: 'Rubicone'. Het water is niet blauw, en ook niet rood zoals de naam zou doen vermoeden, maar gelig als het water van de Tiber.

Dit is de rivier die de geschiedenis een andere loop gaf. De rivier die Julius Caesar overstak met zijn leger, terwijl hij wist dat het verboden was, omdat het de grens vormde van het gebied dat door de senaat werd bestuurd. Overmoedig geworden door zijn overwinningen in Gallië en Germanië zette hij de stap terwijl hij sprak: '*Alea iacta est.*' De teerling is geworpen. Zo kwam er een einde aan de republiek en werd de basis gelegd voor het keizerrijk.

Ik kijk naar de smalle rivier met de groene boorden, die er vrien-

delijk uitziet, een beetje mistroostig onder de miezerige regen. Art begrijpt niet waarom ik zo lang blijf dralen en foto's maken.
'Kijk, Media World!' Hij wijst op een gebouw in de verte.
'Dit is toch bijzonder?'
'Je weet hoe ik walg van die oude Romeinse keizers: massamoordenaars en dierenbeulen.'
Langzaam fiets ik over de brug terwijl ik aan mijn huis in Rome denk. Vijf jaar later werd Caesar daar om de hoek vermoord.

Art gaat kijken of Media World een Camera Connection Kit heeft terwijl ik buiten wacht. Het is druk met badgasten die vandaag niet kunnen baden.
Nee, ook hier hebben ze dat apparaatje niet maar wel twee heel grote ijsjes.
We gaan een stukje naar het westen, naar Sant' Arcangelo di Romagna, waar mijn oude vriend Tonino Guerra is geboren. Hij raadde me aan daarheen te fietsen in plaats van langs de Romagnoolse kust die hij een *bordello* noemde. Tonino was de zielsvriend van Fellini, met wie hij onder meer *Amarcord* bedacht en *E la nave va*. Hij drukte als scenarist zijn stempel op vijftig jaar Italiaanse film, is ook schilder, dichter en ontwerper van fonteinen. Alles wat hij aanraakt kleurt hij met zijn verbeelding. Onlangs verscheen zijn door hemzelf geïllustreerde bundel *Op reis met Odysseus*. In Pennabili, waar hij woont, toonde Tonino me *De tuin van de vergeten vruchtbomen* en *De poort van de herinnering*. Het was een mythologisch uitstapje in een wereld waar fantasie en werkelijkheid in elkaar overlopen.
Het land wordt mooier, kortgeleden zijn er kruiden gezaaid die geurend uit de grond komen.
In de verte rijst een elegante toren op met kantelen en even later rijden we het stadje in door een poort met het wapen van paus Clemens XIV die hier geboren werd. De huisjes staan in verschillende kleuren naast elkaar met balkons in weer andere tinten. Elk voorjaar wordt hier het feest gevierd van de *Balconi fiorite*, de bloemenbalkons. Een paar jaar geleden belde Tonino en zei: 'De lobelia's zijn er weer. Ga ze kopen en zet je terras vol.' Het was schitterend, alleen maar die felblauwe bloemen tussen de muren van oranje oker.
Op de klokkentoren, die we uit de verte al zagen, geeft de aartsengel Michaël aan uit welke hoek de wind waait. Een lange trap voert de Jupiterberg op, naar een burcht als een kindertekening. Wij gaan

zitten aan de voet van de trap op een mooi terras, tegen de regen beschermd door een parasol. Art drinkt chocolademelk uit een kopje met chocoladekleurige harten erop, ik koffie met een Arabisch zweem uit een groen met gouden glas. De eigenaar vertelt dat Tonino Guerra twee fonteinen heeft gemaakt voor Sant' Arcangelo. *De stenen bloemen* en *Het ondergedompelde veld*.

Nu we zo dichtbij zijn wil ik toch wel naar Rimini, de geboortestad van Fellini. Daar komen we over de Via Emilia, de oude Romeinse weg die het noordelijke Placentia met Ariminum verbond en die de regio haar naam gaf. Mooi is het land hier niet en de weg is druk.

In Rimini komen we helemaal in een heksenketel terecht, in kluwens van overvolle wegen. Ik volg Art, die zich zelfverzekerd in de chaos stort terwijl hij mij in het oog houdt.

Hij stopt. 'Wil je naar het kerkhof?' Hij had een bord gezien met 'Cimitero'.

Even later zie ik het ook. Het is dezelfde kant op als de zee. Beelden uit Fellini's films duiken op voor mijn geestesoog. *I Vitteloni*, jonge mannen die slenteren langs het strand, niet volwassen willen worden.

Even later zie ik een lange muur met cipressen erlangs. Ik volg Art over een stille laan. Aan het einde stapt hij af bij een bloemenstal.

'Hij was toch bijzonder voor je?'

'Hij was een grote liefde.'

'Hij *is* een grote liefde,' zegt hij. 'Grote liefdes gaan nooit voorbij.'

Ik koop rode rozen.

Aan de vrouw vraag ik of veel mensen het graf van Fellini komen bezoeken.

Bij vlagen, zegt ze.

'Fellini sloot zich op in het Grand Hotel,' moppert de man, 'en zag alleen een paar vrienden. Hij heeft Rimini verlaten voor Rome.'

'Rome was de filmstad,' zegt zijn vrouw sussend. 'Daar moest hij wel naartoe. Maar iedereen weet dat hij Riminees was.'

Ik kijk naar mijn schoenen in de regen terwijl ik onder de poort door loop, en zie voor me hoe ik naast hem wandelde over het strand bij Fregene, niet zo ver van Rome.

Voor een uitgestrekte zee van graven en stenen engelen die rouwen of troosten, rijst *La Grande Prua* op, De grote voorsteven, verbeeld door een glanzende bronzen driehoek, metershoog, weerspiegeld in de rechthoekige vijver eronder.

Ik loop erheen terwijl Art een beetje achter me blijft.

Ook Giulietta Masina is hier begraven en hun in 1945 geboren zoontje dat maar elf dagen heeft geleefd.

E la nave va. En het schip gaat. En de reis gaat door, van zijn films, van zijn invloed, zijn verbeelding, zijn dromen. Van hemzelf. Wie weet. 'De dood, wat kunnen we erover zeggen?' zei hij. 'Ik denk weleens: dat gebouw staat er nog als ik er niet meer ben.'

Hij was nieuwsgierig naar het irrationele, het ongrijpbare, het paranormale. Op mijn verjaardag kreeg ik van hem de *I Tjing*, het Chinese orakelboek met een inleiding van Jung. Samen in lotuszit raadpleegde ik het orakel. Ik moest me goed concentreren bij het gooien van de muntjes. Het antwoord was drievuldig. Een ervan luidde: 'Niet het grote water oversteken.' Dat was duidelijker dan wat het orakel van Delphi tegen koning Croesus zei maar op een andere manier raadselachtig. Betekende het dat ik de Straat van Messina niet moest oversteken naar mijn ex op Sicilië? Dat ik geen relatie met Federico moest beginnen?

'De *I Tjing* plaatst de dingen soms net in een ander licht,' zei hij. 'Het prikkelt, zet je ertoe aan hetzelfde op een andere manier te bekijken. Maar af en toe zegt hij ook dingen dat je denkt: bekijk het maar, rare Chinees.'

Ik leg de rozen in het water, dat trilt door de druppels die erin vallen.

'Doet het je niks?' vraagt Art zacht.

'Jawel.'

'Je huilt niet.'

'Ik ben hier niet dichter bij hem dan in Rome. Door een herinnering, een scène uit een film van hem, kunnen er wel ineens tranen in mijn ogen springen.'

Terwijl we wegfietsen klinkt er een daverende donderslag, tegelijkertijd wordt de hemel verlicht door de bliksem. Regen klettert neer.

We schuilen onder een boom, nergens is een alternatief.

Ik denk aan onze laatste ontmoeting, zijn grappen, zijn zwaaiende hand uit de taxi die wegreed uit mijn straatje. '*A presto!*' Tot gauw! De reis die we zouden maken.

Weer een daverende donderslag.

'Hij is boos omdat je met die vreemde snuiter bent.'

Als de regen iets minder wordt stappen we op de fiets, maar bij de eerste bar aan een drukke straat vluchten we naar binnen.

'We zijn maar 21 kilometer van San Marino.'

Het is bijna half acht als de regen minder wordt. Art wil naar de fietswinkel aan de overkant.

'Til die witte racefiets even op.'

Hij weegt niks.

'San Marino is prachtig,' zegt de jongeman die daar werkt, 'maar wel klimmen.'

Ik zeg dat we van over de Alpen komen. Niet dat ik echt zin heb in een klim maar ik vind het wel wat hebben om Ferragosto te vieren in een ander land.

Daar gaan we, eerst door de lelijke rand van Rimini, over razend drukke wegen. Maar dan komen we in het groen en zelfs op een *pista ciclabile*, een smal pad met aan twee kanten hoog gras.

'Kijk uit!' roept Art.

Er zitten diepe spleten midden in het 'fietspad' alsof het een val is voor fietsers. Even later wacht Art me op bij weer zo'n diepe voor. Hij wijst op een fietslamp op de grond, twee papieren tassen van chique winkels in het gras.

'Hier is iets ergs gebeurd.'

Na de *pista ciclabile* rijden we over een brede autoweg die minder levensgevaarlijk is. Boven de weg staat San Marino aangekondigd. De lucht breekt open en voor ons doemt een berg op uit de grijze wolken, bestrooid met lichtjes. De Monte Titano van San Marino.

Al snel begint het te stijgen. Het klimmen gaat me makkelijker af dan in de Zwitserse bergen.

Na een tijdje wacht Art me op bij een groot terrein vol tuinkabouters, lachend om al die dwergen en draaiende molentjes aan de voet van de dwergstaat.

Een witte maansikkel wordt zichtbaar aan de hemel en boven op de drie pieken van de Monte Titano de drie torens, het nationale symbool.

Om half negen zijn we bij de grens. 'Repubblica di San Marino' staat er boven de weg, met daarnaast een bord dat aangeeft dat we niet harder mogen dan vijftig en een ander bord dat toeteren verbiedt. Het eerste wat we zien is de Banca di San Marino.

We zijn in de oudste republiek van de wereld, en ook een van de kleinste. We gaan naar de hoofdstad daar boven op de top. Tussen de hoge bomen aan weerskanten van de weg staat hier en daar een mooie villa.

Steeds stiller wordt het en geleidelijk valt het duister. Soms rijden we door bos, slechts af en toe is er wat licht van een lantaarn. Gestaag kronkelt de weg omhoog, af en toe heel steil.

Mijn hart dreunt in mijn borst, mijn longen zuigen zich vol zuurstof tot ze pijn doen.

Ik denk aan die witte racefiets die ik vasthield, vederlicht.

Ik denk aan Federico, die altijd voorreed met een taxi. Lacht hij om me terwijl hij vanaf die hoge voorplecht naar mijn gespartel kijkt? Ik denk aan niets.

Het is of de weg zich opricht en me wil afschudden.

Zo steil wordt het dat ik moet afstappen. Weer duw ik mijn fiets omhoog over een donkere berg.

Geritsel van bladeren.

Een dier duikt op van tussen de bomen. Een hond? Art is ver.

Een hert.

Met sierlijke hoge sprongen steekt hij over en verdwijnt tussen het geboomte.

Ik stap weer op mijn fiets.

Ooit wandelden we over de Veluwe en kreeg mijn vader een wild zwijn met jongen in het vizier. Hij aarzelde niet, duwde eerst mijn moeder een boom in, vervolgens zijn drie dochtertjes en kwam erbij zitten totdat we de zwijnenfamilie zagen verdwijnen in een knollenveld.

Soms fiets ik een stuk staand, wat me geen moeite meer kost.

Als de bomen het uitzicht niet belemmeren, zie ik de verlichte burcht en de stadswal met kantelen als een kroon op de berg.

Doortrappen, doorzetten, in hetzelfde tempo. Rustig ademen.

Af en toe zet ik mijn Rohloff een tandje hoger, dan weer lager, zelfs op het allerlaagste verzet.

Even lopen. Het lijkt of de fiets steeds zwaarder wordt. 21 kilometer is niks maar wel als het louter klimmen is.

Dan weer trappen met hernieuwde kracht. Die sprookjesachtige burcht komt steeds dichterbij. Hopelijk vinden we onderdak.

Als we bijna de top hebben bereikt, rijden we over een plein met oude huizen. Ik ga een bar binnen waar muziek klinkt, en zeg dat we op zoek zijn naar een hotel en of we nog verder omhoog moeten.

Dit is de oude stad al, zegt het meisje, Borgo Maggiore, en om de hoek is een hotel. San Marino Stad is vol, zegt ze, daar kan de kabelbaan ons morgen heen brengen.

Het hotel dat ze bedoelde is een ouderwetse herberg met warm licht achter de ramen. In een grote ruimte met veel hout zitten mensen te tafelen, ook al is het tegen elven. Een plek om aan te komen na een barre klim.

We zijn bijna op zevenhonderd meter hoogte.

Ze hebben een kamer voor ons, en als we opschieten kunnen we nog een pizza krijgen.

Ook voor ons is Ferragosto begonnen.

Alles lijkt vandaag perfect geregisseerd.

DAG 28
SAN MARINO - CATTOLICA
41 KM

Een leven zonder feest is als een lange weg zonder kroegen.
– Democritus

Het gebeier wekt ons al vroeg. Ik heb het gevoel dat we in de klokkentoren logeren.

'*Buon Ferragosto*,' zeg ik tegen Art.

Ook beneden in het restaurant dat nu ontbijtzaal is wenst iedereen elkaar Buon Ferragosto. Op een grote houten tafel zijn zelfgebakken taarten uitgestald. In antieke tijden werd tijdens de *Feriae Augustae*, de feesten van keizer Augustus, gevierd dat het werk op het land was afgelopen. Ons woord 'oogst' komt niet toevallig van Augustus. Omdat het feest zo geliefd was werd het in de zesde eeuw al gekerstend. Nu lijkt vooral de zon aanbeden te worden. En de buik. En het voetbal.

De televisie toont een wedstrijd waaraan AC San Marino meedoet.

Na het ontbijt gaan we met de kabelbaan het laatste stukje van de Monte Titano omhoog. De zon straalt en het is druk.

Op een witte brievenbus prijkt het kleurige wapen van het republiekje: drie torens, daarboven een kroon en eronder is geschreven: '*Libertas*'. Dit wapen siert ook de nummerborden van de auto's.

Boven aangekomen staan we stil, betoverd door het uitzicht. Zevenhonderd meter heb ik moeten klimmen. Ik was er vlakbij, ik voelde haar en rook haar. En nu pas zie ik daar aan de horizon die brede blauwe rand. Eindelijk, de zee!

'*Thalassa, thalassa!*'

Wat heb ik naar dit moment verlangd, in de regen, in de nacht, tijdens het klimmen, hoog in de Alpen in de mist. Nu pas kan ik me verplaatsen in de tienduizend huurlingen die, na gevochten te hebben onder aanvoering van Xenophon en na een barre terugtocht door ruig en vijandelijk gebied, eindelijk de zee zagen, de Zwarte Zee.

In een dichte stroom schuifelen toeristen en mensen uit de buurt langs de winkels met postzegels van San Marino, wijn en likeur uit San Marino, asbakken en schoteltjes met 'San Marino' erop, t-shirts met 'San Marino', Titanentaart en *Torta Tre Torre*, schoenen, tassen – tot Arts afschuw ook van slangenleer. 'Daar zijn al die Russen dol op.' Gidsjes in vele talen over San Marino, maar ook juwelen, merkkleding en parfums. San Marino is een van de rijkste landen van de wereld, de euro's, waaronder ook de felbegeerde San Marinese, rollen hier vrolijk door de handen en nergens worden de mensen zo oud als hier.

Het centrale plein, de Piazza della Libertà, is spectaculair, met een rank kasteel in veertiende-eeuwse stijl voorzien van kantelen en een torentje. Bij de ingang staat de garde in groene broek, rood jasje, een rode pluim op de pet, gewapend met geweer.

De hoofdrol op het plein wordt vertolkt door een groot witmarmeren beeld van een fiere vrouw die voort lijkt te schrijden, een vlag in de hand, een kroon met drie torens op het hoofd: *La Libertà*.

Vanaf het plein heb je een majestueus uitzicht over dit kleine rijk en nog verder, tot aan de Romagnoolse stranden en de zee.

In de Basilica van San Marino worden de relikwieën van de heilige Marino, 'de man van de zee', bewaard. Hij was een christelijke steenhouwer en hielp mee de muren van Ariminum, Rimini, te herstellen, die vernield waren door piraten. Toen de christenvervolging van keizer Diocletianus al te dichtbij kwam, vluchtte hij de Monte Titano op en stichtte in het jaar 301 de republiek van San Marino.

Voordat we naar binnen gaan, kijken we goed op de negen roodomrande bordjes om te zien wat er allemaal niet mag in de kerk, waaronder een arm om iemands schouder slaan.

In wierookdampen gehuld rijst achter het altaar tussen Korinthische zuilen het beeld op van de patroon van San Marino. Aan de zijkant in een nis heeft een rouwende Maria in haar ene hand een kruis, in haar andere een grote bos verse rode rozen.

Als we even later een glas water drinken in een bar zien we boven de tap de waarschuwing dat het opsteken van een sigaret honderd euro kost en dat daar wanneer het gebeurt in de aanwezigheid van een zichtbaar zwangere vrouw, nog eens vijftig euro bij komt.

'Jullie zijn hier streng,' zeggen we.

Toch zit er maar één man in de gevangenis van San Marino, vertelt de barman. Onlangs had deze dertigjarige delinquent geklaagd over eenzaamheid. Hij heeft een fitnessruimte, bibliotheek en televisiekamer voor zichzelf, krijgt eten uit een restaurant omdat een speciale gevangeniskok duurder zou zijn, maar hij voelt zich alleen. Er zijn zes cellen. Onlangs kwam er goed nieuws: binnenkort wordt er een tweede cel bewoond. Hij krijgt een dief als buurman.

We eten in het Nido del Falco, het valkennest, op een druk terras met een grandioos uitzicht. Een parasol beschermt ons tegen de zon, die in volle hevigheid van de partij is. Ons worden de *Strozzapreti*, priesterwurgers, aangeraden, korte smalle pasta. Daar drinken we heel veel San Bernardowater bij en ik een glas mousserende San Marinowijn.

Het is een waardige viering van Maria-Hemelvaart en voor ons is het vervolgens ook goed om weer af te dalen. Eerst terug met de kabelbaan en dan verder met onze trouwe fietsjes.

We nemen nu een andere route, die over een smalle steile weg met heel veel haarspeldbochten door het groen slingert. Ik houd mijn vingers op de remhendels want met het gewicht van de bagage heb je snel veel vaart, en zo'n bocht ligt soms net bij een ravijn.

Als we bijna beneden zijn wacht Art me op met een bezorgde blik. Zijn achterrem doet het niet meer, doordat hij veel en lang moest remmen om te voorkomen dat hij de diepte in vloog. 'Die kreukels, in combinatie met het rottige wegdek.'

Vandaag is er geen fietsenmaker open, morgen zal het ook moeilijk zijn. Voorzichtig dalen we verder, passeren de grens, rijden door glooiend land met velden oregano badend in de zon, langs beelden van Padre Pio, Jezus, de Moeder Gods, en zien eindelijk de zee van dichtbij.

Op de boulevard van Riccione stap ik af om uit te kijken over het water waar, achter het strand met de verlaten strandstoelen, de zon haar act doet die altijd weer indruk maakt: rozerood ondergaan.

Er komt een man naar me toe; ik vertel hem van hoever we komen en dat ik al die tijd heb gedroomd van dit weerzien met de zee.

'Spring erin!' zegt hij.

Het is nu te laat. We hebben geen handdoek bij ons en worden niet meer droog. Gelukkig zal de zee ons blijven vergezellen.

De ene discotheek volgt op de andere: Peperino Sexy Disco, Sirenella, Bollicine, Pascià, Makkaroni di Fatima. Van alle kanten klinkt muziek.

We fietsen tussen de flanerende mensen door; aan de ene kant de disco's en een eindeloze reeks hotels, aan de andere kant het strand met stoelen en parasols telkens in een andere kleur.

Het schemert al. We moeten een hotel gaan zoeken want het is de drukste nacht van het jaar.

Art wijst, stapt af.

Naast de weg staat een groot portret van Fellini, door hemzelf getekend, met hoed en de onafscheidelijke rode sjaal. Istituto statale d'arte F. Fellini, waarschijnlijk een soort kunstacademie waar ze zijn naam op hebben geplakt.

'Iedereen looft en prijst me, maar een film laten ze me niet meer maken. Ik ben een monument geworden,' zei hij ooit wat weemoedig. 'De duiven kakken erop.'

Na enige tijd voert ons pad weg van de zee en rijden we Cattolica binnen.

De stad maakt een sympathieke indruk, levendig, met mooie hotels. Art gaat vragen of er plaats is terwijl ik op zijn fiets pas, maar telkens krijgt hij nee te horen. Hoe verder we doorrijden hoe drukker het wordt. Voetgangers schuifelen over de stoepen, auto's staan in een bewegingloze file en toeteren om het hardst.

Op een groot, met mensen volgepakt plein zie ik Art ineens niet meer en mijn iPhone is leeg. Wat nu? Ik tuur, fiets rondjes. Wat een walgelijke drukte. Overal dreunende muziek. Iemand vragen of ik haar mobiel mag gebruiken? Maar naar een Nederlands nummer? Ik kan ervoor betalen. Of bellen in een hotel? Wat vervelend, en het wordt steeds later. Hier hadden we een afspraak over moeten maken.

Maar dan duikt hij als een wonder op.

We fietsen langs een fontein waar mensen dansen en zetten onze zoektocht naar een kamer voort.

Uiteindelijk vinden we een plekje in een zielloos hotel dat op deze speciale dag het dubbele rekent en boter bij de vis wil, maar de fietsen mogen bij ons op de kamer en dat is altijd fijn.

We gaan te voet de straat op om een eetplek te zoeken. In elke pizzeria, bar of ristorante dendert muziek. Het is de kunst de minst oorverdovende te kiezen. Als we denken dat ons dat gelukt is en we aan tafel zitten kunnen we elkaar toch nauwelijks verstaan.

Het feest heeft ook hier niet veel met de tenhemelopneming van Maria te maken, maar is terug bij zijn heidense wortels.

DAG 29
CATTOLICA - ANCONA
87 KM

Het kostbaarste wat een mens kan verliezen is tijd.
– Theophrastus

Natuurlijk zijn alle fietswinkels dicht, maar gelukkig zitten we met die kapotte rem niet midden in de bergen en kunnen we weg uit dit ellendige Cattolica. Al snel fietsen we langs strand en zee en snuif ik de zilte lucht zo diep mogelijk in, maar lang duurt het genot niet want welja, daar worden we getrakteerd op een klim van zo'n dertig procent. Zelfs Art moet afstappen en duwt nadat ik me boven aan dit venijnige bergje over zijn fiets heb ontfermd, de mijne omhoog.

We kunnen weer fietsen maar het blijft klimmen.

Ik leefde in de naïeve overtuiging dat we nu gewoon zorgeloos langs de zee konden blijven rijden tot we op de boot stappen. Dat is dus een misrekening, er ligt gewoon een berg op ons pad en er voert hier geen weg langs het water. Zo snel mogelijk moet er wat gewicht uit mijn tas. Even hebben we overwogen langs Rome te gaan en daar wat bagage achter te laten, maar je vergist je in Italië snel in de afstanden en ook in de hoogteverschillen.

Posters willen ons verleiden te komen dansen in de Baia Imperiale, de grootste discotheek van Europa, gebouwd als een Romeinse villa. Het is heet, wat het klimmen vermoeiender maakt. Maar dan volgt er een mooie afdaling over een brede weg en creëert de vaart verkoeling.

Pas bij Pesaro, zo'n twintig kilometer verder, zien we de zee terug. We zijn intussen in Le Marche, in de provincie Pesaro Urbino. Pesaro is een verademing na die Romagnoolse strandoorden. Een stad met een hart, mooie pleinen met stijlvolle palazzi. Een stad met historie, al twee eeuwen voor Christus gesticht door de Romeinen, die natuurlijk de eerdere bewoners, de Piceni, onder de voet liepen. Ook de stranden die volgen zijn veel mooier dan we tot nu toe zagen, stiller, minder massaal en met meer groen langs de boulevard.

Bij Fano rijden we langs een eindeloze antieke muur en zie ik onverwacht keizer Augustus staan, in fraaibewerkt harnas, de arm geheven in triomf. Het is een kopie van het beroemde beeld dat werd gevonden in de villa van zijn vrouw Livia en waarvan er ook een bij het Forum in Rome is neergezet.

Hier staat het beeld vlak bij de stadspoort die Augustus in 9 na Christus heeft laten bouwen en waar de antieke Via Flaminia, die in Rome begint, de kust bereikte.

Ik stap af, kijk naar de mooibewaarde poort. Ik fiets eronderdoor, over de weg waarvan hier en daar het antieke plaveisel nog te zien is. Op een plaquette lees ik dat de stad Fanum Fortunae werd genoemd, naar de tempel van Fortuna. Die tempel werd opgericht na de overwinning op Hannibals broer Hasdrubal in 207 voor Christus bij de rivier de Metauro. Op school leerde ik over die veldslag in de Tweede Punische Oorlog en was het een verhaal uit een boek. Maar hier wordt het werkelijkheid; een paar kilometer landinwaarts is het bloed van 30.000 man de aarde in gevloeid. Hasdrubal was, nadat hij net als Hannibal met olifanten de Alpen was overgetrokken, op weg naar zijn broer in Apulië om hem steun te bieden. Maar hier werd hij opgewacht door het Romeinse leger en verpletterend verslagen waarna het hoofd van Hasdrubal het legerkamp van zijn broer in werd gegooid.

Het was een beslissende slag die Rome de controle over Italia gaf.

Langzaam fiets ik terug door de stille straat. De mensen lunchen of liggen aan het strand. Art is ongeduldig, zoals altijd wanneer ik me te lang in die oude moordenaars verdiep die voor de lol ook edele dieren als leeuwen en tijgers doodden.

We vervolgen onze tocht, fietsen de Metauro over en zien hoe de rivier uitmondt in de zee. Ik stel me voor hoe het water rood kleurt.

We merken dat het land steeds mooier wordt, steeds stiller. Hele stukken strand zijn leeg of met hier en daar een paar mensen onder een zelf meegenomen parasol. Soms maakt het strand plaats voor witte rotsen, die de zee daarachter nog blauwer doen lijken. Steeds vaker groeien er olijfbomen langs ons pad.

Helaas zie ik Art afbuigen en fietsen we even later weer over een lelijke saaie weg met lukraak neergezette huizen aan weerskanten, outlets, tankstations, reclameborden. Dit is de Via Adriatica, die soms ss16 heet en duizend kilometer lang is. Als het zo blijft steek ik in Ancona liever meteen over naar Griekenland.

Een vrachtwagen rijdt toeterend voorbij. Ik ga wat meer opzij, al was dat lawaai misschien alleen maar om te groeten, iets wat vrachtwagenchauffeurs wel vaker doen.

Het blijkt Art te zijn. Hij had al eerder getoeterd bij een rotonde waar hij op de loer lag, maar ik was voorbijgereden.

'Wat een lelijke weg,' zeg ik een beetje knorrig.

Dat vindt hij niet. Het plaveisel is goed, rijdt lekker.

Ik was al achterdochtig dat hij me misschien expres over deze weg leidde terwijl er ook een weg is langs de zee.

'Kom mee,' zegt hij.

We gaan een stukje terug, slaan af en komen op een brede boulevard langs een stil en uitgestrekt strand.

Art verzekert me dat we waar het kan langs de zee rijden maar dat dat echt niet overal mogelijk is. 'Zie je, hier is het wegdek duidelijk hobbeliger.'

In de verte, op een uitstulping van de kust, ligt Ancona stralend wit in de zon.

Daar begint Griekenland al een beetje. Ancona werd gesticht door de Grieken, kolonisten uit Syracuse, en heet nog steeds naar het Griekse *agkoon*, dat 'elleboog' betekent.

Lang geleden, maar nu lijkt het weer gisteren, stapten we daar van de boot met het gezin, na een mooie reis door het toenmalige Joegoslavië. Het was al laat en we konden nergens een hotel vinden. Uiteindelijk hebben we midden in de nacht onze tent opgezet in wat we hielden voor een tuin van een hotel. De volgende ochtend wandelden er kalkoenen rond de tent en bleken we op een composthoop te bivakkeren. Er waren nog andere mensen gestrand, die op stoelen zaten te slapen. We zijn er snel vandoorgegaan en hebben ons opgefrist in de wc van een bar in Ravenna.

Weer buigt de weg af, naar de onaantrekkelijke Via Adriatica. Wat wel weer positief is, is dat Art een goede fietswinkel ontdekt die ook nog open is.

De fiets wordt aan haken gehangen en van nieuwe remolie voorzien. De man die zich over de fiets ontfermt vindt hem veel te zwaar voor klimpartijen, en de mijne ook.

'Voor toeren kan het nou eenmaal niet anders,' zegt Art tegen mij.

'Racers snappen daar niks van.'

Ze hebben veel kleding, ook teamshirts met Russische teksten. Art duikelt nog een hemelsblauw shirt van Nalini voor me op en een energiereep voor ons beiden.

De avond valt al als we over een brede drukke weg langs het water op Ancona afstormen. Naast ons razen de auto's, allemaal met lichten aan. Het heeft altijd iets opwindends om een grote, belangrijke stad te naderen.

Art wijst naar het plaveisel. Daar staat 'Porto' op geschreven met een pijl ernaast.

Kort daarna rijden we langs de haven, waar reusachtige schepen liggen aangemeerd. Ook de Minoan Lines.

'Mola Vanvitelli' lees ik op een bord, en dat vervult me met een zeker chauvinisme. Dat zal de zoon van de Amersfoortse schilder Jasper van Wittel zijn die in de zeventiende eeuw naar Rome trok en daar de gevierde Gaspare Vanvitelli werd. Zoon Luigi werd een geniaal architect die de haven van Ancona moest verbouwen en later de Reggia di Caserta ontwierp, het Versailles van Italië.

Als we 'Residenza Vanvitelli' lichtgevend op een gevel zien staan, stappen we af om te vragen of we daar kunnen overnachten, maar het blijkt vol.

We fietsen het centrum in over brede rustige straten met hoge huizen en vinden ten slotte, niet ver van de haven, een ouderwets en statig hotel, Roma&Pace. Ook binnen heeft het iets deftigs, met hoge spiegels, oude schilderijen en betimmeringen, maar het ademt ook vergane glorie.

Er is plaats, zegt een wat vermoeide oudere dame. De fietsen mogen we parkeren in de gang op het rode tapijt onder een kroonluchter. Een kleine antieke lift brengt ons op zijn dooie gemak omhoog naar een niet-gerenoveerde kamer met een houten ledikant en een smeedijzeren balkon.

De oude dame is getrouwd met een nakomeling van de oprichter van het hotel. Er kwamen hier veel kunstenaars. Soms betaalden ze met een schilderij als ze geen geld hadden.

'Het zijn moeilijke tijden,' zegt ze. 'Mensen willen dat alles modern is.'

'Ik houd juist van hotels met geschiedenis.'

'Dit hotel kan veel verhalen vertellen. Stalin heeft hier nog gesolliciteerd naar de functie van nachtportier, maar hij was te verlegen.'

DAG 30
ANCONA - ALBA ADRIATICA
107 KM

Als men nergens over nadenkt heeft men het behaaglijkste leven.
– Sophocles

Terwijl ik spullen uitzoek die naar Nederland kunnen en de was van het zonnige balkon haal, gaat de telefoon.

Of we onze fietsen kunnen verplaatsen omdat een andere fietser de zijne wil pakken die ook onder de kroonluchter staat geparkeerd. Art is net foto's aan het laden in de Chinese imagetank waarvan hij nog niet geheel zeker weet of die te vertrouwen is, dus ik daal af met de sleutelbos.

Nadat ik de fietsen heb bevrijd, kom ik te weten dat de fietser Tristan heet, uit Engeland komt en in zijn eentje van Londen naar Athene is gefietst.

'Griekenland is prachtig maar de automobilisten zijn gek. Ja, nog gekker dan de Italianen.' Hij vertelt ook dat er tot Brindisi helaas nog heel wat saaie Via Adriatica is te gaan.

De wanden en zelfs het plafond van de ontbijtzaal zijn overdekt met schilderijen, en daar hangt een ingelijst krantenartikel tussen met de kop: 'Stalin vond geen werk in Italië'. Na zijn vergeefse poging in 1907 om bij dit hotel een baantje te krijgen, en een eveneens op niets uitgelopen sollicitatie naar de functie van klokkenluider bij het Armeense klooster in Venetië, ging hij weer snel de grens over. Als de baas van dit hotel of de Armeense archimandriet deze onzekere Georgiër had aangenomen had de wereldgeschiedenis een andere loop kunnen nemen.

Of is dit hele verhaal een wilde fantasie?

Aan de muur hangt ook een ingelijst plakkaat waarmee lang geleden reclame werd gemaakt, onder meer met de aanbevelingen 'elektriciteit', 'verwarming zonder extra kosten', 'gelegen vlak bij het postkantoor'.

Dat postkantoor staat er nog steeds, groot en imposant, en daar vertrekt weer een stapel papieren herinneringen samen met afgedankte kleren en onbetrouwbaar geworden pedalen richting het noorden.

Iets lichter, want wat weegt dat papier veel, fietsen we door brede stille straten met roomkleurige paleizen, over pleinen met versteende helden, langs water dat uit een lange rij van faunenbekken spuit of opbruist uit een fontein waar gevleugelde paarden uit omhoog steigeren. Vanzelf dalen we richting haven, waar ik even wil kijken, ook al gaan we nog niet scheep. Ik hou van havens, vanwege het vertrek, iets wat we op de fiets elke dag beleven. Gigantische schepen liggen voor anker met open muilen waar vrachtwagens in en uit rijden. De Griekse vlag wappert boven op de *Ikarus Palace*.

Iets verderop staat de antieke havenmuur, en een hoge marmeren poort die een keizer liet oprichten. Maar veel eerder hadden de Grieken al door dat je hier een veilige haven kon bouwen achter die gebogen elleboog waar de kaap op lijkt. Altijd maakten ze dankbaar gebruik van wat de natuur voor hen had gedaan en werkten met haar samen, gingen een relatie met haar aan.

Ik stel me voor hoe de tempel van Aphrodite weer schittert op de berg en hoe de purperfabrieken op volle toeren draaien. Ook heel Grieks ligt Ancona als een amfitheater rond de haven, gebouwd tegen de hellingen van een paar bergen.

Een van die bergen moeten we nu op want er is geen optie langs de zee.

Na een stevige klim ligt ze daar weer, die saaie Via Adriatica. Het is gewoon doortrappen naast de voortrazende auto's tot het weer leuk wordt. Ook een stuk door een tunnel, waar het verkeer oorverdovend dreunt, maar het alternatief was een berg over.

'Loreto', lees ik zomaar op een bordje langs de weg. Dat is nou weer leuk, zo'n beroemd bedevaartoord als je het niet verwacht.

Even later zien we op een met olijfgaarden begroeide heuvel de grote Basilica della Casa Santa, die het huis herbergt waar Maria is geboren en dat door engelen vanuit Nazaret hierheen is gebracht. Ik leg Art uit waarom hij toch echt even een foto moet maken en hij is meteen overtuigd.

Niet lang na deze heilige plek buigt de weg richting kust, wat me iedere keer weer gelukkig maakt. Er staan steeds meer palmen langs ons pad, die mooi kleuren bij al dat blauw van zee en lucht. Langs rustige stranden fietsen we en kleurige strandtenten, langs het Lido di Santa Maria in Potenza, de Riva Verde, over de Via Cristoforo Colombo, door kleinere en grotere plaatsen, met en zonder havens; plekken waar mensen elke dag dezelfde loopjes maken, van huis naar zee en terug. En wij zoeven erdoorheen.

Art ziet een apotheek, stapt af en gaat iets kopen waarmee hij de muggen hoopt af te schrikken die zich met hordes op hem storten en mij met rust laten.

Als hij terugkomt met de anti-insectentube zegt hij achteloos: 'Ik heb ook een reep chocola voor mezelf gekocht.'

Lachend haalt hij vervolgens twee proteïnerepen tevoorschijn. 'Liefste, je keek naar me zoals een arend naar een klein vogeltje kijkt.'

Staand bij de fietsen verorberen we de smakelijke proteïnen die ons nog sterker zullen maken en gaan verder. Het is warm maar er waait een lichte bries. In een flink tempo fietsen we afwisselend over de Adriatica en Lungomare. Door Porto San Giorgio komen we, aan de voet van de hoger gelegen mooie oude stad Fermo, die haar naam aan de provincie geeft en waar duizend jaar voor Christus al mensen uitkeken over deze zee. Reusachtig rijzen de toppen van de Monti Sibilini op, die de grens vormen met Umbrië en die we gelukkig rechts kunnen laten liggen. Van verre meen ik ze te horen fluisteren, de Sibillen, maar ik versta ze niet. Het zal goed gaan? Het zal niet goed gaan?

Om vier uur stopt Art bij de door palmen omringde strandtent Led Zeppelin om te lunchen. Ik heb hem al vaker verteld dat ze in Italië vaste uren hebben voor de maaltijden, maar dat vindt hij onzin. 'Dat kun je wel onzin vinden, maar het is gewoon zo.'

'In Armenië eet je wanneer je wilt.'

Wij zijn de enigen hier op het terras. De obers hangen op luie stoelen in de overdekte bar en kijken naar voetbal op een groot televisiescherm. We kunnen een stuk pizza krijgen en verlangen ook naar heel veel water.

Plots davert er muziek uit de luidsprekers boven ons hoofd, geen Led Zeppelin maar een zielloze dreun die zich mengt met het voetbalcommentaar van de tv. Dat doen ze vast voor ons. Italianen houden van lawaai. In de meeste huizen staat de televisie luidkeels aan tijdens de maaltijd.

Als we weggaan ziet Art dat er olie uit de rem is gelekt. De piston is kapot, zegt hij.

Bij de eerste fietsenmaker die we zien, zullen we binnenlopen.

In een stevig tempo trappen we door, langs de Riviera delle Palme met de *Bandiera Blu*, de blauwe vlag, die wappert op plaatsen waar zee en strand het schoonst zijn. Mijn benen gaan als vanzelf.

Steeds blauwer wordt de zee, het strand witter en de palmen groener. Hier en daar staan parasols in alle kleuren van de regenboog.

In San Benedetto del Tronto fietsen we over een brede weg met palmen, naast andere fietsers maar ook joggers, rolschaatsers, skateboarders. Het is een en al sportieve deining van in elegante pakjes gehulde rollende, rennende, trappende, schuivende, glijdende mensen.

Het is ook prettig als we even later de wegen weer voor onszelf hebben.

Inmiddels zijn we in de Abruzzen.

De maan maakt haar opkomst weer, elke dag groter terwijl de lucht nog blauw is. Geleidelijk wordt de hemel donkerder, en als die zwart is, vinden we na twintig vergeefse pogingen onderdak aan de Lungomare Marconi in Alba Adriatica met uitzicht op zee.

Ik heb zin om te dansen.

DAG 31
ALBA ADRIATICA - TORINO DI SANGRO MARINO
108 KM

Hoever zal de menselijke geest verder blijven gaan?
Zal zijn brutale durf ooit grenzen aanvaarden?
– Euripides

De mensen golven de hotels uit, het strand op, de zee in.

Wij fietsen in de schaduw van palmen langs de Spiaggia d'Argento, het zilveren strand, zoals deze brede strook van fijn zand wordt genoemd. Ook het water glinstert zilverachtig. Er is geen wolkje te bekennen, aan de blauwe hemel heeft de zon het rijk alleen.

Het is glorieus fietsen over deze palmenboulevard met het gladde plaveisel waarop af en toe een fiets is afgebeeld. Een enkele keer moeten we vaart minderen voor een groepje Italianen, die door hun gebabbel met elkaar of in een telefoon vergeten te trappen en ook dat er nog andere fietsers op de weg zijn. Soms klinkt er luide, swingende muziek waarop mensen onder leiding van een juf gymmen en dansen in de zee.

Langs velden vol tomaten rijden we en langs het Lido delle Rose. Vanzelf rollen we het ene plaatsje in en het andere uit, over de SS16 die eigenlijk de Adriatica is en soms, kameleontisch als een Griekse god, verandert in een prachtweg en dan ook een andere naam krijgt, zoals de Via Galileo Galilei.

Door Tortoreto Lido komen we, Giulianova, Roseto degli Abbruzzi, waar rozen en oleanders bloeien in bermen en op balkons, door Pineto, waar de geur van pijnbomen zich mengt met die van de zee en de straten naar Griekse denkers heten, zoals Plato en Archimedes, en de Sexy Disco naar Julius Caesar.

'De zeven zusters' worden de zeven plaatsen genoemd die hier aan de zee liggen te zonnen en te pootjebaden.

Niet altijd was het zo idyllisch. Ooit lag hier een reeks Romeinse oorlogshavens. Verdedigingstorens uit later tijden staan soms robuust langs de weg, en rechts van ons, diep onder het hoogste gebergte van de Apennijnen, de Gran Sasso, de grote steen, worden atoomproeven gedaan en experimenteert men met donkere materie. Ik stel me voor hoe die grote berg ontploft, oerbossen en skipistes de hemel in geslingerd worden, de zon verduisterd raakt en er een einde komt aan dit stukje paradijs. Hoe zal het aflopen met deze aarde, deze Moeder Aarde die ooit aanbeden werd in Delphi?

Art stopt bij een fietsenmaker.

'Je moet ook niet met schijfremmen naar Griekenland,' zegt de man knorrig. 'Als er wat gebeurt ben je de pineut.'

Hij kan het kapotte Maguraonderdeel naar de fabriek sturen, dan is het over 48 uur terug.

Dat doen we dus niet.

Ze hebben wel Shimano.

Is drie klassen lager, zegt Art.

'DHR?'

Hij schudt zijn hoofd. 'Hoe zuidelijker je komt, hoe minder kans dat je die onderdelen vindt. Wel steeds meer dieven.'

We gaan verder, lessen onze dorst met watermeloen, en even later stoppen we opnieuw omdat Art een stalletje ontdekt met vijgen.

'Schrijf maar dat ik naar die vijgen keek alsof ik een naakte vrouw zag.'

Even later kijkt hij bijna net zo verheerlijkt naar fietsen in een winkel in Pescara. De mensen zijn er allervriendelijkst maar kunnen de rem niet repareren. Met plezier zou ik het teamshirt kopen met hun naam erop maar het is oranje en dat vloekt bij mijn roze Caffeïne. Art vindt een lilakleurig fietskostuum voor mij, Nalini weer, dat juist erg goed combineert.

Pescara blijkt mooier dan de stad aanvankelijk leek, met veel gewaagde moderne architectuur, een brede boulevard langs de zee en een spectaculaire nieuwe brug, de Ponte del Mare, die eerst een klim vergt maar waarna een lange afdaling volgt. Helaas staat er op de plek waar het dalen begint een waarschuwing die we nog niet eerder zagen: fietsers niet sneller dan twintig kilometer.

'Dat is pas een *joykill*,' roept Art. 'Het ziet eruit als tiramisu of *ptitsi malako*, maar smaakt als drop of zuurkool. Op een rolstoel zou ik graag vijftig kilometer maken en op mijn fiets mag ik niet meer dan twintig.'

Door het kustplaatsje Ortona fietsen we, waar ook sinds millennia keer op keer gevochten werd en waar de sporen van de laatste grote veldslag in 1943 tussen de Duitsers en de Canadezen nog te zien zijn. Een beschadigd centrum, een oorlogskerkhof en een beeld van een gesneuvelde soldaat over wie een andere soldaat zich heen buigt, als Achilles over Patroclus. Het ging hier zo hevig toe dat Churchill Ortona de naam 'Klein Stalingrad' gaf.

In lila en roze neemt deze dag afscheid en maakt plaats voor de nacht. De maan klimt langzaam langs de hemel terwijl wij omhoog trappen over een weg die dat zo wil. Beneden glanst de zee en boven ons raakt het firmament bestrooid met sterren. Het enige licht op de lege straat is dat van mijn Supernova. Krekels maken veel kabaal.

Ook hier is de aarde doordrenkt met bloed. We zijn op weg naar Torino di Sangro waar de mensen naartoe vluchtten uit angst voor de Saracenen, de islamitische piraten die tijdens de Middeleeuwen deze kusten bestookten. Volgens de legende vluchtte er een stier voor hen uit die de plaats haar naam gaf. En net als in Ortona ligt hier een kerkhof met duizenden Engelsen, Canadezen en Indiërs die in de Tweede Wereldoorlog op deze plek sneuvelden.

Art, die iets vooruit fietste, staat nu midden op de weg en kijkt naar de grond. Als ik naast hem stop wijst hij op een kleine salamander.

'Ik hoorde een hond blaffen en stapte af om hem niet bang te maken maar hij bleek achter een hek te zitten. Toen zag ik dit gekkootje.'

Hij vraagt me zijn fiets vast te houden en met de lamp op de weg te schijnen, het diertje in de spotlights.

Door op het plaveisel te stampen jaagt hij hem langzaam maar zeker de berm in.

Een automobilist moet remmen en roept door het open raam of we hulp nodig hebben.

Het gekkootje zit weer veilig in het groen en wij vinden uiteindelijk onderdak in Il settimo cielo, De zevende hemel.

DAG 32
TORINO DI SANGRO MARINO – CAMPOMARINO
64 KM

Men kent een vriend pas wanneer men veel zout met hem heeft gegeten.
– Aristoteles

'Jullie zijn gek!' roept de eigenaar van het hotel ons na. Hij houdt zich voornamelijk bezig met het restaureren van huizen waar Engelsen hun vakanties komen doorbrengen of de rest van hun leven, zoals een dochter van een soldaat die hier aan de Sangro gesneuveld is. Ook zij was op pelgrimstocht, maar dan naar het graf van haar vader, die ze nooit heeft gekend, en ze besloot te blijven.

Als wij die rare reis van ons dan toch willen doorzetten moeten we via Gargano, zei hij, en dat hele schiereiland rond fietsen. De omweg is het waard want Gargano is weergaloos, ruig, puur, met een schitterende weg langs de zee. Niet zoveel klimmen, stelde hij me gerust, want de bergen liggen in het midden.

Ook nu hebben we uitzicht over de zee, die beneden ons als een zilveren vlakte ligt uitgestrekt. Het doet denken aan de kust bij Taormina, een andere stierenberg, op Sicilië. Daar zat ik vaak in het Griekse theater, de Etna als deel van het decor. Het orakel van Delphi, dat steeds meer een instrument was geworden in de handen van politici, gaf het advies om van Sicilië een kolonie te maken, en natuurlijk kozen de Grieken de mooiste locaties.

Het is warm, kleverig warm. Als je snel fietst heb je er geen last van en het uitzicht op de zee helpt ook. Alleen klimmen is door de hitte extra zwaar.

Art wijst op een doodgereden zwarte slang aan de kant van de weg. Hij is minstens een meter lang, dik, glinsterend. 'Moordenaars!'

Pytho heette Delphi vroeger, naar de slang Python, de zoon en in andere verhalen de dochter van Moeder Aarde, die de wacht hield over haar heiligdom. De Python werd gedood door Apollo. Ik zeg het niet tegen Art, die zich erg kan opwinden over verhalen van helden en goden die leeuwen, stieren en slangen doodden en daarom worden geprezen. Maar in dit geval moest Apollo boete doen en werden de Pythische Spelen speciaal ingesteld ter ere van de gedode slang.

We rijden in de richting van de zee en komen weer op de SS 16 alias Adriatica.

Overal worden we herinnerd aan de Saracenen, door namen als Automobili Saraceni, La Grotta dei Saraceni en ruïnes van verdedigingstorens.

Aan de rand van de antieke plaats Vasto wacht Art me op bij een busje waar hij nectarines koopt, die we een eindje verder opeten in de schaduw van een acacia.

'Net als leeuwen,' zegt hij, terwijl het sap langs zijn mond druipt. 'Luipaarden klimmen erin. Soms nemen ze de prooi die twee keer hun gewicht kan zijn mee de acacia in zodat ze veilig zijn voor leeuwen.'

'Klimmen die dan niet in de boom?'

'Die hebben er veel meer moeite mee. Ze zijn zwaarder en hebben dikkere poten. Luipaarden zijn de beste klimmers.'

We rijden langs Termoli, Campomarino. Gargano is duidelijk te zien en komt steeds dichterbij. Het is de enige grote, ongeveer zeventig kilometer lange uitstulping van die vrijwel rechte lijn van de Adriatische kust, als een hooggeplaatst spoor van de laars. Ooit was ik er met Ferruccio Castronuovo, die ik leerde kennen op de set van Fellini. Hij woonde toen in Rome maar schijnt verhuisd te zijn naar Gargano, waar hij oorspronkelijk vandaan kwam en waar hij vaak zijn moeder opzocht. Hij noemde zich ook wel Peter Ferro, en kon alle dialecten van Italië nadoen. Ik zal hem bellen.

Af en toe roept Art dat ik sneller moet fietsen. 'Laat eens zien wat je kan liefje, ik weet dat je 1cc-motortje zo in een 10cc-motor kan veranderen als je boos bent.'

Soms zegt hij het vrolijk maar soms ook geërgerd.

'Jij bent tien keer zo sterk als ik en bovendien heb ik geen zin om voortdurend zo hard mogelijk te rijden. Ik wil om me heen kijken.'

'Zo val ik dus nooit af.'

De weg ligt voor me zover het oog reikt, leeg en golvend; soms is de zee te zien, soms niet. Steeds verder weg fietst Art.

Ineens gaat het fietsen niet meer zo soepel. Ik kijk naar het wegdek. Daar is niks mis mee.

Ik stap af en wat ik vreesde is waar: mijn Big Balloon staat verfrommeld op de weg.

Art is niet meer te zien. Ik stuur een sms.

'Lekke band.'

Dit is erg vervelend, het ging net zo lekker. We zouden zeker al een flink eind het gebied van Gargano in zijn vanavond. Ik hoop niet dat hij boos wordt.

Na enige tijd hoor ik een geluidje en lees: 'Ik kom.'

Art kijkt kalm naar de band, haalt mijn tassen eraf en hangt die aan zijn stuur omdat het gewicht de band verder kan beschadigen.

Hij heeft een tankstation gezien, iets verderop, en daar lopen we heen.

Honden beginnen te blaffen als we de lege vlakte met de verlaten Shellpomp op lopen. Het zijn er drie en ze zitten achter een hek. Er is een overdekt terras met tafels en stoelen waar niemand te bekennen is. Maar de bar is open. We nemen eerst maar eens een ijskoude Red Bull en een ijsje en vertellen dan aan de oudere dame en heer achter de toog van onze lekke band en ook maar meteen dat we uit Amsterdam komen en op weg zijn naar Delphi.

Ze leven mee en zeggen dat we hier in alle rust in de schaduw van het afdak de band kunnen plakken.

Laatst waren er twee jongens die kwamen lopen uit Duitsland. 'Er komen ook wel jonge mannen de hele dag drinken. Die proberen we op andere gedachten te brengen. De wereld heeft zoveel te bieden. Hier vlakbij ligt het mooiste strand van Italië, zelfs dat zien ze niet.'

De vrouw trekt haar zwarte hesje naar beneden en laat een groot litteken zien. Van een openhartoperatie. 'Dan leer je de dingen op waarde schatten.'

Met een fles koud water die we van hen cadeau krijgen, installeren we ons onder het afdak. Art haalt allerlei attributen uit een tasje die hij uitstalt op tafel, wat mij nog eens doet beseffen hoe goed hij alles heeft voorbereid en dat ik alleen maar op de fiets hoefde te stappen.

Hij haalt het achterwiel van de fiets, wat ingewikkelder is dan gewoonlijk vanwege de Rohloff, vervolgens de band van het wiel en gaat turend met geconcentreerde blik op zoek naar het gaatje.

Dag 30   Roma e Pace

Dag 30   Fontein van de dertien spuiten in Ancona

Dag 30   Basiliek van het Heilig Huis in Loreto

Dag 32 Ruïne van een fort langs de Viale Adriatica

Dag 32 Big Apple is lek

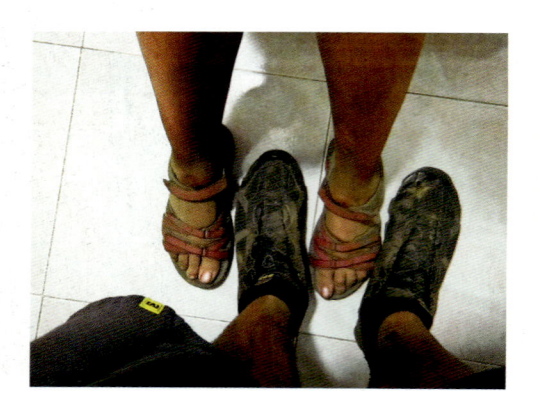

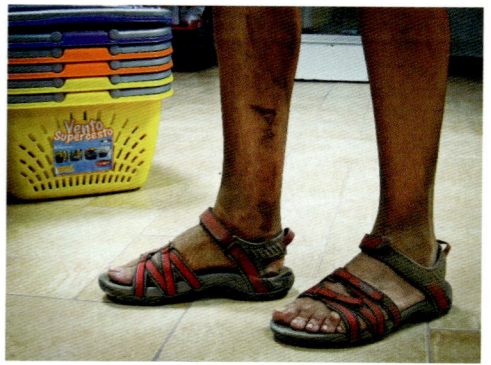

Dag 33 Na de tocht door het zand

Dag 34   *Padre Pio in Rodi Garganico*

Dag 34   *Smaken van Gargano*

Dag 35   *Trabucco*

Dag 35   *Betoverd door het uitzicht op zee*

Dag 35 *In de bergen van Parco Nazionale di Gargano*

Dag 35 *Vangrail*

Dag 35 *Uitzicht op Vieste*

Dag 36 *Serpentines bij Mattinata*

Dag 36 *Gemengde gevoelens*

Dag 36 *Manfredonia*

Dag 36   Zoutvlaktes in Margherita di Savoia

Dag 37   Aan de voeten van keizer Theodosius in Barletta

Dag 37   *Kasteel van Frederik II in Trani*

Dag 37   *Sint-Nicolaas voor zijn kerk in Bari*

Dag 38   *Ostuni*

Dag 39   Ontbijt aan boord van de Ionian Queen

Dag 39   Frappé bij de haven van Nafpaktos (Lepanto)

Dag 40   Een van de vele miniatuurkerkjes langs de weg

Dag 40 *Korintische Golf op de achtergrond*

Dag 41 *Galaxidi*

Dag 41 *Art in Itea*

Dag 41 *Bijna...*

Dag 42 *Lunch*

Dag 42 *Met ouzo bij de fontein*

Dag 42 *Delphi*

Dag 42 *Beschreven stenen bij het orakel*

Dag 42 *Bronzen koe*

Dag 42 *De wagenmenner van Delphi (474 vc)*

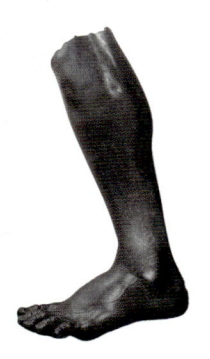

Dag 42 *Been van een atleet*

Dag 42 *Het schathuis van de Atheners in Delphi*

Dag 42 *Renbaan bij het Gymnasium in Delphi*

Dag 42 *Bij de tempel van Apollo, luisterend naar het orakel*

Delphi

Op de Akropolis

Dat blijkt klein en te plakken maar er zit ook een gat in de binnenband. Hij heeft een reserve bij zich. Het voorwiel haalt hij eraf zodat hij de banden kan wisselen. De achterband heeft zo'n zeventig procent meer te verduren. Hulpeloos ligt mijn geamputeerde fietsje op een paar wielkeggen voor vrachtwagens.

Art doet het op de klassieke manier met lijm, en vooraf maakt hij het gebied rond het gaatje glad met een schuurpapiertje.

Ik vraag of ik kan helpen, of hij water wil. Na enige tijd wil hij graag nog een ijsje en dat ga ik zonder protest voor hem halen. Af en toe loopt hij even weg om zijn handen te wassen. Vooral het besef dat die banden over resten van dode dieren hebben gereden doet hem huiveren.

Er komt een jongen van een jaar of zestien aangewandeld. Hij vraagt wat er aan de hand is. Ik vertel over de lekke band en onze reis. Hij gaat bij mij aan tafel zitten, vertelt dat hij uit Napels komt en nu met zijn ouders hier op de camping zit wat wel leuk is maar soms ook een beetje saai. Vol belangstelling volgt hij Arts fietsenmakersactiviteiten. Hij vraagt wat het voor fietsen zijn en hoeveel ze kosten.

Art zegt in het Nederlands en zonder dat woord te gebruiken alsof het over iets anders gaat, dat er wat op tafel ligt. Dan zie ik dat hij mijn portemonnee bedoelt vlak bij de plek waar de jonge Napolitaan is gaan zitten. Die nu weghalen is te opvallend. Misschien is het een brave jongen maar ik blijf alert.

Art is lang bezig, rustig, toegewijd. Heel af en toe stopt er een auto en komt de man, die Francesco heet, toegesneld om de tank vol te gooien. Hij kijkt ook even bij ons, stuurt de jongen op vriendelijke wijze naar zijn familie en zegt tegen ons dat hij het niet vertrouwde.

Twee binnen- en twee buitenbanden worden verwisseld.

Uren verstrijken, de duisternis valt in.

Maar de klus is geklaard.

We drinken nog een glas in de bar terwijl er steeds meer vrachtwagens het terrein op rijden. Francesco kent de chauffeurs allemaal bij naam. 'Ze slapen hier, eten hier. Die mannen hebben een zwaar leven. De meesten vervoeren suikerbieten uit Calabrië waar hier in Molise suiker van wordt gemaakt. Wij doen wel boodschappen voor ze, gaan naar de apotheek of betalen een rekening op het postkantoor.'

Nadat Francesco een hotel vlakbij voor ons heeft geregeld eten we voor de deur van de bar met uitzicht op de benzinepompen net als de vrachtwagenchauffeurs een bordje pasta.

Ik zeg Art hoe dankbaar ik hem ben en ook dat ik vond dat hij zo rustig reageerde.

Hij bekent dat dat niet gemakkelijk was.

'Eerst las ik "Leuke band",' zegt hij. 'Ik dacht: ze is kennelijk een podium tegengekomen langs de weg en vindt dat de groep mooi speelt. Dat is haar manier om te zeggen: ik wil geen ruzie met je. Waar zou ze nou bij dat concert zitten, in Campomarino, in Termoli? Was ik doof en blind om het niet te horen en te zien? In elk geval is ze weer lief en ga ik naar haar toe. Opeens krijg ik nog een smsje: "Ik loop." Wat is dit nou! Waarom "loop"? Misschien bevat de vorige sms uitleg. Ik keek weer: "Lekke band." Door het felle licht had ik het niet goed gezien. "Klote!" riep ik. "Die meid denkt dat ze op een tank zit!"

En toen zag ik je de fiets voortrollen met een lichaamstaal die uitputting weerspiegelde en met de uitdrukking van een martelares op je gezicht. Ik moet me beheersen, denk ik bij mezelf. Als ik op die blunders wijs, gaat die lopende, de-fiets-mee-slepende bom weer op mijn gezicht ontploffen. Dus ik moet het delicaat proberen aan te pakken. Maar ik repareer die fiets alleen op een plek met water. Gelukkig voor haar heb ik zeep in mijn tas. Als ze naar mij luisterde, als ze mijn kennis in fietszaken meer op waarde schatte, was dit niet gebeurd. Hoe vaak heb ik haar in de onwetendheid van een pasgeborene over glas heen zien fietsen! Hoe vaak heb ik haar over kuilen en gaten heen zien rijden alsof er een magneet in zat! Eén banddikke gleuf in een tien meter brede weg en geen kans dat ze die miste! Met deze gedachten fietste ik je tegemoet. Ik zag dat je besefte dat ik aanleiding had om boos te zijn maar tegelijk zag ik ook dat je bereid zou zijn me aan te vallen wanneer ik je op de feiten drukte.'

'Dat is een diep en onvermoed innerlijk leven.'

Hij glimlacht en zegt: 'Inmiddels weten we dat elke akte van de opera van onze liefde begint en eindigt met een kus en alles wat daartussen gebeurt zorgt ervoor dat het niet bij largo en adagio blijft.'

DAG 33
CAMPOMARINO - CAPOIALE
55 KM

Alles gaat verkeerd.
– Koning Agis II van Sparta

Het is jaren geleden dat ik Ferruccio voor het laatst sprak.

Hij maakte documentaires van Fellini op de set, die zo geslaagd waren dat Fellini besloot zelf een documentaire te verzinnen over een filmer aan het werk, en dat werd *Blocknotes di un regista*. Na *Ginger e Fred* heb ik in een reeks komische filmpjes gespeeld die Ferruccio schreef en waarin hij mijn tegenspeler was. Een daarvan werd opgenomen tijdens het feest van een heilige in Gargano. Ferruccio keek net als Fellini met een blik van liefde en ironie naar zijn eigen volk en had veel oog voor het karikaturale. Hij plaagde me altijd als ik weer naar mijn geliefde op Sicilië ging, door met een zwaar Siciliaans accent te praten.

Zowaar, zijn mobiele nummer werkt nog steeds en ik krijg hem meteen aan de lijn. Hij is verrast me te horen en nog verraster als ik vertel waar ik ben.

'En jij?'

'In de kerk van Padre Pio.'

Zijn carrière blijkt een felliniaanse wending te hebben genomen. Elke zondag maakt hij een televisie-uitzending van de mis in de kerk van de heiligverklaarde Padre Pio, in de San Giovanni Rotondo. Het is een klim van zeshonderd meter die we er nog wel voor over hadden gehad, maar de mis is net voorbij en Ferruccio, die tegenwoordig inderdaad in Gargano woont, staat nu toevallig op het punt naar Rome af te reizen.

Het is fijn om alles open te laten maar in dit geval is het jammer dat we het niet eerder wisten.

We vertrekken op het heetst van de dag omdat we zijn blijven hangen in het internet. Gisteren moesten we een klein stukje terugfietsen naar ons hotel en daarom gaan we nog even langs bij het benzinestation om te groeten. Dat geeft Francesco de kans zijn hart uit te storten. Hij vertelt dat de vrachtwagenchauffeurs van gisteravond tot één uur 's nachts zijn gebleven en toen toch zijn vertrokken. Dat was een teleurstelling. 'Mijn vrouw was zonder bescherming. Ik had ook nog boodschappen voor ze gedaan. Ach, het zijn *bambinoni*, grote kinderen. Er zijn regelmatig overvallen op tankstations, soms met moord.'

We slaan water in en krijgen snoepjes mee voor onderweg.

Het is zo heet dat ik blij ben als er af en toe een auto langskomt, want dat betekent een vlaag wind. Regelmatig stap ik af om een slok water te nemen; de fles is te groot om al fietsend te pakken.

Art stopt, gaat naar de overkant van de weg. Daar ligt een doodgereden vos. Hij staat een tijdje naar het dode dier te kijken en komt terug met een sombere blik. 'Er kwam bloed uit zijn bekje, zijn ingewanden stulpten naar buiten. Zo'n mooi dier, niet lang geleden vermoord,' zegt hij, terwijl we weer doorfietsen.

Dat is het enige erge van het fietsen, zegt hij, al die doodgereden dieren. Automobilisten kijken niet, het kan hun niet schelen en soms doen ze het expres, zegt hij.

Naast een reclamebord voor Agriturismo Padre Pio Giovane staat een zwarte jonge vrouw met een rode parasol. Even verderop staat weer een zwarte vrouw, nu onder een witte parasol. Ze zingt. Langs de Aurelia heeft Art heel veel vrouwen zien staan, in allerlei kleuren, en veel voormalige mannen.

Luid geblaf weerklinkt als Art voorbijfietst. Waarschijnlijk zijn het honden die de kudde geiten moeten beschermen die onder een paar bomen schaduw zoeken. Opnieuw barst het geblaf los als ik langsfiets. Een paar grote honden rennen met me mee, achter gaas gelukkig. Ineens steekt een van hen zijn kop onder het hek door en zie ik zijn tanden glanzen. Ik duw vol op de pedalen en ontsnap.

Een eindje verder staat Art op me te wachten.

'Ik wilde er even zeker van zijn dat je niet van schrik over die honden die je voetje wilden perforeren tegen een auto was gebotst.'

Hij wijst naar de bergen afval in de berm en op de weg. Half geopende vuilniszakken, autobanden, blikjes, flessen, papier. Art heeft een gepijnigde uitdrukking op zijn gezicht. Net keek hij zo blij toen Francesco vertelde dat hij doppen verzamelt waarvan de opbrengst ten goede komt aan in de steek gelaten honden. Hij fotografeert de troep terwijl ik wat aantekeningen maak.

Mijn pen valt op de grond.

'Niet oprapen!'

Dat doe ik toch.

'Hoe kun je dat doen, van zo'n vieze weg waar autobanden de dood van alle kanten meeslepen. Zie je al die verpletterde dieren niet?'

We zijn intussen in Apulië en bij het begin van het schiereiland Gargano. Nu moeten we besluiten hoe we gaan.

'Nemen we de lelijke ss16 of gaan we via Gargano?'

'Oké,' zegt hij afgemeten, 'wat jij wilt,' en hij stapt op de fiets.

'Wacht even. Het is dan één of twee dagen langer maar wel mooier.'

'Laten we niet tobben, jij wilt langs de zee.' Hij fietst weg.

'Dat zeg ik niet man, ik wil overleggen!'

Hij zal wel weer van slag zijn door die dode vos en doordat ik die pen van de grond opraapte.

We komen op een smalle weg die steeds slechter wordt, vol keien.

Hij draait om. 'Zo hebben we straks allebei een lekke band en een verbogen velg.'

'Laten we even op de kaart kijken,' zeg ik.

Ik buig me over zijn iPhone.

'Niet met die vieze handen! Wat denk je, dat ik blind ben geworden?' Hij fietst weer door. 'Kom, we doen wat jij wilt.'

Nu word ik echt razend. 'Luister! Dit is niet wat ik wil! We moeten eerst op de kaart kijken!'

Op de iPad had ik vanochtend gezien dat we nog een stukje de ss16 moesten volgen en dan pas naar het oosten.

'Eigenwijze driftkop!' roep ik over straat.

Hij fietst door.

Even later rijden we door een bos. Een tractor komt ons tegemoet.

De weg wordt steeds zanderiger. Na ongeveer een kilometer maken de bomen plaats voor weerbarstig struikgewas op lage duinen. Trappen gaat steeds moeilijker, de wielen slippen.

Ten slotte is het niet meer mogelijk om te fietsen. Door de bepakking zijn de fietsen extra zwaar en zakken ze diep weg in het zand. Telkens sturen we de fietsen naar gedeeltes van het pad waar het zand vaster lijkt of waar nog wat dor gras groeit. We slingeren van de ene kant van het pad naar de andere en soms naar het midden.

Art is sneller dan ik maar hij wacht regelmatig op me. Hij heeft zijn camera opgeborgen, want zand is slecht.

'Kijk, sporen van een hagedis,' zegt hij. 'Een varaan.'

Even later wijst hij op het hol van een stekelvarken. Of misschien van een vos.

'Pas op dat je niet over een hol rijdt.'

Even later staat hij stil bij een doodgereden schildpad.

'Kijk, de stukjes van zijn schild. Hij dacht dat hij veilig was.'

Het ontroert me als ik zie hoeveel pijn de aanblik van een gedood dier hem doet.

Maar ik ben nog steeds geërgerd omdat hij niet luisterde.

Vele kilometers leggen we af zonder een bord te zien, een levend wezen, een huis. We hebben niet veel water bij ons. Het is al laat in de middag, maar nog steeds heet.

Dan zien we in de verte een jeep aankomen. Als het maar geen jagers zijn.

We zwaaien.

De auto stopt.

Ik zeg tegen de twee mannen, die eruitzien alsof ze zwaar werk hebben gedaan, dat we Gargano rond wilden fietsen. Ze kijken bedenkelijk. Het is nog heel ver voordat er weer een begaanbare weg komt, zeggen ze.

'Hoe ver?'

'Zo'n zestien kilometer.'

'Wat? Dan moeten we terug.'

'Misschien ietsje minder.'

Nu hebben we ook al meer dan zeven kilometer afgelegd. Geen van beiden voelen we ervoor om terug te gaan. Misschien valt het mee, is het minder lang of wordt de weg verderop wel beter.

Wat is fietsen toch fijn, ook al zindert het van de hitte, ook al hoost het, ook al staat er tegenwind. Niets is erger dan dit vreselijke zware duwen. Vaak is het meer schuiven dan rollen, zo diep is het zand. Dit is een kwelling, een beproeving. Een helse tocht.

En allemaal omdat hij niet luisterde! Dan strand je, verzand je, kom je in de woestijn.

Het geluid van de krekels is oorverdovend. Gek word ik van dat eentonige gesnerp. Muziek opzetten wil ik niet.

Af en toe klinkt het ruisen van de zee. Een geluid dat me altijd een gevoel van vrijheid gaf, maar nu is het een tantaluskwelling. Ook op zijn iPhone ziet Art dat de zee vlakbij is, maar een weg ziet hij niet. We zijn op die lange dunne strook duinen terechtgekomen tussen het Meer van Lesina en de Adriatische Zee.

Art blijft me wijzen op dierensporen en holen. 'Om je op te vrolijken.'

Zijn water is op. Ik bied hem wat van mijn water aan, wat ook niet veel meer is. Hij wil het niet.

Af en toe probeer ik even te fietsen, maar het is niet mogelijk.

Als hij gewoon even rustig overlegd had... Als we gewoon even samen op de kaart hadden gekeken...

Het orakel gaat zeggen: dit is geen reisgenoot voor jou. Dat hoeft het orakel niet te zeggen want dat heeft de weg ernaartoe me al geleerd. Als ik het haal, als ik dit overleef.

Tetlathi dè, kradiè; kai kunteron allo pot' etlès, moest ik als vijfjarige al uit mijn hoofd leren van mijn vader, als bagage voor het leven en om zijn vader mee te verbluffen, die ook zeer thuis was in de klassieken. Dat moest ik tegen opa zeggen in het Grieks als hem iets tegenzat, als hij zich stootte of iets zocht. Stil maar mijn hart, ergere dingen hebt gij doorstaan.

Maar iets ergers dan dit heb ik niet doorstaan.

Het begint te schemeren, er is nog maar heel weinig water. Ik ben uitgeput.

Art zegt dat ik sneller moet lopen.

'Ik kan niet sneller! Je had moeten luisteren, man. DIALOOG, een Grieks woord. Weleens van gehoord?!'

'Jij wilde zo graag langs de zee. Van mij had het niet gehoeven, dat weet je.'

'Ik wilde overleggen. Ik dwing je nooit ergens toe.'

'"Wat zijn jouw plannen?" Hoor op wat voor toon je het vraagt. Als een dreigement.'

'Ik wilde rustig bekijken hoeveel tijd het extra zou zijn.'

'Ik probeer niet te luisteren naar je verwijten. Maar je weet waarom we hier zijn. Omdat jij dat wilde. Omdat jij van de hoofdweg wilde afwijken.'

'Nee, dat is niet zo,' roep ik luid. 'Als je naar mij had geluisterd zaten we hier niet.'

'We zijn hier omdat jij de Adriatica saai vond en langs de zee wilde.'
'Nee!' roep ik in dolle drift. 'Jij luistert niet. Net zo'n autoritaire macho als je vader!'
In een resolute beweging zet hij zijn fiets neer en komt naar me toe.
'Ik breek je fiets aan stukken.'
'Niet doen!'
'Dan zijn we van alles af, over, uit, rust! Wist ik veel dat ik met jou in de hel belandde!'
'Niet doen! Alsjeblieft, niet doen!!!' gil ik zo hard ik kan.
Hij pakt mijn fiets, tilt hem boven zijn hoofd met bagage en al en maakt het begin van een gooibeweging. Zijn ogen vonken.
'Hou op!'
Ik strek mijn armen omhoog.
'Om jou niet...' sist hij tussen zijn tanden.
Langzaam zet hij de fiets neer.
We zeggen even niks.
Het wordt steeds donkerder.
Ik heb ook met hem te doen.
'Laten we kalm blijven. We moeten hier uit zien te komen.'
'Probeer zo snel mogelijk te lopen.'
Dat doe ik ook, maar het is zo zwaar. Af en toe moet ik even stilstaan en leun ik op mijn stuur.
'Een voordeel van het donker is dat het minder heet is,' zegt hij, 'en het watergebrek minder erg.'
Ik kan vrijwel niks meer zien, volg het rode knipperlichtje voor me. Stel je voor dat hier struikrovers tevoorschijn schieten. Het geeft een beschermd gevoel, zo'n sterke man aan mijn zijde te hebben en bovendien een die in Armenië heeft geleerd wat vechten is. Toen ik hem net kende en we in de buurt van het Concertgebouw in Amsterdam wandelden, zagen we dat er in de verte een jongen in elkaar werd geslagen door een groepje andere jongens. Art vloog erop af en sleurde de aanvallers weg. Dat vond hij niet heldhaftig maar vanzelfsprekend.
Er is geen licht, alleen dat van de maan, waar af en toe een wolk voor glijdt zodat het aardedonker is. Ik ga te langzaam voor de dynamo. Het is niet meer te zien waar het zand ruller is en minder rul.
'Met zo'n dag kom je meer in vorm dan in tien dagen fietsen,' zegt Art om me te bemoedigen.

Uren lopen we door. Ik krijg steeds meer dorst. Heel af en toe bevochtig ik mijn lippen. Art blijft weigeren.

De weg buigt naar rechts. Alles wat anders is geeft hoop. Als er maar een einde komt aan dit duivelse pad.

Daarna buigt de weg naar links en komen we bij een brugje over een brede sloot. Aan de andere kant van de brug is een hek. Als dat dicht is zitten we opgesloten.

Maar gelukkig, het is open.

In het duister ontwaren we een oude boot, een autowrak.

Dan zie ik een paar mannen gehurkt in het donker aan de rand van het water. Het lijkt een scène uit een misdaadfilm.

'Buona sera. We zijn op zoek naar een weg.'

Ze wijzen. De weg is vlakbij zeggen ze. Of eigenlijk gewoon hier.

'Vissers,' bromt Art.

Nog nooit heeft het vinden van een weg me zo blij gemaakt. Grond onder de voeten, onder de wielen.

Even later is het werkelijkheid en gaat het zand over in korrelig asfalt. Nog nooit stapte ik zo gelukkig op mijn fiets.

We rijden door een plaatsje met onverlichte wegen. Af en toe loopt er iemand langs met een zaklantaarn. Mensen zitten te praten in hun tuinen.

Iemand is zijn bloemen aan het besproeien.

'Kun je hem alsjeblieft om water vragen?' zegt Art.

Ik roep over de heg.

Een man komt naar me toe.

Ik vertel over onze nood, wil hem een lege fles geven maar dat hoeft niet, zegt hij. Even later geeft hij me een ongeopende fles *aqua minerale* van anderhalve liter.

Art drinkt de fles eerst half leeg en geeft hem dan aan mij, want hij had een insect aan mijn lippen zien kleven.

We stoppen bij een bar waar de plaatselijke jeugd achter gokkasten hangt. Voordat we binnengaan gooit Art een paar ons zand uit zijn schoenen en zijn sokken. Eerst gaat hij zijn handen wassen en daarna koopt hij meer water en een ijsje.

Er is geen hotel in deze plaats maar een dronken man weet een oplossing: 'Jullie gaan slapen op het strand en ik waak over jullie en over jullie fietsen.'

Het trekt me wel aan, slapen op het strand, maar waarschijnlijk is het niet verstandig. Art wil het in elk geval niet.

Er blijken weinig hotels te zijn in dit gebied en het enige dat we vinden is vol. We fietsen vele kilometers door, allang blij dat we dat weer kunnen, en proberen het ten slotte bij een camping.

Een moederlijke vrouw zegt vrolijk dat ze een *monolocale* voor ons hebben, een bungalow van één kamer.

De dochter begeleidt ons over het terrein waar tenten en caravans met flinke tussenruimten onder de bomen staan.

Af en toe klinkt zacht geluid van stemmen. Krekels voeren de boventoon.

Onze monolocale heeft een eigen terrasje en daar kunnen we de fietsen parkeren. Als we binnen zijn in ons eenkamerhuisje en het licht aandoen zien we hoe smerig onze voeten en benen zijn.

Art stopt niet alleen zijn tassen onder de douche maar ook mij.

'Voordat ik je met kussen overdek.'

'Waar was je het meest bang voor?' vraag ik als ik in zijn armen lig.

'Dat mijn bushbaby'tje dehydratatie zou oplopen.'

'Echt waar, liefste?'

'Ja, schatje.'

'En jijzelf dan?'

'Ik heb vaak dehydratatie gehad. Je kunt in een soort verdoving komen, je coördinatie raakt verstoord. Ik dacht: ik kan het langer volhouden dan zij. Daarom stuurde ik je telkens naar schaduwrijke plekken. Vooral als je stilstond.'

'Dacht je niet dat er struikrovers uit de bosjes konden springen?'

'De duinbrigade van de Napolitaanse rovers bij het Meer van Lesina? Dan hadden die rovers flinke pech gehad.'

DAG 34
CAPOIALE-VIESTE
65 KM

Maar heerlijk is het, eenmaal gered, aan zijn vroeger leed terug te denken.
– Homerus

De dag neemt een onverwacht verloop wanneer Art een wasmachine heeft ontdekt. Onze kleren zijn erg vies. Hij wil de was wel doen en dan kan ik eindelijk gaan zwemmen.

Ik trek mijn bikini aan, wikkel me in de handdoek van de camping en loop door een klein bos naar de zee, die me ruisend tegemoetkomt.

Het strand is maagdelijk en stil, zonder strandtenten of strandstoelen. Hier en daar liggen mensen onder een parasol. Ik leg de handdoek op het lichte fijne zand dat ik gisteren zo vervloekte en strek me uit in de zon. Het is prettig om de aarde te voelen met heel mijn lijf, nu zonder fiets ertussen. Ze is warm, stevig en toch zacht.

Ik luister naar het aanrollen van de golven. Af en toe klinkt de roep van een meeuw, een kinderstem. Een diepe rust komt over me. Daarbij ook nog het vredige besef dat Art een eindje verderop de was doet.

Dan ga ik eindelijk het water in en laat me omhelzen door de zee. Ik denk aan de ontberingen, de Alpentoppen in de mist, de tocht door de woestijn, de wanhoop, het gevaar, het duingevecht.

Alles spoelt van me af.

De lucht is effen blauw. Aan het eind van die uitgestrekte watervlakte met de wit aanrollende golven, daar in de verte, ligt Griekenland. In minder dan een week zullen we er zijn.

Ik draai me om en kijk naar het kleine onbedorven strand, de bomen erachter.

Ineens ontwaar ik Art. Het maakt me gelukkig hem te zien.
Ik ga het water uit.
'Liefje, geniet je?'
Ik vraag of hij ook mee de zee in gaat, maar dat doet hij niet want hij moet de was ophangen. Hij wilde alleen even kijken of ik het goed had.
Hij gaat weer weg en ik blijf nog een tijdje.

Als ik terugkom bij onze monolocale hangt de was te drogen. Onze fietsbroeken, shirts en sokken wapperen kleurig aan de lijn en aan een uitvouwbaar rek.
'Wat een vredig tafereeltje,' zeg ik. 'Als de mensen ons zo zagen.'
'Gisteren scheelde het weinig of Agatha Christie moest met een paar goedbewapende mannen naar de Gargaanse duinen om het mysterie op te lossen van de kapotte prachtfiets met daarnaast het niet meer ademende bushbaby'tje.'
De campingfamilie zit onder een pergola aan tafel, als in een oude Italiaanse film. De zoon staat op om ook voor ons wat te bereiden. Gargano is een oerwereld, zegt hij. Aan de oever van het meer waar we straks langsfietsen, zijn werktuigen uit de Steentijd aangetroffen; in Gargano vonden ze ook het skelet van een cro-magnonmeisje, rotsschilderingen uit de prehistorie van roodbruine paarden en heel veel dinosauriërsporen.
Aan het eind van de middag stappen we op de fiets. Het is nog steeds heet en de krekels zijn alomtegenwoordig, maar nu klinken ze niet meer hels zoals gisteren.
We gaan weer over een smalle strook land, die de Adriatische Zee scheidt van een ander meer, het Lago di Varano, maar nu is de weg mooi geplaveid, geflankeerd door onlangs geplante boompjes, en soms kijken we aan twee kanten uit over het water. Tienduizenden jaren geleden scharrelden hier al mensen rond op dit land dat ooit een eiland was.
We verlaten de zee en kronkelen omhoog langs oude olijfbomen met gebeeldhouwde stammen. Aan het eind van de klim staat Art aan de kant van de weg druiven te voeren aan een kleine roodblonde pony, die kennelijk losloopt. Hij eet uit zijn hand. Er zit een riem om zijn hals met een koord eraan dat over de grond sleept.
'Ik wachtte op je,' zegt Art, terwijl het dier doorgaat met uit zijn handen eten, 'en toen kwam hij van de overkant aangedraafd. Mis-

schien moeten we de dierenambulance bellen.'

'Ik weet niet of ze die hier hebben.'

'Anders wordt hij of zij misschien aangereden. We moeten 112 bellen.'

Er komen een paar mannen langs op racefietsen.

Ik roep dat we deze ontmoeting hadden op straat.

'*Quelli viaggiono da soli!*'

'Die pony'tjes reizen in hun eentje,' vertaal ik.

'Maar hij moet weer terug,' zegt Art. 'Hou mijn fiets even vast.'

Hij brengt het dier met de lange blonde manen en blonde staart naar de overkant.

Als hij weer terugloopt komt plots het pony'tje in vliegende vaart aangestormd. Ik schrik, ben bang dat hij Art wil aanvallen.

'Kijk uit!'

De pony racet vlak langs ons heen de olijfgaard in.

In het centrum van Rodi Garganico worden we opgewacht door Padre Pio. Een groot beeld van hem staat onder de palmen midden op het centrale plein. Padre Pio had behalve de stigmata ook de gave van de bilocatie maar hier is hij *omnipresente*. Pizzeria Padre Pio, Ospedale Padre Pio. Kleine meisjes poseren naast het beeld voor een foto.

Via Padre Pio voelen mensen zich dichter bij God, net als men via de Pythia contact kon leggen met Apollo. Altijd hebben mensen behoefte gehad aan tastbare doorgeefluiken.

Hier zijn we werkelijk in het diepe zuiden. Palmen, sinaasappel- en citroenbomen, smalle witte stegen die een ver verleden in kronkelen. Misschien wel naar die achtste eeuw voor Christus toen de Grieken al ontdekten, met hulp van het orakel, dat het hier goed toeven was. Fabelachtig kijkt dit stadje uit over de zee, brede stranden aan haar voeten.

Anders dan ons was voorspeld moeten we stevige bergen op, maar vergeleken met de woestijngang van gisteren is alles een weelde, en er volgen weer zalige afdalingen, langs sinaasappelgaarden en amandelbomen. En telkens weer krijgen we, onverwacht, een majesteitelijk uitzicht over zee.

Langs de weg staan stalletjes, uitpuilend van kleuren, geuren en smaken. Groente, fruit, specerijen hebben zich volgezogen met de zon en de kostbare stoffen uit deze oergrond. Tot strengen geregen of gevlochten knoflook, roze uien, gele, oranje, rode en groene pe-

pers vormen kleurige draperieën. Daaronder staan manden vol perziken, meloenen, druiven, cactusvijgen.

Klimmend en dalend gaan we verder door het Parco Nazionale di Gargano, waar johannesbroodbomen groeien met die lange peulen en purperstammige dennen, waar de oudste autochtone reeënkolonie huist en waar het gesnerp van de krekels wordt afgewisseld met het gehamer van een bonte specht. Waar het groen soms wijkt om als een *special effect* de zee te laten zien, met de kust van grillige witte rotsen rond telkens nieuwe baaien.

Weer wordt een groen gordijn opzijgeschoven en verschijnt als een fata morgana, zwevend tussen hemel en zee, op een rotsachtige kaap, Peschici, roze in het licht van de ondergaande zon. Op de achtergrond kleurt de hemel paars, oranje, geel, lila.

Langzaam verdwijnt de kleur in toonaarden van grijs. Uiteindelijk is alles zwart en kan ik nog maar een paar meter voor me uit zien, zover mijn Supernova reikt. Ik ben elke keer blij als er een auto langskomt die de weg even verlicht zodat ik zie wat ik kan verwachten: een bocht, een berg, een dal. Een visioen dat weer verdwijnt in het duister. De krekels zijn nog steeds wakker, maar ik vind het welletjes. Ik wil niet meer 's nachts rijden, ik wil de uitzichten niet missen. De koelte is wel weer aangenaam.

Aan de rand van Vieste, dat als een toverdiamant fonkelt in de nacht, vinden we een hotel.

Achter de balie, op een grote poster, geeft Padre Pio zijn zegen.

DAG 35
VIESTE - MATTINATA
51 KM

een licht vuur loopt door
mijn huid, ik zie niets meer
mijn oren suizen
zweet stroomt van mij af
een beven bevangt me
ik ben groener dan gras
het lijkt of ik doodga
— Sappho

'Door het zien van Italiaanse films dacht ik vroeger dat Italiaans de taal was van ruzie en lawaai.'

'En nu?'

'Van zang en complimenten.'

De vrouw van het hotel vond ons *una bella coppia* en onze reis *una spettacolare Odyssea*.

Het is nog niet zo laat in de ochtend maar al warm. Af en toe komt er een bries van zee, en uit de bermen dennengeur.

Er wordt hier voortdurend getoverd met kleur. Door licht en schaduw lijkt Vieste, de witte stad die daar op die rotsrichel ligt, dat meest oostelijke puntje van Gargano, nu donkerblauw, de zee eromheen is zilverwit.

In een mooie afdaling stuiven we erop af, langs de baai van San Lorenzo, waar op hoge palen wonderlijke houten bouwsels staan van waaruit lijnen de zee in lopen. *Trabucchi* heten ze. Ze zien er mooi uit, kunstzinnig en fotogeniek, maar ze zijn er om de vissen uit hun stille kristallen wereld weg te sleuren naar een ander element en naar malende mensentanden.

Art wijst op een deuk in de vangrail. 'Iemand die net zo betoverd was als jij bij het zien van de zee.'

Als we Vieste binnenrollen is de stad weer wit. De huizen, die dicht tegen elkaar aan staan, en ook de rotswanden, zuilen en pilaren die de zee hier heeft gebeeldhouwd uit het krijt, steken melkblank af tegen het blauw van zee en lucht.

Ook Vieste was ooit een Griekse stad. Misschien zou haar naam komen van Hestia, de Griekse godin van de huiselijke haard die hier hartstochtelijk aanbeden werd door de Griekse kolonisten en die bij de Romeinen veranderde in Vesta.

Wie Vieste bezat kon de hele Adriatische kust overzien met handelsroutes naar noord en zuid, en daarom kleurde ook hier de zee vaak rood. Velen wilden hun voet zetten op deze blanke rotspunt; Grieken, Venetianen, Normandiërs, Longobarden, Arabieren. De stad werd geplunderd door Barbaarse volkeren en door de Venetianen, en ook van de Turken kreeg Vieste het zwaar te verduren: duizenden inwoners werden door hen onthoofd.

Zoals de bevolking hier telkens weer veranderde, zo veranderde ook het land. Het beeldhouwen en schaven houdt nooit op. Borden waarschuwen voor neerstortende rotsen. Steeds grilliger en fantastischer wordt de witte kust. Een ronde zuil van meer dan twintig meter rijst op uit het water, een versteende jongeling, vertelt men hier, die zich één nacht per jaar verenigt met zijn verloren geliefde. Iets verder staat lichtgevend in de zon een witte poort, waar je onderdoor kunt varen. De rotswanden, vol nissen en grotten, gaten en holen, lopen als een rand van witte kant langs het water, dat nu weer turquoise is.

Een golvende rand, want niks plat, niks rustig een ommetje fietsen rond Gargano. De kust jaagt je hier voortdurend flink omhoog, honderden meters die steeds zwaarder aan mijn voeten trekken, gelukkig ook weer omlaag, en als de weg dan net een bocht maakt lijkt het of je zo de zee in vliegt. In dit fabelachtige decor zou je geloven dat je dan meteen vleugels kreeg.

De kust maakt het zo bont dat we gedwongen worden die te verlaten. Er is echt geen mogelijkheid langs zee, zegt Art en hij toont me op zijn iPhone dat er alleen die kronkelige weg is door het groen. 'Hoe meer kreukels, hoe steiler,' had ik al van hem geleerd. Dat ziet er dreigend uit want de weg blijft kronkelen als een opgewonden adder, tot we Gargano verlaten en de Adriatica weer voor ons ligt.

Maar zover zijn we nog lang niet.

Langs de weg staan dennen en andere bomen, niet hoog genoeg om koelte te bieden maar wel om het uitzicht te verstieren. Die vergezichten helpen me bij het klimmen. De zon woedt boven me maar ook in de schaduw is het moordend heet. Het water, waar ik regelmatig een slok van neem maar niet te veel omdat ik niet weet hoelang ik er nog mee moet doen, is zo warm als soep.

Meer dan veertig graden is het nu, en dat is geen temperatuur om bij te klimmen. Op dit soort dagen moet je gewoon 's ochtends om zes uur weg en deze uren op het strand liggen.

En de weg blijft maar stijgen.

De vrouw van het hotel zei dat ze niet langs de kust zou gaan maar door la Foresta Umbra vanwege de schaduw. De naam zegt het al, 'het schaduwrijke woud', met hoge oude bomen, waar de grond bekleed is met tapijten van orchideeën. Ik begrijp haar nu beter maar dat zou nog meer klimmen zijn geweest dan nu, en hopelijk zien we de zee weer terug.

Gewoonlijk kan ik goed tegen de hitte maar nu niet, in combinatie met klimmen en verstoken van uitzicht en met twee zware tassen en Art, die weg is. Het was lichtzinnigheid en overmoed. Even zo'n schiereilandje rond. Hybris die ons misschien fataal wordt, want hoelang gaat dit duren? Zo komen we helemaal niet op tijd op die boot.

De natuur laat niet met zich spotten, dwingt respect af. Hitte is echt hitte, bergen bergen en zand zand. Dat vergeet je in de bewoonde wereld, dat vergeet je als je je verplaatst in auto's, vliegtuigen en treinen. De fiets drukt je op de waarheid. Die was net nog groots en geweldig met die droomuitzichten maar nu miserabel en ellendig.

Het zweet druipt van mijn gezicht. Mijn handschoenen zijn kletsnat. En waar is Art nou? Waarom wacht hij niet even?

Ik verlang naar uitzicht op het water.

Een bord vertelt over heilige wegen die door dit gebied lopen. Naar de Monte Sant' Angelo, waar de aartsengel Michaël is verschenen, en de Monte Sacro, waar ooit Zeus werd aanbeden en die sinds de verschijning van de aartsengel is gewijd aan de Drie-eenheid. Help, heilige Michaël, *aiutami*. Ik bid u: wuif mij koelte toe met uw vleugels, geef me een duwtje.

En het blijft maar klimmen en het lijkt of het steeds heter wordt.

Ik daal naar de derde versnelling, de tweede, naar de eerste zelfs, maar dat snelle trappen is ook niet bevorderlijk voor de afkoeling. Telkens is mijn mond weer droog.

State attraversando il Parco Nazionale. Niet helemaal juist vertaald met: 'You are walking' door het Nationale Park. *Attraversare* is 'doorkruisen', maar dat hoeft niet lopend te zijn. Als het daar dan toch geschreven staat, goed, oké, dan doe ik dat. Ik stap af en loop. Ook dat is geen pretje want nu moet ik duwen. Het zweet blijft van mijn gezicht druipen. Nog maar een slokje warm water.

Waarom wacht die vent nou niet even? Ik begin te huilen.

Misschien ook doordat het me zo tegenvalt, omdat dit zo'n domper is. Het leek zo weergaloos allemaal en dan dit.

Wat is het menselijk lot toch erbarmelijk. Stakkers zijn we. Gaat het even goed en hup, krijg je weer een dreun in je gezicht. Gewoon rustig op je plek blijven zitten. Wel leeft die verborgen leeft.

Er komt een auto voorbij met een stel jonge mensen erin. Ze toeteren en zwaaien. Ik loop wel een beetje voor gek. Mooi pakje, mooi fietsje, maar wel duwen en dan nog huilen ook. Belachelijk ben ik.

Tranen mengen zich met zweet, mijn ogen prikken. Ik wil op de grond liggen, neerzijgen in de berm.

En dan hoor ik een toeter en zie ik Art aankomen.

Het lucht me zo op hem te zien. Het is kinderachtig maar ik wil steun.

'Liefste,' zegt hij vermaakt, 'ben je weer aan het pronken met je klimtechnieken? Hoe gaat het?'

'Slecht.'

Hij lacht. 'Er kwam een auto langs met een stel Italianen. Ze riepen iets. Ik verstond het niet. Toen mimede de man wat er aan de hand was.'

Art maakt een beweging met zijn twee handen die vrouwelijke vormen aangeeft, en met twee vingers trekt hij een lijntje van zijn ogen over zijn wangen.

'Vrouwtje huilt. En dat ik naar je toe moest. Vond ik wel heel lief van ze en heel zielig voor jou.'

'Dit zijn geen uren om te fietsen.'

'Straks komt er een afdaling en we kunnen ook een klim vermijden door een lange tunnel.'

We hebben niet veel water meer.

Ook hij heeft het warm. Druppels zweet vallen op zijn iPhone.

We fietsen een tijdje samen. Zijn bemoedigende woorden helpen.

Er volgt inderdaad een afdaling en ook de zee komt weer in zicht. '*Baia delle zagare*' staat er op een bordje, Baai van de sinaasappelbloesem.

De wind om mijn hoofd, zee, hemel, zon. Ik zou dit ook niet willen missen. Ik wist het, maar word er nog weer eens op gedrukt dat vreugde en verdriet nu eenmaal fataal verbonden zijn.

Art snelt voor me uit, maar ook ik stort me in de afdaling; ik rem niet, alleen ietsje bij de bocht, en als ik die voorbij ben zie ik Art in de verte midden op de weg in gesprek met een andere fietser.

Terwijl ik omhoog worstel naar hen toe doe ik net of het me geen moeite kost.

Slav heet de man met het door de zon gebleekte haar. Naast hem staat een zwaarbeladen fiets op een standaard. Hij is Oekraïener, woont in Bulgarije en hij fietst voor een goed doel: een andere omgang met vuilnis. Recycling.

'Ik heb er al drieëntwintigduizend kilometer op zitten. Het is als een drug.'

Hij slaapt in een tent, het liefst in de vrije natuur, en kookt zijn eigen potje. In februari is hij zijn reis begonnen. Het liefst zou hij altijd fietsen. De mensen in de westerse wereld zijn robots, zegt hij. Ze leven niet echt, hebben het contact met de aarde verloren. Er komt nog heel veel moois op weg naar Brindisi, belooft hij ons, Trani, Ostuni. We fotograferen elkaar en wensen elkaar een goede reis.

Arts water is op; ik heb nog een bodempje maar na enige tijd staat er zomaar een pizzeria langs de weg. Voor pizza is het nog te vroeg om zes uur, maar water hebben ze in overvloed en Tucjes waarmee we ons zoutgehalte weer op peil brengen.

Tussen de bloemen in de tuin staat een groot beeld van Padre Pio.

Als we weer verder fietsen wordt ons een prachtig uitzicht geboden op de kartelrand van de kust, de uitlopers van door groen bedekte witte rots met kleine baaien ertussen, soms met strandjes waar je alleen met de boot kunt komen.

Weer krijgen we een tegenslag te verduren: de tunnel waarop ik me zo verheugde, schaduwrijk en vlak, is verboden voor fietsers.

Er zit niets anders op dan door te kronkelen omhoog, maar gelukkig langs de zee, waar we de zon zien ondergaan in duizend kleuren en waar de maan hem opvolgt, blank en bijna vol. Ze werpt een lange witte loper uit over de zee.

En daarover komen we als vanzelf in Mattinata.

Overal hangen posters met daarop de uitnodiging om naar het stoffelijk overschot van Padre Pio te komen kijken, dat veertig jaar na de begrafenis uit zijn graf is gehaald. Daaronder staat de mededeling dat je daarheen gebracht kunt worden door een exclusieve taxiservice met airconditioning.

DAG 36
MATTINATA - BARLETTA
84 KM

We moeten levende wezens niet behandelen als schoenen,
potten of pannen, en ze van ons werpen wanneer ze gebrekkig
zijn geworden of in onze dienst versleten.
– Plutarchus

Nieuwe lokroepen negeren we, want ook wij moeten richting Ithaka en verder nog. We gaan niet naar de grot waar de aartsengel verscheen en ook niet naar het heilige lichaam van Padre Pio.

Een paar jaar geleden maakte ik mee hoe het lichaam van paus Johannes de Drieëntwintigste, dat ook bijna veertig jaar na de begrafenis uit het graf werd gehaald, in een glazen kist het Sint-Pietersplein op werd gedragen en de menigte huilend van ontroering riep: 'Il Papa buono è tornato!' De goede paus is terug!

Natuurlijk is het weer heet en moeten we weer klimmen, en ik kan niet zeggen dat ik daar zin in heb, maar er zal een afdaling volgen en dan zijn we straks weer op de oude vertrouwde Adriatica en rijden we in een lange, rechte, zinderende lijn naar de haven van Brindisi. Er is maar één auto op de weg.

Nu zien we de haven van Mattinata beneden ons liggen met dobberende bootjes tussen de blanke kades waar ook sporen zijn gevonden van dinosauriërs. De geleerden denken dat die geduchte Sauriërs van wel vier meter hoog door gebieden liepen met laag water, zoals dat van het Meer van Lesina en van Varano, waar wij strandden, en dat hun reusachtige vogelpoten afdrukken achterlieten in de modder die vervolgens zijn versteend. Tientallen miljoenen jaren later zijn brokstukken met die sporen vanuit groeves hierheen gebracht om de haven mee te bouwen. Al onze wanhopige stappen in het zand die daar liggen, zijn aan het verwaaien in de wind.

De gedachte aan die dino's maakt de eerste bezoekers van het orakel van Delphi tot tijdgenoten.

Dit laatste traject begint met een weg die omhoog slingert tussen oude olijfbomen door die trapsgewijs boven elkaar staan. Ik kijk naar de auto, die hoog boven me steeds zigzaggend verder rijdt, en begrijp dat de afdaling nog ver moet zijn. Ik voel hoe het bloed door mijn lijf wordt gepompt, probeer niet door mijn mond te ademen zodat die minder snel droog wordt, en ik niet steeds moet stoppen voor een slok. De goede stemming helpt en ook het gezelschap van die zilveren bomen.

Halverwege de olijfberg tref ik Art aan bij een vijgenboom. Olijven en vijgenbomen zullen altijd een speciale glans behouden doordat ik voor het eerst over ze hoorde in bijbelse en mythologische verhalen. Ik maak een foto van Art, terwijl hij zijn hand uitstrekt om een vijg te plukken.

Dan laat ik hem de foto zien.

'Wat een serieuze kop. Puur, hè? Net een dier.'

Hij geeft de vijg aan mij. Die is paars, zoet en sappig.

Verder trap ik, op een steeds lager verzet. Mijn borstkas gloeit, mijn spieren spannen aan en ontspannen zich, mijn hoofd raakt leeg, alleen dat zware trappen ben ik, ademen, kloppend bloed. Mijn blik wordt nauwer en richt zich op de weg, het stuur, mijn malende benen. Maar dan, eerder dan verwacht, altijd weer als een verlossing, ligt het pad afwaarts voerend onder mijn wiel.

We staan stil, kijken naar het spektakel van het uitzicht, de zee die onzichtbaar overgaat in de lucht. Art zegt hoe moeilijk dit soort sferen in beelden is te vangen en ook hoe gespierd ik geworden ben.

Iets verder langs de weg ontdekt hij een grot. Er liggen autobanden in. Misschien huisde hier ooit een heremiet. Veel holen en grotten daar beneden in die witte rand langs de zee werden bewoond door monniken en heremieten.

En dan volgt een sensationele afdaling tussen de olijfbomen door in golvende serpentines naar beneden over een lege weg, een zeebries om mijn hoofd.

Deze wereld vol betovering, kleurenspel, prehistorische voetstappen, heiligen, engelen, processies, bloedende handen en heremieten gaan we achter ons laten. Lelijke gebouwen en fabrieken veroveren steeds meer terrein op de olijven.

Over een brede weg vliegen we ten slotte de stad in, een witte, weidse, uitgestorven stad, Manfredonia, gesticht door de Romeinen.

Water willen we.

Alle deuren in de verlaten witte straten zijn gesloten, maar aan zee, op een groot plein voor een middeleeuws kasteel omringd door palmen, vinden we een barretje dat open is.

Terwijl we ijskoude aqua minerale drinken zien we hoe helikopters landen op zee om zich ook met water vol te gooien. Daar worden branden mee geblust, vertellen de jongens van de bar. We praten met hen over Gargano. Hun heilige zorgt voor veel extra inkomsten, zeggen ze.

'Met het gezicht van Padre Pio erop verkoop je alles. Straks komt er nog wc-papier San Pio.'

We eten espresso-ijs uit een bekertje met '*I love Gargano*'. Dat vinden we een stijlvolle afsluiting van ons memorabele ommetje, al is het bekertje volgens Art beschamend klein.

Snel nadat we het spoor van de laars rond zijn wordt het land lelijk, met slordige bouwsels, rotzooierige erfjes, afval, dorre struiken. En het waait nog ook, midden in ons gezicht. Heel af en toe is er achter dit verpeste gebied een streepje zee te zien. We komen langs de Haven van de Saracenen en Parkeerplaats Padre Pio. Hier en daar wordt iets verbouwd. Het enige waar ik met plezier naar kijk zijn de struiken met *ficchi d'India*, cactusvijgen. Overdadig zitten de oranjegele vruchten op de randen van grote platte bladeren.

Twee mannen die ze aan het plukken zijn, maken een uitnodigend gebaar. Met een mes dat aan een lange stok is bevestigd snijdt een van hen de vruchten die overdekt zijn met verraderlijke stekeltjes, eraf en schilt ze. Het vruchtvlees is dieprood en zoet. Niet te veel kauwen op de houtachtige pitjes.

Ook dit land zit vol verrassingen. Als we doorfietsen zien we achter de stekelige hagen groengrijze meren opdoemen en uitgestrekte witte vlaktes. Even denk ik dat het een speling is van het licht. Het lijkt wel sneeuw.

Maar het is zout! Onafzienbare vlaktes met witte bergen in de verte. '*Città del sale*', lezen we op een bord.

Een man die ons tegemoet komt fietsen stapt af en vertelt dat het zout hiervandaan naar alle hoeken van Europa wordt vervoerd. 'Jullie Nederlandse wegen worden ermee ontdooid.'

De witte bergen schitteren in de late zon.

Het is al volledig donker als ik een paar uur later Art midden op de weg zie staan.

'Er kwam een hond naar me toe. Zo lief. Hij was helemaal niet bang. Ook niet voor de auto's. De auto's reden rakelings langs hem heen. Ze toeterden maar reden niet langzamer. Ik heb hem van de weg af gejaagd. Kijk, daar staat hij.'

De hond staat op een uitgestrekt en verlaten veld aan de overkant.

'Helaas kan ik hem niet meenemen. Ik moet hem verder wegjagen bij de weg.'

Ik heb te doen met de hond maar ook met Art.

'Hier, pak mijn fiets.'

Hij steekt de weg over, maakt geluiden van een brullende leeuw. Als dat niet werkt gaat hij blaffen.

De hond blijft staan, kijkt naar hem, roerloos. Art maakt bewegingen met zijn armen, dat hij weg moet. Na een tijdje doet hij dat.

Aangeslagen komt Art terug.

'Nu snapt hij er niks meer van. Ben ik een vriend, een vijand? Hij was zo vol vertrouwen. Misschien is hij uit een auto gezet. Slettenzonen.'

We rijden door. De weg is niet verlicht en daarom blijven we in de eerste stad die we tegenkomen.

Dat is Barletta, prachtig, wit en gelegen aan de zee. Zonder aarzeling en angst stort ik me in de chaos van het uitgaansverkeer. Stevig en zeker zit ik op mijn fiets en manoeuvreer tussen de toeterende auto's door, langs witte huizen met smeedijzeren balkons, langs een kolossaal beeld van een keizer voor een blanke kerk, langs oude havenmuren, terug het centrum in.

De hotels die de iPhone aangeeft blijken niet meer te bestaan. Een groepje jeugdige inwoners van Barletta verdringt zich om ons en onze fietsen. 'Wat? Uit Amsterdam? Met de fiets? *Non è possibile!*' Iedereen moet het horen. Het wordt een hele oploop. 'Bij de gedachte ben ik al moe,' zegt een vitaal ogende jongeman. We verdienen een standbeeld naast dat van de keizer. Helden vinden ze ons.

Daarom lijkt me hotel Itaca wel wat.

'Niet doen, duur en geen plaats voor de fietsen,' waarschuwen onze bewonderaars. Om de hoek weten ze een goed familiepension.

Om elf uur 's avonds kunnen we zonder problemen aan tafel op een terras onder de palmen.

De ober schenkt Apulische wijn in die al werd geprezen door Tibullus, de Romeinse dichter die oorlog verfoeide en liever de liefde bezong.

Art hoopt dat het goed gaat met de hond.

DAG 37
BARLETTA - OSTUNI
142 KM

*Wie het lot een evenredig deel goed en kwaad heeft toebedeeld
mag zich gelukkig prijzen.*
– Plutarchus

In de garage waar onze fietsen staan tussen sporen van een lang leven, vertelt de eigenaar dat het pension is gesticht door zijn ouders. Ze zijn een paar jaar geleden kort na elkaar overleden, allebei een eind in de negentig. Hij is er nog steeds beroerd van, deze wees van bijna zeventig.

Ook hij gaat naar Griekenland, volgende week, maar hij vertrekt vanuit Bari. Wij gaan door naar Brindisi om het diepe zuiden van Italië mee te maken waar het steeds Griekser wordt, en omdat we scheep willen gaan in de oude haven van de Romeinen. De boten varen altijd 's nachts. Hij raadt ons aan in het reisbureau alvast kaartjes te kopen.

We storten ons weer in de drukte van Barletta, in de metalen brij van lawaaierige, stinkende, uitzicht verpestende auto's die ook nog eens moordwapens zijn.

Aan de voeten van het kolossale beeld van keizer Theodosius dat gehuld is in een stoere minirok, bel ik mijn moeder om te zeggen dat alles goed is, meer dan goed.

Daarna werpen we een blik in de blanke basilica waar de uit Ravenna geroofde Colossus de wacht houdt.

Theodosius was de laatste keizer die over het gehele Romeinse Rijk regeerde voordat het werd opgesplitst in Oost en West. Hij trad hard op tegen het heidendom. Heidenen konden geen officiële ambten meer bekleden en werden gedood wanneer ze betrapt werden met een heidens huisaltaartje. Hij verbood de Olympische Spelen, gehouden ter ere van Zeus, en rond 390 sloot Theodosius het orakel van Delphi.

In het reisbureau horen we dat de boot naar Patras 's avonds om half zeven vertrekt. Dat moeten we halen morgenavond. Toch besluiten we de kaartjes pas te kopen in Brindisi want je weet maar nooit. We willen het noodlot niet tarten.

Het is weer heet, maar er waait een stevige bries, helaas wel in ons gezicht. Gelukkig wordt het land mooier en er glanzen parels van steden tussen de amandelen en druiventrossen, zoals Trani, waar we over wit plaveisel door smalle straatjes naar het blauw toe rijden.

Oogverblindend staan daar wit, groot en strak kathedraal en klokkentoren, met de hemel alleen.

De weidse vlakte van het plein dat overgaat in zee en lucht is leeg, slechts ingenomen door de hitte, totdat er een bruid uit een auto stapt, wit met een lange witte sluier, op de voet gevolgd door filmploeg en bruidegom.

In diezelfde sfeer als van een droom zien we 'Amsterdam' geschreven op een oud wit huis aan de Via San Nicola, en het middeleeuwse kasteel dat werd opgetrokken door keizer Frederik II, Stupor Mundi.

Met tegenzin verlaat ik deze stille plaats, maar even later rijden we door een ander toverstadje dat lijkt op een decor waar de opnames net zijn afgelopen en dat wacht op de volgende draaidag. Alles is volmaakt: het plein met palmen, hoog en sierlijk, de fontein, de bankjes, nergens een auto of een mens.

Maar dan begint er een klok te luiden en komt een zwarte stoet schoorvoetend uit een kerk.

Geruisloos fietsen we over de hete wegen. Art, die zo zeker door het meest chaotische verkeer rijdt, wankelt als hij in de buurt komt van een vijgenboom, als bedwelmd door de zoete geur.

Ik fiets hard. Na al dat klimmen is het fijn om vaart te maken op zo'n lange rechte weg. In Bari wil ik tijd hebben voor de kerk van Sinterklaas en daarna nog een heel eind verder komen, zodat we morgen niet hoeven te haasten naar de boot. Beelden van eerdere etappes zie ik voor me, de Rijn, de Alpen in de mist, Mantua bij nacht, zo ver alweer achter ons.

Wat een repertoire heeft Moeder Aarde. Steeds Griekser wordt de wereld hier met al dat wit en blauw.

Over brede wegen naderen we Bari. Het zindert en knispert weer onder de wielen en in de lucht omdat we een grote machtige stad tegemoet gaan. De rotzooi van de buitenwijken nemen we voor lief.

De weg loopt naar beneden. Ik druk niet op de remhendels maar rijd met volle vaart Bari in, langs antieke muren, la Fortezza Normanna, de pijl volgend naar het Centro storico. We zien Begrafenisonderneming San Nicola, Stadion San Nicola, maar waar het gebeente ligt van Sinterklaas ontdekken we niet.

Ik stop bij een pomp waar een oude man water staat te tappen. 'Het beste water van Italië,' zegt hij. 'Het komt via een aquaduct uit de Calabrese bergen.'

Ik vraag of hij ons kan zeggen waar de kerk is van San Nicola.

'Kom maar mee.'

De man, die zelf ook Nicola heet, gaat ons voor door smalle witte straatjes, geplaveid met glanzend witte steen waar geen plaats is voor auto's.

Weer is het of we een filmset op lopen, van een jarenvijftigfilm. Hier en daar zitten mensen in stoelen op straat, op balkons en binnenplaatsjes, onder de was die allang droog is. Ze verroeren zich nauwelijks en zeggen niets, daarvoor is het te warm.

We lopen door de straat van de kruisvaarders.

'Ecco, la Basilica di San Nicola.'

Het ontroert me de kerk te zien van de bisschop die zo'n grote rol in mijn leven heeft gespeeld. Voor de kerk staat een bronzen beeld van Sinterklaas, in zijn habijt, zonder mijter maar wel met staf.

'Dick Maas zou geschokt zijn,' zegt Art, 'als hij zag hoe lief dit beeld uit zijn ogen kijkt.'

Art past op mijn fiets terwijl ik naar binnen ga. De kerk is groot, licht en strak met witte zuilen en met bogen voor het altaar die een iconostase lijken te vormen. In een flink tempo loop ik erdoorheen, op zoek, tussen de pilaren, in nissen, apsissen, achter biechtstoelen en voorhangsels, naar het graf van Sinterklaas, zoals hij me vroeger naar cadeautjes liet zoeken. Ik zie zijn beeltenis op schilderingen en iconen, in borstbeelden en op foldertjes, maar het graf met zijn stoffelijke resten kan ik nergens vinden.

Houdt hij me weer voor de gek? Is dit zijn kerk wel? Of is het een fopkerk? Waar heeft hij zich verstopt?

'U moet afdalen,' zegt een priester.

Afdalen? Naar mijn kindertijd, die zalige fase waarin er geen verschil bestond tussen werkelijkheid en fantasie?

Nee, gewoon met de trap.

Ik ga de oude treden af naar de crypte, en kom in een schemerige ruimte met zuilen en gewelven waar het naar oosterse specerijen ruikt.

Achter een woud van olielampen en omringd door iconen staat het altaar met daaronder het graf van de Sint.

Op een houten bank zit een man, verzonken in gebed. Na een tijdje staat hij op en als in trance loopt hij naar het graf, prevelt iets wat Russisch klinkt, slaat een paar kruisen en gaat weer zitten. De hele sfeer is Russisch, Sint-Nicolaas is dan ook niet alleen de beschermheilige van Bari en Amsterdam maar ook van Rusland. Hoe zou deze vrome Rus kijken als hij op het Nederlandse televisiejournaal zag hoe tussen het verslag van oorlogen en natuurrampen door werd vermeld dat de Sint weer veilig is gearriveerd in een Nederlandse haven?

Ik kijk naar het graf. De stoffelijke resten lagen ooit rustig in Myra, totdat zeelui uit Bari ze roofden om ze in veiligheid te brengen nadat de muzelmannen in Klein-Azië aan de macht waren gekomen. Maar ook hun toenmalige rivalen in de strijd om de handel met het Oosten, de Venetianen, gaan er prat op het gebeente van de heilige Nicolaas te bewaren in de kerk van San Nicolò.

Want, zo zegt priester Nicola als ik weer opduik uit de crypte, pelgrims brachten veel geld naar de stad.

Het is een mooie gedachte dat wij in de Lage Landen niet zijn verjaardag vieren maar de dag van zijn dood, de dag waarop hij onsterfelijk werd.

Daar gaan we weer over kokende wegen, met de schaduw van mijn fiets en mijn trappende benen onlosmakelijk vastgeplakt aan mijn wiel.

Heerlijk is het als een sproeier die net geplante groente fris moet houden even over mij heen spuit. Heerlijk is het als we in Mola di Bari koel water tappen uit een fontein. Heerlijk is het als Art dat water in mijn gezicht gooit. Wij hebben trucs tegen de hitte, maar de iPhone niet. Die van Art lijkt te bezwijken. Het scherm is plotseling zwart. We houden onze adem in. Maar het blijkt slechts een waarschuwing voor een beroerte. Met oranje letters staat geschreven: 'Cool down!'

Hij verbergt hem voor de zon, maar we gaan door, in wind opwekkende vaart. Wie weet halen we als we zo doorzetten Ostuni. De weg is vlak en mijn benen voelen sterk.

'Olimpo', staat er met grote blauwe letters boven een wit restaurant. Een plek voor ons, een voorproefje, maar Art is al onbeschreeuwbaar ver.

Kort daarna zie ik hem. Hij is afgestapt en kijkt naar zijn band, die plat, als gesmolten op het asfalt staat.

En zo zijn we even later toch bij Olimpo. Langs beelden van Griekse godinnen lopen we naar het hooggelegen terras. Maar helaas, de waardin vertelt ons dat ze sluiten.

'Als ik mijn handen niet kan wassen raak ik die band niet aan,' zegt Art. 'Dan ga ik lopen tot ik een kraan vind, ook al is dat midden in de nacht.'

Hier iets tegenin brengen heeft geen zin. Hij heeft niet alleen mij maar ook zichzelf te grazen.

We hebben geluk want er is een pomp net buiten het hek.

Heel rustig gaat Art aan de slag in de brandende zon. Weer zie ik hoe goed hij is voorbereid. Hij stalt zijn plakspullen uit op een muurtje en haalt het wiel eraf. Het gat zit in de binnenband, wat hem aan de ene kant gerust stelt, want hij let zo goed op waar hij fietst. Dit kan veroorzaakt zijn door een spaak. Het gat zit bij de naad, wat riskant is want daar vindt de lucht gemakkelijker weer een weg. In de eerstvolgende stad moeten we een binnenband op de kop zien te tikken.

Nu lijkt de band het te houden. Al snel is Art uit het oog verdwenen.

Ik hoop dat ik hem voorlopig niet zie, terwijl ik anders altijd naar hem uitkijk en blij ben als hij me ergens opwacht.

Als ik hem verderop toch zie staan kijk ik meteen naar zijn band.

'Nee liefje, ik wachtte gewoon op je.' En hij wilde water drinken. Hij voelt zich zwak, misselijk. Misschien door het banden plakken in de smorende zon.

Het viel me al op dat hij niet taalde naar de vijgen die openbarsten langs ons pad.

'Zag je die troep overal langs de weg, plastic, papier, onderbroeken?'
'Onderbroeken?'
'Regelmatig.'

De witte stad die we vanuit de verte al zagen op een vooruitstekende rots, is verrassend mooi: Polignano a Mare, feestelijk, uitbundig, met een carrousel waarin kinderen ronddraaien op droomdieren, boven een klein strandje in een verborgen baai.

We vinden er een fietsenmakersfamilie die samendromt rond onze fietsen, een binnenband voor ons heeft, en vertelt dat Monopoli niet de moeite van een bezoek waard is maar dat we meteen door moeten naar het weergaloze Ostuni, waar vanavond het grote feest van de heilige Sant' Oronzo wordt gevierd die door de apostel Paulus zelf tot bisschop is benoemd.

Voordat we de tocht van nog zo'n vijftig kilometer ondernemen, eten we op het terras naast de carrousel met uitzicht op zee.

Het schemert als we onze tocht voortzetten.

Al snel verlaten we de zee en gaan landinwaarts.

'Trulli!' roep ik, en ik wijs Art op die wonderlijke huisjes met kegelvormige daken die je alleen hier vindt.

We laten Monopoli links liggen en rijden over stille donkere wegen, die ik moet verlichten met mijn Supernova want de lamp van Art doet het niet.

Maar plots zijn er duizend lampen die ons helpen en fietsen we door een zee van licht, een midzomerfeest, ter ere van een heilige misschien. Geuren van hartig en zoet dringen onze neus binnen, muziek weerklinkt. Kinderen lopen met ballonnen en zakken snoep.

We rijden het feesttoneel weer uit, de stille zwarte nacht in. Af en toe moet Art stoppen om op zijn iPhone te kijken, en dan trappen we weer verder door het donker.

Maar wederom branden er duizend lampen en rijden we over een witte weg langs witte huizen met balkons waar de Griekse meander langskronkelt. Via Roma heet deze straat die loodrecht verder loopt tussen nachtelijke olijfgaarden door, en soms naar andere steden is genoemd, zoals Lecce en Fasano. Krekels doen hun best tegen de stilte, en hier en daar glanst een trullo in het licht van schijnwerpers of van de maan.

Het is klimmen, gestaag klimmen. Ik kijk op de kilometerteller en gok telkens hoeveel kilometer ik heb gefietst en dus nog heb te gaan naar die blinkend witte stad die als een sprookje straalt in de nacht.

Kleurige vuurpijlen schieten eruit omhoog die veranderen in bloemen en fonteinen.

Daar had ik willen zijn, maar uit mijn voeten spat het vuur niet meer.

Meer dan honderddertig kilometer heb ik mijn best gedaan en er lol in gehad maar zo'n onverwachte klim in het donker als slotakkoord is vreselijk. Op de kaart was de weg loodrecht dus niet verdacht. Afstappen wil ik niet want dan is het moeilijker weer op te stappen. Ik stel me voor dat ik vastgeketend zit zoals de galeislaven aan hun roeibank tijdens zeeslagen. Steeds kleiner wordt mijn wereld.

Art staat me lachend op te wachten. Hij hoorde een zacht zuchten dat heel langzaam dichterbij kwam. 'Ik wist precies hoe je eruit zou zien: alsof er aan beide mondhoeken gewichten waren gehangen. Maar ik wist niet dat je zo mooi zou glinsteren in het schijnsel van de maan.'

Ik ben nat van het zweet.

Nog even worstel ik verder door een wereld die geheel duister is als het maanlicht wordt tegengehouden door de bomen.

Maar dan staat daar de zegepoort, van veelkleurig licht alsof hij is opgericht voor ons, de pelgrims uit de Pijp.

Triomfantelijk fietsen we eronderdoor het feest binnen. Het is elf uur en het krioelt.

Verder fietsen we, nog steeds omhoog, drukker en drukker wordt het. De versierde straten puilen uit van de mensen.

En dan komen we op een grandioos plein, geheel in feestverlichting, ook de kathedraal. Er wordt muziek gespeeld door een orkest. Mensen zitten op fonkelende terrassen.

Hier gaan we een ijsje eten, maar eerst moeten we een onderkomen vinden voor de nacht. Een jong stel dat hier woont weet een mooi hotel, vlak bij het grote feestplein. Ze leggen uit hoe we moeten fietsen. Art hangt over zijn stuur, zijn hoofd gebogen, hij luistert niet naar het gesprek.

Ik leg hem uit dat het vlakbij is en dat we naar de Via Lecce moeten. Met een verdwaasde blik en langzamer dan ik van hem gewend ben, tikt hij het in op de iPhone.

We slalommen weer door het feestgewoel, en ik verheug me erop straks op dat majesteitelijke plein te zitten aan de voeten van het beeld van Sant' Oronzo.

'Italianen kunnen geen wegen maken,' bromt hij. 'Ze hebben een onnavolgbaar systeem van eenrichtingsverkeer.'

'Niks van aantrekken,' luidt mijn advies.

'Via Lecce is zo,' zegt Art en voor ik het weet stuift hij de weg af naar beneden.

'Dat kan niet goed zijn!' roep ik. 'Het is in het centrum! Het is vlakbij!'

'Het is goed,' zegt hij. 'Kom.'

Ik roep maar hij rijdt door, verder en verder naar beneden, terwijl ik zo blij was dat ik de top had bereikt. Met een gevoel van wanhoop volg ik hem.

Uiteindelijk belanden we op een grote lege vlakte waar geen hotel is, geen huis en zelfs geen leven.

Art zet zijn fiets tegen een muurtje, gaat daarop zitten en zegt dat hij zich heel beroerd voelt en niet meer verder kan.

'Je moet even doorzetten.'

Hij reageert niet, kijkt apathisch voor zich uit. Het lijkt of het niet tot hem doordringt wat ik zeg.

'Waarom ben je doorgereden? Ik zei toch dat het in het centrum was.'

'Dit is de Via Lecce,' zegt hij zwakjes en nauwelijks articulerend.

Ik moet hem geen verwijten maken, ik moet de leiding nemen.

Als ik een auto zie ren ik erheen en zwaai.

Hier is geen hotel, vertellen de mensen. We moeten terug richting Ostuni. Halverwege de berg weten ze een hotel. Ze zullen voor ons uit rijden erheen.

Ik overtuig Art ervan dat hij echt nog even op de fiets moet stappen.

Dat doet hij met zijn laatste krachten, maar het hotel blijkt dicht.

Daar gaat hij weer zitten, op een plastic stoel, en wil niet verder omdat hij niet meer kan.

Vaak heeft hij veel meer gereden dan vandaag. Dat is het niet. Misschien iets verkeerds gegeten of de zon.

'Je moet, liefste. Even doorzetten naar een bed.'

Hij gaat lopen, of liever sloffen, leunend over zijn fiets met een verdwaasde blik. Die hele berg weer op.

Ik voel me sterk en fris.

Terug in Ostuni aan de rand van het centrum ga ik het eerste hotel binnen. De eigenaar kan ons geen bed en zelfs geen water bieden maar hij legt wel uit dat de Via Lecce zo genoemd wordt maar het niet is. Vervolgens wijst hij ons de weg naar Ostuni Palace.

Dit vorstelijke hotel heeft plaats voor ons. Art zijgt neer op een sofa. De nachtportier helpt me met de tassen.

Een ijsje op het plein zit er niet meer in.

DAG 38
OSTUNI - BRINDISI
41 KM

Waar ter wereld je ook gelukkig bent, daar is je vaderland.
– Menander

Wat er met hem was weten we niet, misschien een klap van Apollo doordat hij in de volle zon zijn band plakte, maar Art is uit de bijnadood herrezen. Vorstelijk en gelukkig kijken we uit vanaf het dakterras van ons hotel over *La Città Bianca*, die nu niet straalt in het duister, maar tegen de achtergrond van een strakblauwe lucht rivaliseert met de zon.

Voor we afdalen naar de zee, die in de diepte op ons wacht en onze nieuwe weg zal zijn, fietsen we een rondje om het beeld van Sant' Oronzo, ook een soort Sinterklaas: met mijter, lange baard en staf prijkt hij hoog op de blanke zuil. De feestverlichting die het plein gisteren alle kleuren gaf wordt weggehaald en het wit voert weer de boventoon.

Ons feest verplaatst zich. Wij plukken de vruchten van ons geploeter en mogen nu de berg weer af. In volle vaart zoeven we over diezelfde rechte weg die gisteren schuilging in de nacht maar nu al haar kleuren terug heeft. Zilverig rijzen de olijfgaarden op uit de rode aarde, doordrenkt van het bloed van heiligen die hier stierven en weer tot leven kwamen. Hier in het zuiden maken de heiligen deel uit van het dagelijks leven zoals de goden en godinnen in de Oudheid.

Af en toe staat er een trullo. Ik roep Art dat hij er een moet fotograferen, maar hij is in de roes van het dalen. De weg blijft het tegenovergestelde doen van gisteravond. Vrij baan krijgen we, want zoals we inmiddels weten: geen mens waagt zich tijdens het heetst van de dag op het zwetende asfalt. Zo rijden we vanzelf naar de haven en zullen de boot met gemak halen tenzij er een band klapt of er iets anders mis gaat.

We rijden over de Appia del Vino, blijven de bordjes herhalen. Alleen vreemd dat ik geen druiven zie.

Zouden onder dit plaveisel de stenen liggen van de Koningin der wegen? Een enkele keer ga ik wandelen over de Via Appia, Rome uit, de stilte in, grafmonumenten aan weerskanten.

Hier ongeveer moet het laatste stuk lopen van die legendarische weg. Als ik er nu niet overheen fiets dan is zij in elk geval vlakbij.

Al meer dan tweeduizend jaar geleden ratelden hier de karren met handelswaar, olie, wijn, specerijen, oorlogsbuit, de zevenarmige kandelaar uit de tempel van Jeruzalem, schatten uit Delphi en ook de strijdwagens reden hier, naar de haven van Brundisium of terug naar de caput mundi. Hier marcheerden de soldaten en strompelden de krijgsgevangenen. Hier reden de keizers om oorlogen te gaan voeren of om andere redenen verre gebieden aan te doen. Ook naar Delphi reisden ze. Nero om daar kunstwerken weg te halen waarmee hij zijn Domus Aurea nog meer luister bij kon zetten, en Hadrianus, die zeer onder de indruk was van de Griekse cultuur, omdat hij een diepe band voelde met die heilige plek hoog in de bergen en er een tempel liet oprichten voor zijn geliefde Antinoüs nadat die was verdronken in de Nijl.

Later trokken ook de kruisvaarders over deze weg.

We fietsen door het laatste stukje van Italië, hitte en een zachte bries om ons heen.

Niet alleen de weg maar ook het land is stil en leeg.

Eindelijk zijn daar de druiven, even later tomaten en dan zie ik een uitgestrekt veld vol grote gele ballen. Terwijl mijn fiets vanzelf verdergaat sluit ik even mijn ogen en open ze weer. In dit laatste stukje van Italië wordt de wereld steeds wonderlijker. Maar dan zie ik dat het meloenen zijn. Ze liggen groot en volgezogen naast de struiken, op regelmatige afstand van elkaar.

Een eenzame fietser in de verte blijkt een Afrikaanse jongeman. Vrolijk groeten we elkaar. Misschien is hij een van de vele Afrikanen die hier, als hedendaagse slaven, tomaten plukken voor een hongerloon.

Nog 500 meter naar de zee, vertelt een bord, nog 400 en dan wordt er afgeteld met stappen van 50 meter. Alles werkt toe naar de climax van de grote oversteek.

Daar ligt eindelijk de blauwe vlakte weer en daar rijden we op af.

De huizen zijn al te zien, helderwit, de huizen van de laatste Italiaanse stad van onze reis. Even later lezen we het zwart op wit: Brindisi. Ooit Brundisium, van het Griekse *brentesion* dat 'hertenkop' betekent en dat verwijst naar de vorm van de haven, met twee uitlopers als de hoorns van een gewei.

We volgen de bordjes met 'Porto' die ons naar dat hertenhoofd moeten leiden. Ze loodsen ons samen met Arts Navigon door slordige buitenwijken waar het leeg is, heet en stoffig maar waar de goden ons al tegemoetkomen; hotel Nettuno, hotel Minerva lezen we, tot we halthouden bij een slagboom.

Mannen in uniform vertellen ons dat dit de militaire haven is en leggen uit waar we moeten zijn als we naar Griekenland willen. Ik kijk naar de moderne oorlogsschepen die voor anker liggen en zie ze veranderen in de triremen die hier uitvoeren om de wereld te veroveren.

Aan het eind van een uitgestrekt parkeerterrein waar enkele auto's staan en waar vrachtwagens met 'Hellas' erop ons tegemoet rijden, staat de terminal. Met de fiets aan de hand lopen we naar binnen en kijken naar de namen boven de loketten: 'Igoumenitsa', 'Cephalonia', 'Korfoe', 'Cyprus'.

'We zouden graag naar Patras willen vandaag.'

En dat kan nog ook.

De boot vertrekt over een kleine drie uur, om zeven uur, en zal zestien uur later arriveren.

Of we een ligstoel willen op het dek of een cabine.

Wat zou dat mooi zijn, de nacht door te brengen onder de sterren en de Italiaanse hemel te zien veranderen in de Griekse, maar Art zegt dat we dan om de beurt moeten waken over onze spullen met de kostbare apparatuur, dus nemen we toch maar een cabine.

Nu we het ticket op zak hebben kunnen we nog even naar het oude centrum.

Daar gaan we weer over brede kale wegen die na enige kilometers smaller worden en beginnen te kronkelen. Mijn bloed komt in een hogere versnelling wanneer we zomaar over de Via Appia blijken te rijden, alsof dat verlangen een sprong te maken in de tijd even in vervulling gaat. Overigens is nergens aan te zien dat het de beroemdste weg is van de wereld. Het lijkt een doodgewone straat met grauw asfalt en huizen en winkeltjes erlangs, en er wordt wreed een einde aan gemaakt door spoorwegrails. Steeds nauwer worden de straatjes, waarlangs de muren geleidelijk ouder en mooier oprijzen. De witte stenen lijken te lispelen, zachtjes te sidderen van zo veel voetstappen en wagenwielen, zo veel verwachting, spanning, teleurstelling en triomf.

We zijn eeuwen terug in dit straatje waar geen auto's te bekennen zijn en ook geen mensen. Tot we een oude in het zwart geklede man een caffè zien drinken aan een tafeltje naast de deur van een bar.

We zetten de fietsen tegenover ons tegen de witte muur en gaan aan de tafel naast hem zitten nadat we om de hoek hebben gekeken in het grote, statige café en een ober zagen gebaren dat hij naar ons toe komt. De jongeman is ondanks de hitte onberispelijk in zwart en wit en zal ons ijs brengen.

Ik vertel de in het zwart gehulde heer, die een flink eind in de tachtig zal zijn maar zeer vitaal uit zijn ogen blikt, dat we voordat we op de boot stappen naar Griekenland het oude hart van Brindisi wilden meemaken.

'Dit was de haven van Rome,' zegt hij, 'met een heel lange, rijke geschiedenis. Onder het theater is een groot stuk van het antieke Brundisium te bewonderen.'

Ik vraag hem of er sporen van de oude haven zijn te zien.

'Hier vlakbij staat de zuil die het einde van de Via Appia markeert. Het waren er twee maar na een aardbeving viel een van de zuilen om en die staat nu in Lecce met het beeld van Sant' Oronzo erop.'

Art, die water ging halen, komt terug en zegt op zachte toon: 'De hele bar hangt vol met plaatjes van die makker van Hitler.'

'Mussolini?' zeg ik net zo zacht.

Hij knikt.

'Het waren glorieuze tijden,' zegt de man. 'Dit was het centrum van de wereld. Die ene zuil hebben we nog omdat hij tijdens de Tweede Wereldoorlog veilig is opgeborgen, anders hadden ze ook die platgegooid. En dat noemen ze bevrijding.'

Nadat de man is vertrokken ga ik ook naar binnen. In vitrines staan borstbeelden van Mussolini, flessen wijn met zijn beeltenis. Er liggen zwarte sjaals en T-shirts met spreuken als *'Per l'onore d'Italia. Italia agli Italiani'*, sleutelhangers en armbanden.

Aan de muur hangen posters en foto's van de Duce en ook foto's van mij onbekende mensen, al dan niet in uniform. Ik herken de man die buiten zat. Zijn naam is dezelfde als die onder de foto staat van het kleine jongetje dat een hand geeft aan Mussolini.

De memorabilia staan er zo pontificaal dat ik er rustig en niet tersluiks naar kijk. Het is duidelijk dat ze er trots op zijn.

Ineens besef ik dat de man niet toevallig een zwart overhemd droeg.

'Ik wil die zuil zien,' zeg ik tegen Art. 'Dat is een mijlpaal.'

Hij wil liever eerdere mijlpalen in veiligheid brengen en gaat de foto's op de Chinese imagetank zetten.

In mijn eentje fiets ik over het blanke plaveisel, onder een oude poort door, langs de dom, tot ik hoog en sierlijk de zuil zie oprijzen tegen de achtergrond van de zee.

Ik stap af en kijk omhoog langs die pilaar van bijna twintig meter met als bekroning het fraai bewerkte kapiteel; een kopie, zo vertelde de oude fascist. Daarboven drijft een enkel wit wolkje langs de blauwe lucht.

Het voetstuk waar de andere zuil op stond, staat er nog wel. Een brede trap voert naar het water, naar *La scalinata di Virgilio*, de trap van Vergilius. Hier sta ik op de kop van het hert, waar het gewei naar twee kanten uitloopt. Een perfecte natuurlijke haven.

Het plein is leeg en de vlakte van het water ook.

Ik denk aan al die mensen die hier aankwamen en vertrokken: soldaten, handelaars, avonturiers, kunstenaars, keizers.

Hier stierf Vergilius, terug van een lang verblijf in Griekenland, waar hij de plaatsen bezocht die een rol speelden in zijn *Aeneïs*. Hij wilde dat zijn epos verbrand zou worden als hij het niet kon voltooien, maar keizer Augustus deed die wens niet in vervulling gaan zodat ook de Romeinen, net als de Grieken in Homerus' *Ilias* en *Odyssee*, hun nationale epos kregen waarin we lezen dat Augustus afstamt van de mooiste aller godinnen, Afrodite.

Hier vertrok Julius Caesar naar zijn geliefde Cleopatra. Marcus Antonius en de latere keizer Augustus gingen hier scheep naar Griekenland om wraak te nemen op de moordenaars van Caesar. Hier landde Augustus' kleindochter Agrippina Maior, van wie de beeltenis te zien is in Keulen, met de urn van haar man Germanicus, die naar het oosten werd gestuurd opdat hij niet meer terug zou keren.

Gebeurtenissen waar ik lang geleden over hoorde en las omdat ze de loop van de geschiedenis hebben beïnvloed.

Het waren verhalen voor me, maar het is waargebeurd.

Mijn proefvertalingenverschaffer Cicero logeerde hier en schreef zijn *Brieven uit Brindisi*.

Horatius wandelde door deze straten, samen met Maecenas.

Frederik de Tweede, Stupor Mundi, die in 1225 trouwde in de dom waar ik net langsfietste, stak hier van wal als leider van de zesde kruistocht en werd koning van Jeruzalem.

Velen vertrokken ook om het oude Hellas beter te leren kennen.

En straks vertrekken wij.

Nog snel fiets ik langs het palazzo waar het originele kapiteel bewaard wordt. Ik loop rond het reusachtige beeldhouwwerk en kan de zeegoden en tritons in de ogen kijken die verscholen zitten tussen de acanthusbladeren.

Al die fijnzinnigheid leerden de Romeinen van de Grieken.

Er is geen tijd meer om af te dalen naar de antieke stad onder het theater want we moeten naar de boot. Wel loop ik nog even door een poort van gekantwerkt marmer een oeroud kerkje in, dat werd opgericht door kruisridders.

Ik haal Art op bij de zwarthemden en dan rijden we in een flink tempo terug naar onze haven.

Langs de blauw-witte parasols fietsen we naar het grote schip de *Ionian Queen*.

We rijden haar opengesperde mond binnen en dat is een mythische ervaring. Ze zal ons meenemen in haar warme buik, veranderen in een grote vis en ons uitspugen op de Griekse kust.

De fietsen kunnen aan de wand van het ruim worden vastgemaakt met touwen, zeggen bootslui in half Grieks, half Engels. Het is afgelopen met het Italiaans, op deze boot is alles Grieks. Daarna geven de mannen instructies aan de chauffeurs van kolossale vrachtwagens die naast ons een plek krijgen.

Met de roltrap glijden we omhoog langs eetzalen, bars, een casino, en uiteindelijk komen we bij een balie waar we ons moeten melden. Een man met een pet gidst ons langs heel veel deuren naar de juiste en opent die.

Onze ouderwetse hut heeft tot mijn vreugde een raam waarachter de zee klotst en waarachter ik de zonsopgang hoop te zien.

We staan op het dek en kijken hoe we wegvaren.

Als de stad heel klein geworden is halen we wijn en Coca-Cola en klinken met elkaar. Blij, trots, opgewonden, gerustgesteld, verwachtingsvol.

Later op de avond gaan we eten in het restaurant.

De Griekse ober is vriendelijk, het Griekse eten smaakt ons opperbest en ook de Griekse wijn. Alleen had ik door de luidsprekers liever Griekse muziek gehoord in plaats van Frank Sinatra.

De ober stelt Art gerust, die bang is dat de fietsen gestolen kunnen worden als we vannacht om drie uur een tussenstop maken in Igoumenitsa.

Als we terugkeren naar het dek, waar al wat mensen liggen te slapen in hun stoelen, tassen om hen heen, is de hemel zwart met heel veel sterren. Dit schitterende firmament doet Art denken aan de sterrenhemel van Armenië.

Dan kijken we naar beneden, naar het zwarte water.

'Vind je dat niet angstwekkend?' vraagt Art.

'Nee.'

'Het vervult me met diepe angst. Het is zo vreemd.'

Poseidon was niet voor niets een gevreesde grillige god die ook de dreigende naam 'Aardschudder' droeg.

Ik zet de wekker, want een paar uur na Igoumenitsa, vertelde onze ober, heel vroeg in de ochtend, varen we langs Ithaka.

DAG 39
PATRAS - MONASTIRAKI

Want de hele aarde is het graf van beroemde mannen.
– Thucydides

De klokken van Rome halen me uit de slaap. Even weet ik niet waar ik ben. Dat gebeier heb ik ingesteld als wekker. Maar als ik het zachte geronk hoor van diep uit de buik van het schip herinner ik me met een gevoel van opwinding waarom ik de wekker heb gezet.

Ik trek het gordijntje opzij en kijk uit over het water, waar de ochtendschemer boven hangt.

Langzaam naderen we een eiland dat donker tevoorschijn komt uit roze en oranje sluiers, als in een droom, een mythe, maar het is écht.

Daar ligt Ithaka!

Al die verhalen, beluisterd, met moeite ontcijferd, worden ook jouw geschiedenis, geven er lagen aan en kleur. Als schoolmeisje meereizend met Odysseus verlangde ik met hem naar die plek, dat eiland dat daar opdoemt.

Doordat ik er zoveel voor heb moeten doen om hier te komen, bergen, slechte wegen, hitte, wind en regen heb moeten trotseren, is Ithaka nog meer Ithaka dan wanneer ik hier geland was met een georganiseerde reis, waarbij je alleen maar op hoeft te staan uit een stoel nadat je de krant hebt gelezen.

Het moest moeite kosten, we moesten gevaren doorstaan.

Dit was het juiste tempo; soms zo snel als een paard in galop de bergen af, vanzelf als een zeilboot in de wind en dan weer voortploeterend als een muilezel of wanhopend of we het ooit zouden halen.

Ik kijk naar Art, die nog in diepe slaap is. Zijn lange, zwarte wimpers trillen. Misschien droomt hij weer dat hij wordt achtervolgd door de leeuw die hij wilde omhelzen. Ondanks al onze spanningen en strijd was hij mijn gids en heeft hij ervoor gezorgd dat ik veilig Griekenland bereikte. Ik hoef hem niet te wekken voor Ithaka, wel als ik dolfijnen zou zien opduiken.

We naderen de Peleponnesos, dat meteen de associatie wekt met oorlog. Daar lag Sparta, de aartsrivaal van Athene, maar broederlijk streden ze samen tegen de Perzen. We naderen het land van denkers en tragedieschrijvers, dichters en beeldhouwers, sterrenkundigen en architecten, maar ook van keiharde soldaten en geduchte legeraanvoerders. Als meisje van vijf moest ik het al opdreunen: '*Ooksein-angelleinlakedaimonioishotiteidekeimethatoiskeinoonrijmasipeithomenoi.*' Ik wist niet waar het ene woord begon en waar het andere eindigde maar ik wist wel wat het betekende, en als ooit alles gewist is in mijn hoofd, zal dat Griekse zinnetje bewaard zijn zoals op die gedenksteen: O, vreemdeling, vertel de burgers van Sparta dat wij hier liggen, hun wetten getrouw.

Dat sloeg op de Spartanen die in 480 voor onze jaartelling heldhaftig sneuvelden in de slag bij Thermopylae, tegen een ontzagwekkende Perzische overmacht. Klinkende namen die tot op de huidige dag doorgalmen in klaslokalen, opera's, films en op bonbondozen. Xerxes versloeg Leonidas omdat die werd verraden. Maar uiteindelijk wonnen de Grieken en trokken de Perzen zich terug. Mijn vader vertelde er zo spannend over dat ik het gevoel had erbij te zijn. Later lazen we op school diezelfde verhalen bij Herodotus, de vader van de geschiedschrijving. Geschiedenis was oorlogsverslaggeving.

Ik drink Griekse koffie op het dek, met baklava die druipt van de honing.

Art is verrukt van het flesje waar zijn frisdrank in zit. 'Die Grieken kunnen het nog steeds, mooie dingen maken. Het zou een ontwerp kunnen zijn van Jonathan Ive, de designer van Apple.'

Intussen kijken we hoe het vasteland steeds dichterbij komt. Het is mooi dat we hier allebei voor het eerst landen.

Een grote witte stad strekt zich voor ons uit.

Via luidsprekers krijgen we de opdracht ons naar de uitgang of naar onze auto's te begeven.

Onze fietsen staan niet bij de personenauto's maar in een ander reusachtig ruim bij enkele vrachtwagens, wat een stoer gevoel geeft. We maken de touwen los waarmee de fietsen zijn vastgebonden en kijken hoe de bootsmannen bij de grote metalen deur gaan staan.

Het schip stoot ergens tegenaan, er klinkt geluid van kettingen, geroep. En dan gaat de poort heel langzaam open.

Helderblauwe lucht komt tevoorschijn, kruinen van palmen, een grote boot, de *Piraeus*, die een eindje verder ligt aangemeerd.

Het metalen luik verandert in een brug naar de wal. We krijgen een teken van een van de Griekse zeemannen en dan fiets ik de boot af, Griekenland binnen. Het is een moment waarvan ik weet dat het me bij zal blijven, een scène uit een droom, een waargeworden fantasie. Na al die hoogten, diepten, wanhoop en euforie zet de Ionische koningin ons af op de Griekse oever.

En daar zijn we, vrij en wendbaar op onze trouwe rossen, en kunnen zo de stad in rijden. De voetgangers en auto's moeten wachten. Over de grote lege vlakte rijdt alleen een busje met in het Grieks Artemis erop, wat ik maar niet zeg want het is niet Arts lievelingsgodin.

Langs de kade liggen grote schepen van Minoan Lines en Superfast Ferries, waarmee je naar Bari kunt, Ancona, Venetië, Korfu.

De zonnegod is oppermachtig. Bij de uitgang van het terrein staan bankjes onder een parasol van bladeren. Daar stoppen we om op de iPhone te kijken waar we een fietswinkel kunnen vinden. Art moet goede remmen hebben voor we de bergen in gaan.

Er zitten nog twee fietsers. Een jonge man en een jonge vrouw die ons volgen met een nieuwsgierige blik.

'Hello!'

Ze blijken uit Rome te komen en vertrekken vandaag naar Bari na een grote tocht door Griekenland.

Het was *fantastico*, zeggen ze. Griekenland is *bellissima*.

Een paar jaar geleden hebben ze het fietsen ontdekt en het heeft hun leven veranderd. Fietsen geeft je een ander besef van ruimte, zegt de jongen, een ander besef van afstand, van tijd. In Rome doen ze ook alles op de fiets, waardoor ze een heel andere relatie met de stad hebben gekregen. Als we weer in Rome zijn zullen we elkaar ontmoeten.

Ze waarschuwen ons dat de Griekse automobilisten rijden als gekken, ja, nog doller dan de Italianen, en ze zijn hier ook minder aan fietsers gewend.

Als we afscheid hebben genomen, zoekt Art door naar een fietswinkel en vindt er een. Ideal Bikes.

Hij vraagt of ik het adres kan lezen want dat staat aangegeven in het Grieks.

Terwijl ik me over zijn iPhone buig realiseer ik me dat 'Ideal' van 'idee' komt en dat dat Grieks is en wat een indruk de *Ideeënleer* van Plato op me maakte. We leven in een flauwe afspiegeling van de volmaakte wereld der ideeën, of vormen, die slechts met het verstand is te kennen. Maar nu hebben we toch heel concrete en perfecte remmen nodig want Art moet niet van de Parnassos rollen.

'Odos Agou Andreaou', lees ik, de Heilige-Andreasstraat. In Rome woon ik naast de kerk van Sant' Andrea, opgericht voor diezelfde discipel van Jezus en broer van Petrus. Hij stierf hier in Patras, aan een diagonaal kruis.

We fietsen eerst over een brede avenue langs het water en dan gaan we het centrum in, een labyrint van gloeiende lichte straten waar het krioelt van de auto's. 'Als spermatozoïden,' zegt Art en ik besef dat het weer een Grieks woord is. Op de stoepen wemelt het van de mensen, velen zijn jong en hip gekleed.

De winkel is vlak bij een *Pharmakeio*, zagen we op het scherm, maar we ontdekken dat er om de paar honderd meter een pharmakeio is. Niet alleen dát woord maar ook 'apotheek' is Grieks. In Italië zijn veel *farmacie* en wordt er geen gesprek afgesloten zonder ook even een of ander kwaaltje besproken te hebben, maar de Grieken lijken hen nog te overtreffen.

We rijden over brede wegen met bomen aan weerskanten, langs terrassen en fonteinen, dan weer in smalle propvolle straten door uitlaatgassen en lawaai. Boven het verkeer herken ik op uithangborden en voorgevels, aanplakbiljetten en ruiten overal in die Griekse letters vertrouwde woorden: 'cosmetica', 'therapie', 'helikopter', 'foto', 'kliniek', 'panorama', 'catalogus', 'enthousiasme', 'probleem', 'paniek', 'euforie', et cetera.

Er zijn ook veel verwijzingen naar de heilige Andreas, wiens schedel weer terug is hier in Patras nadat die vijfhonderd jaar was gekoesterd in de Sint-Pieter.

Het is een kick om zo vanzelfsprekend deel uit te maken van deze chaos. 'Chaos', ook Grieks, het gapende gat, het niets, waar alles uit ontstond.

Uiteindelijk vinden we de grote moderne winkel die we zoeken.

In de etalages ziet Art vertrouwenwekkende fietsen. Veel Ideals maar ook het topmerk Pinarello.

We lopen naar binnen en beginnen in het Engels te praten tegen een man die sleutelt aan een fiets, maar hij verontschuldigt zich dat hij geen Engels spreekt en met mijn Grieks is het na mijn val niks meer geworden. Er verschijnt een lange slanke man, het type van een intellectueel, die ons met een ernstige blik aanhoort en dan zegt dat hij geen Magura heeft, alleen Shimano. Eerst wil Art die niet omdat Shimano ook hengels maakt, maar hij heeft geen keus, zeg ik, en de Shimano XTR Disc Brakes Dual Control M975 worden op zijn fiets gezet. Voor en achter, anders wordt het een zootje met voor Magura en achter Shimano.

We vertellen dat we uit Amsterdam komen en op weg zijn naar Delphi.

'Als je een doel hebt kun je meer,' zegt hij met een uitgestreken gezicht. Zie je, die Grieken blijven filosofen.

Hij heeft een fietsclub opgericht. *Find your balance on a bike*, is hun motto. Door veel te fietsen komt de innerlijke balans vanzelf.

Hij rijdt op een Pinarello. De Dogma is zijn favoriet.

'De Italianen zijn nu eenmaal het beste in design en maken de mooiste fietsen.'

'De Griekse invloed,' vlei ik.

Hij lacht weemoedig. 'Wel erg lang geleden.'

Delphi is wonderschoon, zegt hij. Er woont een tante van hem. Hij zegt dat we niet met de pont moeten maar over de Charilaos Trikoupisbrug, een spectaculaire spiksplinternieuwe brug van bijna tweeëneenhalve kilometer lang die de Peloponnesos verbindt met het vaste land.

Het blanke plaveisel voert ons naar gloeiend asfalt van brede drukke wegen, geflankeerd door fabrieken en op elkaar gestapelde autowrakken, de hete wind in ons gezicht.

Het lijkt wel een autostrada. 'Athene',' Korinthe', lees ik op de borden. Ik vraag me af waarom het me ontroert. Omdat het een soort thuiskomen is. Ooit had ik dat met Rome, maar hier gebeurt het me ook.

Art slaat een zijweg in en ik ga achter hem aan, maar na een tijdje ben ik hem uit het oog verloren. Ik blijf doorrijden over dezelfde weg en zie in de verte een reusachtige zilveren brug met uitwaaierende spijlen als zonnestralen. Het lijkt of we hem al voorbij zijn, maar wie weet komen we via een volgend labyrint toch op de juiste plek terecht.

Ik bel Art. Hij is bij de brug, versta ik.

Na een stukje doorfietsen waarbij mij steeds duidelijker wordt dat we die brug voorbijrijden, vind ik Art onder een viaduct.

'Dit is hem niet. We zijn de brug voorbij.'
'Navigon zegt dat we zo moeten.'
'Maar we zouden toch over de brug?'
'Misschien is er nóg een brug.'
'Nee, er is niet nog een brug,' zeg ik geërgerd.
'Weet ik veel, als jij weer twintig kilometer om wilt rijden.'
'Ik wil over die moderne brug!'

Het loopt uit de hand. We schreeuwen uit volle borst over bruggen en geen bruggen.

Uit een voorbijrijdende auto wordt ook heel hard geschreeuwd. De jongeman imiteert ons vermaakt en heft zijn armen.

We schieten allebei in de lach.

Ze zijn hier niet bang voor uitbarstingen. Toen we in het saaie klaslokaal die heftige emoties vertaalden van Euripides' *Medea*, besefte ik met een gevoel van opwinding dat dát het echte leven was.

Ook nu werd ons even een spiegel voorgehouden, met louterend effect.

Vrolijk gaan we via kronkelwegen op die reusachtige brug af die zich als een reeks doorzichtige tenten buigt over het water.

Via een voor ons verboden autoweg komen we ten slotte op een smal zilveren pad dat rust op voetstukken die uit de zee oprijzen, en waarboven ragdunne spijlen harpen lijken te vormen.

De brug loopt omhoog en het waait. Af en toe komt er een zware stormstoot van rechts, waarbij het me moeite kost om op die smalle wieltjes overeind te blijven.

Links straalt wit licht, en lijkt ook het water zilver; een godenwereld, het rijk van Apollo. Rechts is het water donkerblauw en heeft de Korinthische Golf de gedaante van een vriendelijk meer met stranden langs de oevers.

Het is stil.

De grijsblauwe bergen in de verte zijn ongerept, de brug is leeg, slechts af en toe komt er een auto of vrachtwagen voorbij, en op het water is geen boot te bekennen.

Het is of ik fiets door louter licht en wind en of ik zo opgetild en meegevoerd kan worden. Alsof deze brug me naar een andere wereld voert.

Eindelijk welft hij naar beneden. Ik zet de Rohloff in de hoogste versnelling en duw met al mijn kracht op de pedalen.

Daar zie ik Art, die op me staat te wachten. In volle vaart stuif ik op hem af.

Hij zwaait. Ik durf mijn hand niet los te laten met dit tempo en de wind. Hij wijst dat ik naar rechts moet.

Een man komt uit een van de tolhuisjes gerend en zwaait met zijn armen. Moet ik betalen? Geen punt. Met alle liefde betaal ik voor deze godenbrug. Maar als ik naar hem toe rijd maakt hij bewegingen als om me weg te jagen.

Art lacht, wijst weer naar rechts. Ook de man wijst. Ik snap er niks van. Art wenkt. Ik rijd naar hem toe.

'Liefste, ik stond hier al een tijdje. Ineens zie ik een klein blinkend fietsje aankomen maar ik zag het niet goed door de zon. Zou zij het zijn? Toen zag ik die man uit het tolhuisje tevoorschijn rennen en zwaaiende bewegingen maken. Ja, ze moet het zijn. Natuurlijk, ze denkt dat ze een vrachtwagen is, gaat over hun strook op het tolhuisje af en heeft het fietspad niet gezien.'

We fietsen over een stille weg langs het helderblauwe water, langs goudkleurig net gemaaid land, oleanders, palmen, zoet geurende vijgenbomen, witte en blauwe druiven. Grote panelen vangen de zon op en op de bergen moderne molens de wind. Hier is de zon weer Apollo en de wind weer Euros of Zephyr.

Villa's kijken uit over het water en er worden nog nieuwe gebouwd. Er staat een grote orthodoxe kerk op een heuvel en kleine kapelletjes langs de weg op plekken waar doden zijn gevallen. Dat zijn er veel.

Af en toe passeert een fietser die hartelijk groet.

Het is heet. Art gaat water kopen in een supermarkt en komt terug met grote flessen en met nieuwe vrienden. Stralende, hartelijke mensen die vertellen dat ons heel veel moois te wachten staat; Trizonia, het eiland dat Onassis wilde kopen, en het Venetiaanse kasteel hoog op een berg boven de haven van Nafpaktos, waar het door geheime gangen mee verbonden is.

Nafpaktos is inderdaad een erg mooi plaatsje met een middeleeuwse haven waaraan een aanlokkelijk terras ligt in de schaduw van een machtige, uitwaaierende boom. Eerder zagen we al hippe bars, ook in Patras.

We nemen *frappé*, dat hier de nationale drank blijkt te zijn: koffie, een groot glas vol, sterk, zoet, met ijsklonten en overdadig schuim.

We kijken uit op de met bomen beplante pieren, de havenmuren met kantelen, torens aan weerskanten van de opening naar zee. Op een van de torens staat het beeld van een lange slanke man met geheven arm.

Nu we weten dat we Delphi gaan halen willen we er langzaam naartoe. We nemen nog een frappé, wat kan het schelen.

Zomaar een idyllische bar lijkt dit, op een hete middag met de mensen uit de buurt die hier bijpraten en de krant lezen, maar tijdens de Peloponnesische Oorlogen was dit het strijdtoneel van een grote zeeslag.

Een nog beroemdere zeeslag blijkt hier gevoerd te zijn lang nadat de strijd tussen Athene en Sparta was uitgewoed en andere volkeren hier streden om de macht. Op de kaart waarop die zalige frappés in het gelid staan, ontdek ik tot mijn verbazing dat Nafpaktos dezelfde plek is als Lepanto, waar die slag geleverd is die je in Italië zo vaak verbeeld ziet, op doeken van grote meesters als Titiaan, Tintoretto, Veronese, op muur- en plafondschilderingen. In het Arsenaal van Venetië zag ik het schip dat had meegestreden, en het buitgemaakte vaandel met Arabische strijdkreten dat neerslachtig in een kast hing.

In 1571 vochten de vloten van de paus, Venetië, Spanje, Malta en Genua hier tegen de Turken en versloegen hen. Nadat de Turken ruim een eeuw eerder Constantinopel veroverd hadden zat de schrik er flink in.

400 galeien, 12 grote galjassen en 60.000 man deden mee aan het gevecht. Onder hen ook Cervantes, die verlamd raakte aan één arm. Het beeld van die slanke man die met geheven arm op de toren staat is hij, de schepper van Don Quichot.

'Sancho Panzaatje van me, ga je mee?' zegt Art.

Het schemert al als we verdergaan over de *Padilata*, een rode strook naast de autoweg waar, strak vormgegeven, een fietser op is afgebeeld.

Voor het eerst en met een schok lees ik 'Delphoi', zomaar op een verkeersbord.

Als er een einde komt aan dat fietspad zegt Art dat er ook een route is die dichter langs het water voert. 'Die wil jij liever.'

Even later rijden we over een kronkelend pad door de natuur, langs appelboomgaarden en olijfgaarden, veel rommeliger dan in Italië; hier en daar staat een huisje, honden beginnen luid te blaffen als we passeren. Een reusachtige hond rent een stuk met ons mee.

Allerlei geuren vermengen zich: kruiden, vijgen, laurier voor duizend lauwerkransen. De krekels zijn op het toppunt van hun kracht. Het terrein wordt steeds ruiger; het pad wordt zo slecht dat we moeten lopen. Art is bang voor zijn velgen en spaken.

We staan stil. Er is geen licht, behalve dat van de maan en van de sterren. We kijken lang omhoog, zien Venus, Castor en Pollux. Weer herhaalt Art dat de hemel in Armenië er ook zo uitziet.

'Mooi,' zegt hij. 'Maar vind je het niet beangstigend ontzagwekkend?'

Dat zullen de oude Grieken ook gevonden hebben, die daar hun goden en godinnen zagen maar anderen, zoals Pythagoras, louter harmonie en getal.

Vele kilometers lopen we in het donker, een heel stuk over gras. Langzaam naderen we de navel van de wereld.

Het is een zwoele wereld, een geurige, rijpe aarde.

Uiteindelijk komen we weer op een geplaveide weg, zonder verlichting.

We rijden langs het water, zien lichtjes in de verte. Geleidelijk komen ze dichterbij.

Langs de oever ligt een reeks terrassen, die horen bij een rij taverna's.

We worden begroet door een paar jonge mannen die aan een tafel zitten. Ook een priester in zwarte toog, met zwart hoofddeksel en lange baard, maakt deel uit van het gezelschap.

We vragen of hier een hotel is. Dat is er, vlakbij maar wel even klimmen.

De mannen willen weten waar we heen gaan en waar we vandaan komen, en als ze horen dat we met de fiets enzovoorts, roepen ze: 'Jullie moeten familie zijn van Hercules!'

Wanneer ik vertel dat Art eigenlijk een Armeniër is zegt de priester: 'Bari louys.'

Art is verrast en begint in het raadselachtige Armeens te rebbelen. 'Voghjúyn. Há, duk hayerén ek khosum? Inchpés ek?'

Ik vraag wat de priester zei.

'"Goedendag," eigenlijk "Goed licht", een Armeense groet.'

Het is al elf uur en we gaan eerst kijken of er plaats is in de herberg. Natuurlijk kunnen we daarna nog bij hen eten! Ze zijn open zo lang als we willen, al is het de hele nacht.

De klim is zo steil dat ik moet afstappen.

Een oude man in het zwart komt me tegemoet, leunend op zijn stok. Ik denk aan het raadsel dat de sfinx die Thebe teisterde, door iedereen die het antwoord schuldig bleef te doden, aan Oedipus voorlegde: 'Welk schepsel loopt 's ochtends op vier, 's middags op twee en 's avonds op drie poten?'

De man begint tegen me in het Grieks.

'Kalispera,' kan ik uitbrengen, en ik begrijp ook dat hij vraagt waar ik vandaan kom.

'Ollandía.'

'Ajax!' roept hij meteen glunderend.

'Nai!' Dat weet ik ook nog, dat 'ja' hier bijna als 'nee' klinkt. En dat is voor deze dialoog genoeg. Vrolijk wensen we elkaar nogmaals een mooie avond.

'Kalispera.'

'Kalispera.'

Aan het eind van de klim vinden we de Avra Studios, waar de eigenaar voor de deur in de warme avond zit. Hij heeft plaats voor ons en de fietsen mogen op de kamer.

'Wat een ontspannen mensen, die Grieken,' zegt Art als we zonder onze bagage weer op de fiets stappen. Eén identiteitskaart was genoeg en uitchecken hoeft pas om twaalf uur. Onze kamer is groot en helderblauw met een balkon dat uitkijkt op een zwembad en daarachter de Korinthische Golf. We zijn al verliefd aan het worden op dit land.

In duizelingwekkende vaart rollen we terug naar het water, naar de taverna waar dezelfde mensen nog op dezelfde plek zitten.

We krijgen een tafeltje aan de rand van het water, waar houten bootjes in dobberen. Een lange, knappe jongeman, die dan ook Adonis blijkt te heten, neemt de bestelling op.

Vegetarisch, geen probleem, zegt hij. Ze zijn hier allemaal vissers.
'Ook geen vis? *No problem.*'

Schotels vol verrassende hapjes worden aangedragen: kaasballetjes, allerlei gevulde groentes, *Tzatziki, Spanakopitakia, Dolmadakia* en natuurlijk een Griekse salade, waar we al aan verslaafd beginnen te raken. Overspoeld door heel veel water en retsina.

Ze vragen telkens hoe het gaat, of alles naar wens is. We loven de Griekse keuken. Nadat we de zelfgemaakte zalig zoete *Kadaïfi* hebben moeten proeven krijgen we ouzo van het huis.

'Doe maar net of je een slok neemt,' zeg ik tegen Art. 'Dan drink ik het wel op.'

Een jonge joviale kerel met gezellige buik komt bij ons zitten. Hij spreekt goed Engels.

Hij heet Christos en vertelt dat hij hier zijn zwager helpt. Hij had een televisieprogramma samen met zijn vader, een groot kenner van het antieke Grieks. Zelf vertelde hij over Griekse folklore en zijn vader over de antieke wortels.

Maar de uitzending is gestopt door gebrek aan geld. Er zijn wel steeds meer Turkse programma's, zegt hij.

'We zijn in de problemen. Je ziet het.' Hij wijst naar de lege terrassen.

'Maar op Kreta en Korfoe is het vol. Niet met Grieken want voor ons is het te duur. De ene charter na de andere dumpt hier ladingen Russen, Bulgaren, Noren, Finnen die voor een habbekrats genieten van Griekenland. Als wij naar Korfoe willen moeten we enorme bedragen betalen. Al die kortingen op tickets en hotels gelden niet voor ons. Natuurlijk willen we werken. Onze politici zijn dieven en die verkopen ons land.'

Intussen heb ik om de rekening gevraagd, die zeer laag blijkt te zijn.

Christos omhelst Art.

'Jij bent Armeniër, we hebben dezelfde vijanden gehad. *You are my friend, you are my brother. You are Greek too.*'

Weer een scheut ouzo. Het wordt steeds uitbundiger.

'*You are my sister. You are also Greek.*'

Uiteindelijk komt hij tot de conclusie, geholpen door nog wat slokken ouzo, dat we allemaal Grieken zijn.

Toen hij hier in Monastiraki een televisieprogramma maakte heeft hij zijn vrouw leren kennen.

'Zijn jullie getrouwd?'
'Nog niet.'
'Als jullie hier trouwen dan zijn mijn vrouw en ik jullie *best woman* en *best man*.'

Hij wijst naar de priester. 'Petros spreekt Armeens. De drank is gratis. Dat beloof ik. De drank is van het huis.'

DAG 40
MONASTIRAKI - GALAXIDI
73 KM

Als je vreugde wilt vermenigvuldigen moet je die delen.
– Pythagoras

In het hemelsblauw worden we wakker; hemelsblauw zijn het zwembad waaraan we ontbijten, de Korinthische Golf en het uitspansel boven ons.

We vertrekken op het heetst van de dag, want het werd laat vannacht.

Het begint met een stevige klim maar dat is niet erg omdat het landschap zo fabelachtig mooi is en ons einddoel zo dichtbij.

De bergen zijn roze, bedekt met groene bosschages, ongerept, net als de zee waar geen boot op te zien is; hier en daar ligt een klein wit strandje in een baai. Tijdloos is het landschap. Ik had niet gedacht dat het zo gemakkelijk zou zijn je terug te wanen in antieke tijden. Het is niet nodig om moderne bebouwing weg te denken en er is vrijwel geen auto die het beeld verstoort. We zijn hier alleen met de zon, de roze aarde, de zachte bries, de geuren, de bomen en het diepe blauw van het water.

Het is stil, behalve het geluid van de krekels af en toe. Stijlvol is het om over zo'n lege, hete weg Delphi te naderen. Soms staat er een donkere rechte lijn voor de golvingen van de kust. Kyparissos, de jongeling die tot zijn verdriet per ongeluk een heilig hert doodde, wilde eeuwig treuren en werd daarom door Apollo veranderd in een cipres. Een boom van rouw maar ook van eeuwigheid omdat hij altijd groen blijft. Van cipressenhout werden schepen gemaakt en tempeldeuren; het huis van Odysseus was ermee gebouwd. Al die verhalen die mijn vader vertelde of die ik later las, kleuren de wereld, geven haar lagen, diepte, verklaren haar en maken haar nog vreemder.

Geen gek waagt zich op straat. De mensen liggen aan het strand of in het water. Iets wat wij ook gaan doen, eindelijk, ons onderdompelen. Straks, in de Korinthische Golf.

Het is onverbiddelijk heet. We zijn al meerdere droge rivierbeddingen gepasseerd, sporen van bezweken halfgoden die later weer tot leven worden gewekt.

Het zweet druipt van mijn gezicht wanneer ik moet klimmen, maar zalig is het als er een afdaling volgt en er een bries waait om mijn hoofd terwijl ik uitkijk op het intense blauw en de door nevelen omfloerste bergen aan de overkant.

Een godin voel ik me, met vleugels aan mijn voeten in een wereld die voortdurend van gedaante verandert. Zo zijn de bergen aan de overkant die gisteren zwart waren en overdekt met lichtjes nu bijna wit.

Bij veel van die vergezichten en vooral bij bochten staat zo'n klein kapelletje, vaak met een foto erin van een jonge man die gezeten op zijn motor ook dacht dat hij goddelijk was. Art vindt die miniatuurkerkjes pittoresk en zet ze op de foto, maar hij denkt intussen aan al die onschuldige en egoloze dieren waarvoor geen gedenkteken is opgericht. De bermen zouden uitpuilen.

En dan volgt er weer een heel lang stuk vals plat dat overgaat in een echte klim en het godinnengevoel is weg, mijn blik vernauwt zich weer, Sisyphus voel ik me. Net beneden en daar moet ik weer omhoog. Ik snak naar een strand, een duik.

Art staat me op te wachten bij een groot restaurant, Clovino Beach. Misschien kunnen we daar zwemmen.

Hij wijst op de hars die uit de pijnbomen lekt en die de wijn hier die speciale retsinatoets geeft. De amforen voor wijn werden ermee ingesmeerd, zodat die niet meer poreus waren en de wijn langer houdbaar. Die harssmaak beviel en dat hielden ze erin. Als honing druipt het langs de schors.

We zetten de fietsen aan elkaar vast voor de deur en gaan naar binnen. De ruimte is groot en versierd met houtsnijwerk en schilderingen. Kasten en toonbanken puilen uit van Griekse koeken, snoep, honing, ouzo, wijn met hars. Beneden ligt een groot terras waar vooral busladingen Italianen komen tafelen met uitzicht op het water, zo vertelt Kostas, die zijn familie helpt maar eigenlijk aan de slag wil als natuurkundige. Hier is een overschot aan fysici, daarom overweegt hij naar Nederland te gaan, waar er, zo had hij gehoord, te weinig zijn.

In dit land van hem kregen zeeën, hemel, rivieren, zon en maan benen, armen en ogen; werden ze verliefd, jaloers, kregen ze verhoudingen en ruzie. Maar hier ontstond ook het koele logische denken, het louter vertrouwen op de ratio, en ging men het bestaan te lijf met het verstand.

Kostas is geboren in Delphi. Daar hoeven we ons geen zorgen te maken over de veiligheid van onze fietsen, zegt hij, het is een vriendelijk dorp. In Athene moeten we daarentegen zeer op onze hoede zijn.

We eten een ijsje, dalen af naar een stil en leeg strand van kleine steentjes onder oude bomen. Paradijselijk, maar zonder handdoeken en zonder ligstoel is het toch niet ideaal. Jammer, want dit is wel een strand waar Poseidon zou kunnen opduiken met zijn drietand.

We vervolgen de tocht met onze blik gericht op de kust, tot we in een baai een klein strand zien met ligstoelen onder parasols van riet. We laten ons ernaartoe rollen, de heuvel af.

De strandstoelen kosten niks als we iets consumeren, zegt een atletische en vrijwel naakte barman. Een dergelijke gulheid heb ik in Italië nog nooit meegemaakt.

We parkeren onze fietsen tegen de parasol aan de rand van het water, trekken onze zwemkleren aan en vlijen ons neer op de bedden.

Even later worden er twee grote glazen ijskoude frappé tussen ons in gezet.

Heerlijk is het om de zon op heel mijn lijf te voelen. Mijn fietskleren zijn erop afgebeeld in wit.

Art staat op en gaat het water in.

'Liefje, kom.'

Art zwemt in de borstcrawl, met grote slagen waardoor het water opspat. In Nederland heeft hij voor het eerst de zee gezien. Ooit strekte Armenië zich uit van de Kaspische tot de Middellandse Zee, maar nu hebben ze alleen dat grote meer Sevan.

Ik sta op en ga het water in, dat kristalhelder is. Wat heb ik naar dit moment verlangd, in de kou, in de regen, in de hitte.

Eindelijk dompelen we ons onder, aan de voet van Delphi, als een ritueel bad, een reiniging. Het stof van al die wegen, het zweet, het zand, de tranen, de spanning spoelt van me af.

Art looft de helderheid van het water en ziet kleine visjes. Hij komt naar me toe, tilt me op, houdt me een tijd in zijn armen, gooit me omhoog zodat ik even later kopje-onder ga. Hij wil het nog eens doen maar ik vind het genoeg.

Dan stelt hij voor om naar het kleine eiland toe te zwemmen, met één villa, verscholen in het groen.

Dat is verder dan het lijkt, zeg ik. Ik wil gewoon wat drijven, me gewichtloos voelen.

'Grootmondig scherptongig lieveke van me. Je hebt het de hele reis over zwemmen maar je houdt er eigenlijk niet van?'

'Jawel, maar voor mij is zwemmen om tot rust te komen. Jij bent een jonge hond, een woeste spetteraar.'

Na een tijdje gaan we weer op het zonnebed liggen om op te drogen.

Zomers lang heb ik zo doorgebracht op het strand van Sicilië, met een geliefde die minder reislustig was. Uitgestrekt op het strand van Taormina reisde ik via de boeken die ik las, over de geschiedenis van Sicilië, waar sinds de achtste eeuw voor onze jaartelling al Grieken zaten, over de grote Atheense vloot die ten onder ging bij de strijd tegen Syracuse; over Archimedes, die naast de vele andere ontdekkingen ook wapens en vechttactieken bedacht, zoals het uit de zee tillen van vijandelijke schepen.

Met eigen ogen zag ik uiteindelijk de tempels van Agrigento, Selinunte en het oor van Dionysos in Syracuse. 's Avonds zat ik in het Griekse theater, terwijl Hephaestos zichtbaar aan het werk was in de Etna.

Altijd weer dat samenspel met de natuur waarin de Grieken meesters waren.

Aan het einde van de middag scheuren we ons los. Het is een verleiding om te blijven, maar Delphi roept. Morgen willen we daar binnenrijden.

Verfrist en vrolijk stappen we weer op de fiets.

Het gaat maar door, die prachtige diepblauwe baaien en stille stranden. Soms fietsen we zo dicht langs de oever dat de druppels over onze voeten spatten. Een stuk stoep is meegesleurd door het water zoals die stad die ooit oprees aan de overkant, Helike, waar een groot heiligdom stond voor Poseidon. In de vierde eeuw voor onze jaartelling zou de 'Aardschudder' een tsunami hebben veroorzaakt die de stad spoorloos liet verdwijnen. Net zoals de glorierijke Minoïsche beschaving werd uitgewist door aardbevingen en vloedgolven. Panta rhei.

Men is bezig Helike op te graven, en de archeologen verwachten dat die verzonken stad nog spectaculairder zal zijn dan Pompeï. Misschien gaat Plato's verhaal over Atlantis daarop terug.

De weg voert weer omhoog. Klimmen moet ik, samen met mijn schaduw, die zich telkens verplaatst. Nu ligt die voor me en fiets ik over de draaiende rotor, de dynamo, de mooie draadjes van de remmen, mijn bewegende benen.

Het wordt steeds stiller en het klimmen steiler, maar de uitzichten zijn nog betoverender nu de wereld begint te verkleuren. De bermen vol dor gras worden rossig, de horizon lila, oranje, roze. De door nevels omfloerste uitlopers van de bergen liggen op een rij in het water als coulissen.

De roze bergen staan achter metalen hekken of zijn ingepakt in netten. We gaan een tunnel in die aan de zijde van het dal bestaat uit zuilen. Ik fiets over hun schaduwen die de laatste zon creëert, maar als we de tunnel uit zijn is de zon al snel verdwenen.

Het wordt geleidelijk donker terwijl het klimmen doorgaat. Nyx, de godin van de nacht, dochter van Chaos, trekt de zwarte sluier van de Duisternis over de aarde, die daar blijft liggen tot hun dochter de Dag die morgenochtend weer weg zal trekken.

De weg blijft kronkelen en is niet verlicht. Mijn lamp schijnt ver voor me uit, maar buiten dat verlichte stuk voor me op de weg zie ik bijna niets. Ik hou me vast aan de witte streep en aan het schommelende licht in de verte van de fiets van Art met de witte tekens op de tassen.

Het blijft maar klimmen, af en toe door tunnels. Het zweet druipt van mijn gezicht. De lucht die ik inadem is warm, mijn keel is droog. Een vlaag van kruiden komt soms in mijn neus, waarin ik ook laurier herken. In het donker ruik je beter.

Bij elke tunnel wacht Art me op, bemoedigt me, geeft me een kus. Heel af en toe zien we een lichtje maar nergens een hotel.

Na de laatste tunnel begint de afdaling. Dat is een verlossing maar lang niet het feest van overdag, want het is moeilijk als je van tevoren niet kunt zien welke kant de weg op buigt. Als er heel af en toe een auto passeert ben ik blij omdat de koplampen me even overzicht bieden. Ik knijp onnodig in de handvatten, houd twee vingers op de remhendels.

We fietsen Galaxidi binnen, eerst door donkere straatjes; geleidelijk branden er meer lichtjes en ten slotte komen we in een vrolijke drukte bij een kleine haven waar de ene taverna tegen de andere leunt.

We stappen af bij de laatste, parkeren onze fietsen tegen de tafel.

'*No problem*,' zegt de vriendelijke eigenaar, die meteen water en retsina voor ons neerzet en ook zal zorgen voor een slaapplaats. 'Niet duur, wel goed. No problem.'

Vegetarisch? 'No problem. Pythagoras at ook geen vlees.'

Wat is water goddelijk, alleen daarom al zou je je uitputten. En daarna die heerlijke met boomsappen verrijkte wijn, die meteen wordt omhelsd door mijn bloed, en mijn lijf tot in alle uithoeken ontspant.

Ik gloei, ik tintel, ik geniet van de kaarsen, de auberginemousse, de broccolitaart.

Van Arts blije ogen.

Morgen, als de goden het willen, zijn we in Delphi.

Het laatste stuk was zwaar vanwege het donker, de zwarte sluier van Erebus die me het zicht ontnam.

'Je hijgde zo en ik vroeg me af: waarom stelt ze zich zo aan? Maar toen er een glimp van licht door de duisternis boorde zag ik dat je helemaal, van kop tot teen, glansde van het zweet. Ik wist dat ik niet moest zeggen dat je harder moest fietsen. Dat zou een averechtse uitwerking hebben. Daarom zei ik dat je het goed deed en daarom gaf ik je telkens een kusje ter bemoediging.'

Na het overdadige maal gidst de man ons op zijn brommer door de smalle straatjes naar een witte poort, begroeid met bougainville. Daar wachten we op de binnenhof.

Hij is snel weer terug met een sleutel en opent daarmee een mooi appartement. We kunnen blijven tot we zijn uitgerust.

'No problem.'

DAG 41
GALAXIDI - DELPHI
37 KM

Voor de deugd hebben de goden zweet geplaatst.
– Hesiodus

'Kaputt,' zegt de eigenaar van het internetcafé die voor de deur in de zon zit. 'Ik hou ermee op. Elk jaar gaat het slechter.'

Hij is een jaar of zestig, heeft lang haar, een hoed op en een ketting om. In de bar werken twee meisjes, die aardig en behulpzaam zijn. Art zit achter een van de computers en probeert foto's in veiligheid te brengen, want zowel zijn memorysticks als imagetank zijn vol en nergens zijn nieuwe geheugenkaarten te vinden. Op een groot scherm draaien Griekse videoclips op volle sterkte en een paar jongens zijn virtueel aan het bowlen, wat ook niet geruisloos gaat.

Alleen de witte muur van het huis aan de overkant, met de grijze luiken en het smeedijzeren balkon, straalt sereniteit en stilte uit.

Ik wandel wat heen en weer tussen de rumoerige bar en de stille straat, drink een frappé en luister naar de ontboezemingen van baas Sokratis. Hij had ook geprobeerd in een toeristischer oord iets op te zetten maar de huur was te hoog omdat de markt is verpest door de buitenlanders.

Een Duitse meneer die iets wil printen vraagt Sokratis waarom ze geen printer hebben.

'Te grote investering.'

'Voor vijftig euro heb je er een. Vervolgens vraag je vijftig cent per blaadje.'

'Te veel gedoe.'

'Dan moet je niet klagen dat het slecht gaat,' bromt de Duitser, die zijn heil elders gaat zoeken.

Sokratis houdt niet van organiseren, zegt hij. Het gaat zoals het gaat. Hij heeft ook nog een stukje land in Delphi, vlak bij de top, en waarschijnlijk gaat hij daar een huisje bouwen en uitstaren over het land en de zee. Dat lijkt hem het beste.

Vandaag zullen we daar aankomen, in Delphi. De opwinding is gemengd met weemoed.

Het lukt niet met de computer, maar een van de meisjes is haar eigen geheugenstick gaan halen voor Art. Die mag hij meenemen en ze wil er niks voor hebben.

Art houdt elke dag meer van Griekenland, en van het oude broedervolk van de Armenen. 'Alleen in de Heilige Grafkerk in Jeruzalem raken ze nog weleens slaags,' zegt hij met een lachje.

Hij had me het filmpje op YouTube laten zien van een woeste vechtpartij tussen Armeense en Griekse monniken bij het graf van Jezus. Het ging over het verplaatsen van een voorwerp, en de Israëlische politie moest eraan te pas komen om de vechtersbazen uit elkaar te halen. Een Palestijn bewaart de sleutel.

Terwijl we wegfietsen door de smalle witte straatjes waar een hete wind doorheen blaast, roepen mensen dat ze een mooie kamer voor ons hebben, 'Good price'. We zouden bij iedereen willen logeren maar we moeten door.

Mijn schouders en nek doen pijn door de klim van de afgelopen nacht en het dalen in het donker.

Al snel zijn we weer bij het water, dat van turquoise op de voorgrond geleidelijk overgaat in diep en koninklijk blauw. Een wolkeloos firmament leunt op de grijze bergen.

De zon heeft alles in zijn macht maar af en toe voel ik een zachte bries. Welke wind is het die me een duwtje geeft? Zephyr zelf vermoed ik, de man van de bloemengodin, die bij een ander twee sprekende paarden verwekte.

Het verbaast ons niet dat dit het land is waar paarden kunnen spreken en vliegen, waar mensen en goden in bloemen, bomen, geuren veranderen. In een cipres, laurier, narcis of anemoon, in welriekende mirre. In dieren. Waar de oppergod als witte stier, zwaan of gouden regen op vrouwen jaagt, waar rivieren vrijen met de bergen, de zon de heuvels laat gloeien, de zee voortdurend verleidt, omhelst, haar golven als geiten op de rotsen laat springen. Waar iedereen en alles inspeelt op elkaar, verandert van vorm, geslacht, kleur.

Nu is achter het diepe blauw van het water de oever rood geworden. Als we even later aan de andere kant van die baai zijn aangekomen fietsen we langs hoge bergen zand dat dezelfde bruinrode tint heeft als antieke vazen.

Wegen, altijd weer anders, glad geplaveid of vol hobbels, breed, smal, dalend of klimmend, overschaduwd of gloeiend, van asfalt, keien, zand, marmer. Zwart, grijs, geel of stralend wit. En nu rijden we over een roodkoperen weg een eindje verder, richting Delphi.

Ik vind Art bij een vijgenboom die in de ruïne groeit van een huis aan de rand van het water. Hij plukt de openbarstende vruchten door een afgebrokkeld raamkozijn. Er flitste een slang weg toen hij hier stopte, een grote zwarte.

Aan de overkant ligt een witte stad, Itea, waar we de weg zullen inslaan die omhoog loopt, de Parnassos op.

Itea is weids en wit, met lange boulevards. Het ligt aangevlijd tegen Kirra, de oude haven van Delphi, waar mensen wonen die de reputatie hadden de orakelgangers te bestelen.

We gaan onze dorst lessen op een terras van vlonders dat over het water is gebouwd. Golven spatten tussen de planken door en raken onze voeten terwijl we twee grote karaffen water met ijsklonten leegdrinken.

De zee lokt, maar we moeten door. Het is al laat in de middag en het wordt nog stevig klimmen.

Aan een brede straat kopen we flessen water voor de laatste etappe. Art ontdekt daar een bakkerij die er interessant uitziet en wil even op onderzoek.

De weelderige blonde vrouw achter de toonbank ziet er niet Grieks uit en blijkt een Oostenrijkse, Ingrid. Ooit kwam ze hier als jong meisje met vakantie en werd verliefd op een Griek, die de beste bakker van Itea bleek te zijn.

Ze is vertederd door de grote belangstelling van Art voor haar gebak, en geeft advies. We proeven de koek die gemaakt is volgens een antiek recept met honing en peper. Socrates at graag koek tijdens zijn redevoeringen op straat, vertelt ze, en men dacht dat peper demonen op de vlucht joeg. Vroeger werden door de mensen die het orakel wilden raadplegen koeken geofferd die je ter plekke voor veel geld kon kopen.

Delphi is prachtig, zegt ze, we zullen aankomen op een magisch tijdstip. Maar ze denkt dat er brand is. Ze gaat ons voor naar buiten en wijst naar helikopters die richting Delphi vliegen.

'Soms wordt het expres aangestoken om schadevergoedingen te krijgen. Iedereen wil hier een huis aan zee want dan bén je iemand. Maar de zee is overal vrij toegankelijk, waar maken ze zich druk om? Het is hier niet zoals in Italië, Frankrijk, Spanje, met al die privéstranden waar je moet betalen voor een plekje. Het toerisme is erg teruggelopen, eigenlijk al sinds Joegoslavië niet meer bestaat. Dat was een goedkoop land om doorheen te reizen. Vroeger waren hier drie campings, nu nog maar één.'

Op een verkeersbord staat 'Athina, Delphoi'. Delphi ligt op de weg naar Thebe en Athene en is nog zestien kilometer van ons verwijderd.

We rijden Itea uit en komen op een pad dat voert langs sinaasappelbomen, citroenbomen, druivenranken en cipressen. Na enige tijd gaat het pad over in een brede weg met aan weerskanten olijfbomen, oneindig veel, met oude gebeeldhouwde stammen, zover het oog reikt.

De bomen zijn beladen met grote olijven. Soms groeit er hoog onkruid onder met lila bloemetjes.

Ik denk aan die onafzienbare appelboomgaard die we binnenfietsten nadat we de Alpen waren afgedaald, die Hof van Eden waarmee Italië begon. En nu ligt hier deze eindeloze olijfgaard waarmee de heilige wereld van Delphi aanvangt, in grijsgroen, grijs en zilver.

Pallas Athene stampte op de grond en liet zo de eerste olijfboom ontstaan. Ik stel me voor hoe de grote godin er hier met haar machtige voet duizenden uit de grond stampt en hoe de Parnassos siddert en blijft nadreunen. Ik kijk naar de grillige stammen, allemaal anders.

Zou het vuur al zijn geblust? Bomen zijn onze zuurstof, zei Ingrid. 'Straks kunnen onze kinderen geen adem meer halen.'

Gaia, Moeder Aarde, er wordt ruw met haar omgegaan. We hebben haar leren kennen onderweg en zijn vol ontzag.

De weg is leeg, behalve het getsjirp van de krekels klinkt er geen geluid.

Ik fiets een stuk staand en voel me veranderen in een paard dat in galop naar Delphi gaat. Het geleidelijk klimmen kost geen moeite.

Intussen wordt het langzaam donkerder maar de hitte laat zich nog niet verdrijven.

'Delphi, elf kilometer.'

Ik denk aan al die anderen die me voorgingen, stromen mensen, duizenden jaren lang. Koningen, keizers, legeraanvoerders, kunstenaars, eenvoudige lieden, met hun vragen over al dan niet te voeren oorlogen, hun al dan niet te sluiten huwelijken. Vragen over werk, gezondheid, liefde. Dezelfde vragen als altijd.

Ook hier staat zo'n minuscuul kapelletje onder de olijven.

Het wordt steiler en de weg kronkelt als de Python die hier vermoord werd door Apollo. Ik kijk telkens op mijn hoogtemeter. We zijn al een paar honderd meter geklommen.

Art staat op me te wachten bij een amandelboom aan het begin van het plaatsje Chrisso. Hij heeft een paar amandelen voor me geplukt. Ik haal ze uit hun fluwelige omhulsel. Ze smaken goed.

Hij wijst op een bordje waarop geschreven is: 'Respecteer de natuur. Bescherm je bestaan. De boete wordt uiteindelijk betaald door je gezondheid.'

Samen kijken we uit over de olijfgaard, die langzaam wordt toegedekt door het duister.

In de verte flonkeren de lichtjes van Itea aan de rand van het water en daarachter kleuren de bergen rood voordat ze verdwijnen in de nacht. De sterren nemen hun plaats weer in aan de hemelkoepel.

'In een verre toekomst lig je in mijn armen te sterven,' zegt Art op zachte, gevoelvolle toon terwijl hij een omhelzend gebaar maakt. 'En dan zeg ik: "Weet je nog hoe we samen naar Delphi gingen? Hoe we daar stonden onder die amandelboom?"'

We fietsen door het plaatsje, dat een ontspannen en gezellig leven leidt naast de resten van het antieke Chrisso, dat grotere zorgen aan zijn hoofd had want volgens Homerus vocht de stad mee tegen Troje.

Op een pleintje met een paar taverna's zitten mensen die groeten en een uitnodigend gebaar maken, maar we moeten verder.

Hondjes rennen ons blaffend tegemoet. De feestverlichting gaat aan, net als wij door de straat rijden.

Het is nog maar zes kilometer naar Delphi. We zijn meer dan vierhonderd meter hoog en we moeten nog een kleine tweehonderd meter klimmen.

De bergen steken inmiddels zwart af tegen de lucht, die ook steeds donkerder wordt. Toch ontdekt Art in het duister nog een granaatappelboom, behangen met glanzende vruchten. Hij kent de natuur zoveel beter dan ik. Het geurt naar dennen, af en toe gemengd met een zoete vleug van vijgen.

Gestaag trap ik door in het donker, over het slingerende pad dat slechts verlicht wordt door het schijnsel van mijn lamp. Hier zeulden ze met hun schatten, hun goud, hun beelden waarmee de godheid gunstig moest worden gestemd, bedankt, verleid. Hier vluchtten de plunderaars met hun buit.

Mijn voeten duwen de pedalen naar de aarde, telkens met dezelfde druk en in hetzelfde tempo. Ik adem diep en regelmatig in en uit. Soms glanzen tussen de struiken door lichtjes ver beneden.

De weg wordt steiler maar de opwinding over het naderen van het einddoel groeit en geeft extra kracht. Ik denk aan al die eerdere klimpartijen, in de regen, in de hitte, terwijl ik opga in deze laatste, langverwachte, heilige klim.

Het is zwaar en elke vezel trilt.

Art is vooruit, bochten verder en onzichtbaar.

De weg is leeg en stil.

Langzaam kronkel ik omhoog door het donker op mijn trouwe fiets.

Het is of ook de berg heel zachtjes ademt. De bomen geuren en soms hoor ik geritsel van een muze.

In de verte ontwaar ik Art.

Hij wacht me op en schijnt met zijn fietslamp op een bordje.

Nog een paar maal duw ik de pedalen naar beneden. Daar staat het, zwart op wit: 'DELPHOI'.

Het is stil.

Behalve de fietslamp is er geen licht.

Geen mens.

Het is half elf.

'We zijn er,' zeg ik zacht, verbaasd.

Ik ben ontroerd.

We geven elkaar een kus.

'The Navel of Earth,' lezen we. We kunnen twee kanten op. Naar de antieke stad of naar het heden. Eerst volgen we de pijl naar het verleden.

We fietsen verder omhoog en zien verweerde traptreden, schamel verlicht maar achter gesloten hekken. We keren terug.

De olijfbomen begeleiden ons tot aan de rand van het hedendaagse plaatsje dat op de route ligt naar het orakel.

Na een benzinepomp waarop met grote letters 'Welcome' staat, volgt een lange reeks van taverna's en hotels. Het heeft iets knus, maar er is bijna geen mens op straat. Af en toe loopt een man een hotel uit en roept: 'Beautiful view, good price.' Duizenden jaren geleden zal dat ook zo zijn gegaan.

We speuren naar de gevels. Taverna Dionysos, Hotel Apollo, Hotel Olimpic, Hotel Acropole, Hotel Parnassos, Hotel Pythia, Pan, Athina, Artemis, Aeolus, Zeus. Bij het hele pantheon zijn we welkom.

Uiteindelijk kiezen we voor Varonos, vanwege de kleurige lichtjes achter de ramen en de bloemen voor de deur.

De hoteleigenaar heet ons welkom in de exuberante lounge vol feestverlichting. Klassieke Griekse toneelmaskers hangen naast Venetiaanse voor het carnaval. Rond een open haard staan luie stoelen. De fietsen kunnen gewoon tegen de bank, zegt de man, die een zeer laconieke uitstraling heeft en misschien uit Sparta stamt, de hoofdstad van Laconië. Naast de bank staat een hok met een wit konijn dat liefdevol wordt toegesproken door zijn baasje.

We weten nog niet hoelang we blijven, zeggen we als we de sleutel in ontvangst nemen.

'No problem.'

De kamer is mooi, met een prent van Aphrodite boven het bed die de Parisappel in haar hand houdt. We openen de deur naar het balkon en zien, uitgestrekt aan onze voeten, die eindeloze olijfgaard, toegedekt door de sluier van de Duisternis. In de verte fonkelen de lichtjes aan de oever van de Golf van Itea.

Ik hul me weer in het enige rokje dat ik bij me heb, en aan de arm van Art loop ik door de hoofdstraat van Delphi.

De restaurants zijn open maar zeer leeg. Op een mooi terras vinden we een plekje onder het bladerdak van een reusachtige boom. We laten een feestmaal aanrukken en laten ons betoveren door het uitzicht en de sterrennacht.

Het lijkt een droom. Morgen gaan we naar de heilige plek, de plek van het orakel.

Euforisch voel ik me, verwonderd dat we hier zijn en dat het nog mooier is dan ik vermoedde, en vol verwachting van wat we morgen zullen zien bij de terugkeer van het licht.

DAG 42
DELPHI

Wezens van één dag. Iemand zijn, niemand zijn: wat betekent dat? Droom van een schaduw is een mens. Maar komt een glans door god gegeven, dan ligt een stralend licht over de mensen, hun bestaan is zoet als honing.
— Pindarus, *Pythische oden*

Als ik mijn ogen open is het donker. Even weet ik niet waar ik ben, maar dan dringt het tot me door. Ik zie ons Amsterdam uit fietsen op weg naar die mythische plek. En nu zijn we daar.

De duisternis is de schuld van het gordijn. Daarachter regeert de zon.

Ik omhels Art, die nog ligt te slapen, en kus hem op zijn gesloten ogen.

Als een brede, zilvergroene rivier golft de olijfgaard naar beneden tussen de wijde oevers van de bergen, om te eindigen in de verte bij het felle blauw van de Golf van Itea.

Een feilloos oog hadden de Grieken voor plekken waar je de goden kunt ontvangen. En de goden jou.

Hier voel je je nietiger dan ooit maar tegelijkertijd word je opgetild, deelgenoot gemaakt van iets ontzagwekkends.

Afhankelijk van het licht zijn de kleuren fel of getemperd in een waaier van pasteltinten, zoals de bergen in de verte.

Het is verzengend heet op het balkon en de airconditioning put zich hoorbaar uit om onze kamer koel te houden. Zodra Art een apparaat ziet dat gebruikt kan worden, stelt hij het in werking. Meestal geef ik de voorkeur aan de warmte, als ik dat mechanische gezoem maar niet hoef te horen. We hebben een compromis: overdag aan en 's nachts uit.

Het is al laat. We hoeven niet weg van deze plek. Het is volbracht, we zijn er. In Delphi, op eigen kracht.

Laat ontbijten was 'no problem'.

In de rode ruimte met afbeeldingen van goden en helden, die als vertrouwde familieleden om ons heen aan de muur hangen – daar heb je hen weer, Athene, Apollo – eten we dezelfde koekjes als die waar Socrates van hield, maar ook andere, met honing en sesamzaad, waar volgens de vrouw des huizes Odysseus al van smulde. De koeken die aan het orakel werden geofferd leken waarschijnlijk meer op broden.

Geen enkel koekje is precies hetzelfde, zei Plato, maar ze lijken wel op elkaar, doordat ze uit dezelfde vorm komen. Zo zit er achter onze veranderlijke zintuiglijke wereld een onveranderlijke van de ideeën. Wat een indruk maakte dat toen we het op school ontcijferden. In zulke simpele taal en eenvoudige vergelijkingen dit soort opwindende gedachten.

'We zijn er, ik kan het haast niet geloven.'
'Ik zei het toch, dat je het kon?'
'Niet zonder jou.'

We gaan een eerste verkenningstocht maken met de fiets. Wat een weelde om alle tijd te hebben.

Het konijn springt los rond door de grote lounge en kijkt ons na terwijl we onze fietsen naar buiten rollen.

Mijn fiets voelt vederlicht zonder bagage, een godenfiets.

De straat is leeg en kleurig, met kleine winkeltjes tussen de hotels en taverna's. In gedachten zie ik die drommen mensen in lange gewaden, gearriveerd van ver of van dichtbij, die in herbergen huizen, offerkoeken gaan kopen en in spanningsvolle afwachting zijn van wat het orakel hun zal zeggen. Het gonst, het zindert, levens hangen ervan af, levens van een eenling, van hele volkeren. Liefdes, grote en kleine, oogsten, geld.

Nu is het verbazingwekkend stil. Het is warm, maar de lucht heeft iets fris omdat Delphi hoog ligt.

Aan het eind van de straat wijken de huizen en maken plaats voor uitzicht op de machtige bergen. In volle vaart suizen we door de bocht over de brede verlaten weg, waar vlaggen van vele landen aan hoge vlaggenstokken ons toezwaaien. De bermen zijn gesierd met veelsoortige bomen en struiken met bloemen.

En dan zien we op de helling boven ons, aangeleund tegen de reusachtige rotswanden van de Parnassos, zuilen en muren oprijzen, wit, roodbruin, oranje, oker, grijs, in dezelfde kleuren als de rotsen en in een mooi contrast met het felle groen van de cipressen.

Aan de andere kant van de weg, beneden ons, zien we nog meer brokstukken van de antieke glorie. Daar liggen het gymnasium en het heiligdom van Athene; we kunnen er alleen niet komen met de fiets.

We stappen af en kijken naar het schouwspel van de bergen die hier van alle kanten samenkomen.

De navel van de wereld.

Hier stroomden de mensen toe, via dezelfde route als wij, door de heilige olijfgaard, of vanaf de andere kant, van over de hoge bergen, uit Thebe en Athene en nog verder.

De stukken zuil en muur beneden me hebben de kleur van de omgeving. Alleen de drie hoge zuilen van de tempel van Athene zijn blinkend wit.

Vrolijk rijden we terug, richting hotel, en parkeren de fietsen weer tegen de divan.

Onze gastheer zit voor de deur in de zon.

We vertellen hem hoe prachtig we het hier vinden en hoe vreemd dat het zo stil is.

'Er zijn geheime krachten die zich niks aantrekken van ons lot. Het gaat elk jaar slechter.'

Hij zegt het op laconieke toon. 'Griekenland heeft al zoveel doorstaan.'

Nu lopen we door de straat waar we net doorheen fietsten, en kijken in de etalages met replica's van antiek aardewerk waar de bekende figuren en scènes op geschilderd zijn. Op asbakken, handdoeken en tassen zit de Pythia op haar drievoet boven de dampen. Armbanden, kettingen en ringen hangen naast T-shirts bestikt met 'Delphi' in Griekse glitterletters.

'Kom,' zegt Art, en hij trekt me mee naar binnen. Na lang zoeken en keuren kiest hij een hemelsblauwe ketting met een ronde hanger waarop de meander is afgebeeld.

Een vrouw van een jaar of zeventig helpt ons. Ze is gehuld in het zwart en heeft een lief gezicht.

'Ach, de crisis, dat vind ik niet erg. Mijn man is niet lang geleden gestorven.'

Ze waren heel gelukkig. Toerden niet met fietsen maar met de brommer heel Griekenland door. Bij het afscheid krijg ik een armbandje van haar cadeau.

Ook vroeger kochten de mensen snuisterijen, herinneringen aan Delphi, sieraden, beeldjes van helden en heldinnen uit tragedies en komedies.

We staan telkens stil, in de greep van het uitzicht, wandelen langs het museum, langs de ingang tot het grootste archeologische terrein waar de tempel van Apollo staat, en dalen dan af naar het gymnasium en de tempel van Athene. *Athena Pronaia*, 'die eerder komt', 'die voorafgaat'. Want eerst bezochten de mensen deze godin en daarna klommen ze verder naar het heiligdom van Apollo.

We tarten het noodlot door een trap af te dalen onder de waarschuwing '*Falling rocks*' en komen op een pad van rode aarde en verdroogde dennennaalden. Het is stil, behalve het lawaai van de krekels.

Langs grijze brokstukken dalen we verder naar beneden, in de richting van de drie witte zuilen die afsteken tegen de groene bergen en de blauwe lucht. Er staan olijfbomen die net zo oud lijken als de stenen, met stammen vol geschiedenis. Een warme bries ruist door het zilveren blad.

Het is aangenaam om na alle inspanningen weer eens loom te slenteren.

Het fundament van de ronde witte tempel van Athene is nog duidelijk te zien. Duizenden jaren voor de jaartelling woonden er al mensen op deze plek en werd Gaia aanbeden, Moeder Aarde, Gè.

Nadat Apollo in de gedaante van een dolfijn hier was aangeland en hier wel wilde blijven, doodde hij de slang Python, die Gaia's heiligdom bewaakte. Een mannelijke god duwde Moeder Aarde van haar plek. Apollo kreeg wel een vrouw aan zijn zijde, maar dat was, in een steeds strijdlustiger wereld, Athene, de godin van de krijgskunst.

Dieren drukten hier hun stempel, zeg ik tegen Art. De dolfijn gaf de naam aan deze plaats en de slang Python aan de Pythia.

Een jong poesje begluurt ons van achter een steen.

Zwijgend kijken we uit over het dal, tot aan de zee en ook omhoog, naar de zuilen en muren van het heiligdom van Apollo.

Langs een lange rij grijze sokkels lopen we, waar hier en daar nog kleine stukken zuil op staan. Ik zie voor me hoe die zuilen weer oprijzen langs de lange renbaan waar de atleten trainden voor de Pythische Spelen die elke vier jaar werden gehouden.

Die ranke ronde zuilen veranderen in de vierkante zuilen langs de lange gang van het gymnasium in Amersfoort waar ik met mijn vriendinnen liep. De deuren staan open van de lokalen waar ik hoor over deze wereld, deze heilige plaatsen, steden en tempels. Over goden, helden, denkers, legeraanvoerders, over hun drama's, oorlogen, overwinningen en nederlagen, over leven, dood en lot. Het werden ook onze oorlogen en ook ons lot. We kregen een spiegel voorgehouden. Daar werd het fundament gelegd, dat heeft mijn blik bepaald.

Wat zouden de atleten raar opkijken van onze fietsen, we zouden een soort centauren voor hen zijn.

Langs een rond bad lopen we, langs de thermen, langs een ruimte waar water spoot uit een rij van bronzen dierenkoppen.

Sporters, ze waren me vreemd, maar nu weet ik ook wat het is: doorzetten, zweten, telkens weer dezelfde bewegingen maken. Voelen hoe je kracht groeit, je hoofd leeg raakt en daarna des te ontvankelijker wordt.

En zo kwamen we hier, na veertig dagen verhevigd leven. En in dat leven ging het niet alleen om de spieren, het lijf, niet alleen om het verstand of het gevoel, de verbeelding, het instinct, maar om al die aspecten bij elkaar, in voortdurende wisseling en combinatie. Al die kleuren en facetten maken deel uit van dit ontzagwekkende, mooie, vreselijke, raadselachtige en voortdurend wisselende bestaan. Die caleidoscoop kreeg ik als meisje al aangereikt in de oude teksten.

Bij een fontein zit een man die duidelijk iets anders in zijn fles heeft dan water. Hij is dronken en blij. Ik moet denken aan wat de Griekse vrouw zei, bij wie ik zonnebrandcrème kocht in Patras: hier willen ze in de zon zitten, een glaasje, een sigaretje, van het leven genieten. Zou dit het water zijn van de Kastalische bron? De bron waarin de mensen zich ritueel wasten voordat ze het orakel gingen raadplegen?

Over een smal pad waarlangs stukken antieke mozaïekvloer liggen, wandelen we eerst naar het museum omdat het nog verzengend heet is en omdat het licht aan het eind van de middag nog mooier zal zijn.

Het eerste wat we zien is de *omphalos*, de navel. Een grote marmeren steen met een reliëf van geweven koorden, die lag op de plek waar het middelpunt van de aarde zou zijn. 'Gè', staat erin gegrift. Gaia.
Honderd jaar geleden werd hij opgegraven in de tempel van Apollo.
Niet ver daarvandaan zien we de drievoet waarop de Pythia plaatsnam.
In de zalen glanzen de schatten die de stadstaten schonken om de godheid te danken of gunstig te stemmen. Gouden hoofdtooien, armbanden, een sfinx, beelden van naakte jonge mannen en van dansende meisjes. Het valt me mee dat er nog zoveel over is, na al die plunderingen. Alleen keizer Nero al roofde vijfhonderd bronzen beelden en nam ze mee naar Rome.
Art is onder de indruk van de grote zilveren stier omdat die zo verfijnd is van detail, maar hij maakt zich boos als hij ontdekt dat die prachtige dieren geofferd werden. 'Primitievelingen.'
Dat wordt er nog eens ingewreven door reliëfs van processies, een vrouw met koeken op een schaal, voorop, een eind verder een stier omhangen met bloemenkransen. Met meer genoegen bekijkt hij het reliëf van een leeuw die zijn tanden zet in een soldaat.
We bewonderen een onderbeen, dat eruitziet of het veel gefietst heeft, en andere brokstukken van atletische lijven.
De marmeren jongeling, met volle krullen en een wat melancholieke uitdrukking op zijn gave gezicht, blijkt Antinoüs te zijn, de geliefde van keizer Hadrianus, die hier een tempel kreeg.
In een aparte ruimte, zodat meteen alle aandacht naar hem toegaat, staat een bronzen wagenmenner, fier rechtop in een lang gewaad dat in strakke plooien langs zijn lijf valt, de leidsels in zijn hand. De vier paarden die hij mende zijn verdwenen, geroofd en omgesmeed door plunderaars of verzwolgen door de aarde.
In 474 voor onze jaartelling won hij hier de wagenrennen voor de tiran van Gela, de Griekse kolonie op Sicilië.
De edelstenen van zijn irissen glanzen. Hij neemt het applaus in ontvangst. Zijn uitdrukking is die van natuurlijke kalmte na de hevige inspanning.

Nu gaan we dan eindelijk naar de allerheiligste plek, de tempel van Apollo, waar de Pythia de orakels doorgaf en de stem van de god vertolkte.

Op dit uur is het altijd stil, zegt de kaartjesverkoopster. 's Ochtends zijn er bussen.

Ook hier liggen poesjes te zonnen op de oude muren.

We betreden de heilige weg, waar het antieke plaveisel soms beter en soms minder goed is te zien doordat grassen zich tussen de stenen dringen.

Het is nog steeds warm en krekels blijven ons trouw begeleiden.

Aan het begin van de weg stond ooit het beeld van een stier, even verder dat van een houten paard en beelden van de zeven helden uit Aeschylus' tragedie *De zeven tegen Thebe*.

Ik kijk naar de brokstukken van de schathuizen en zie ze in gedachten weer oprijzen in volle glorie, uitpuilend van de rijkdommen die we zojuist in het museum bewonderden. Uit Thebe, Naxos, het Etruskische Caere en zelfs uit Marseille werden de geschenken aangesleept.

Het schathuis van de Atheners, dat werd opgericht als dank voor de overwinning bij Marathon, is werkelijk weer opgebouwd, van lichte steen met een goudachtige glans.

We komen langs grote, vierkante rotsblokken, volgeschreven met Griekse teksten. Lofzangen op de zonnegod.

Delen van blanke zuilen, voetstukken, kapitelen.

Steeds dichter naderen we de tempel van Apollo.

Boven de schathuizen uit waren de ranke pilaren al te zien waar de sfinx op troonde en waar de drie meisjes op dansten.

Hier schreed de processie, de vrouw met de koeken voorop, muzikanten, de stier, behangen met bloemenkransen. De mensen, met de aan Apollo gewijde lauriertakken in hun handen, bevend van spanning over wat ze via de Pythia van Apollo zouden horen.

Uit alle uithoeken van de toenmalige wereld kwamen ze, met kloppend hart, om te vragen hoe te handelen voor een goede toekomst. Van tevoren was de ontmoeting met het orakel aangevraagd en in overleg met de priesters werd de vraag op schrift vastgelegd.

Bij het ochtendgloren hadden de mensen zich gereinigd in de Kastalische bron, evenals de priesters en de Pythia.

De Pythia, die had gevast, bewierookte zich bij het heilige rooster in de dampen van brandende lauriertakken en gerstebloem.

Daar staan de kolossale zuilen van de tempel van de godheid.

De weg blijft omhoog kronkelen en symboliseert de lange reis die vaak was ondernomen.

Hoog torende het heiligdom boven alles uit. Voor de ingang stond een groot beeld van Apollo, dat ik in gedachten weer zie glanzen, de lier in zijn hand. De machtige tempel rijst weer op en ook op het fries prijkt Apollo, op een vierspan, als opkomende zon.

De spanning stijgt.

Hier in de voorhof kwam de stoet tot stilstand en werden offers gebracht. Maar eerst moest worden onderzocht of dit het juiste moment was om het orakel te raadplegen. Daarvoor werd een geitje besprenkeld met water. Als het dier sidderde was het een goed voorteken, want de Pythia sidderde en huiverde ook terwijl ze de boodschappen van Apollo doorgaf. Wanneer het geitje niet rilde werd het opnieuw besproeid totdat dat wel gebeurde, en anders werd de plechtigheid uitgesteld tot de volgende dag. Eens, toen het ritueel ondanks slechte voortekenen toch was doorgezet, was de Pythia zo door het dolle heen geraakt dat ze een paar dagen later was gestorven.

Hier gingen de mensen de tempel in, maar de Pythia kregen ze niet te zien. Zij was in het *adyton*, de ontoegankelijke plek onder de tempelvloer, en had, onzichtbaar voor gewone stervelingen, met laurier in haar handen en een schaal water uit de heilige rivier Kassotis, plaatsgenomen op de gouden drievoet, boven de aardspleet waaruit de dampen opstegen die haar benevelden en ontvankelijker maakten voor de goddelijke stem. Vlak bij de omphalos zat ze, de navel, die werd geflankeerd door de aan Zeus gewijde gouden adelaars.

Soms was de ruimte vervuld van een goddelijke zoete geur.

Vol spanning keken de priesters hoe de Pythia begon te trillen, hoe haar ogen wegdraaiden, haar lichaam ging schokken. Ze waren alert op elke kreun en wonderlijke klank of woord die uit haar opklonken, snelden toe, hun oren gespitst, schreven op wat ze meenden te verstaan. De priesters interpreteerden haar woorden en brachten ze soms in versvorm over, meestal raadselachtig en dubbelzinnig. Maar een enkele keer schrikwekkend helder: 'Wat doen jullie hier in de tempel? Vlucht weg zo snel jullie kunnen! Begin nu al te rouwen en te weeklagen!'

Zo sprak ze tegen de Atheners na een invasie door de Perzen onder Xerxes.

Toen de wanhopige Atheners nogmaals om raad vroegen, antwoordde de Pythia dat er één mogelijkheid was om aan de ondergang te ontkomen: zich verschansen achter een houten wal. Wat betekende dat? Een wal van palissaden? Moesten ze zich verschuilen in de bossen? Legeraanvoerder Themistocles ontraadselde het advies en begreep dat er gevochten moest worden met schepen. Zo geschiedde en bij Salamis werd de Perzische vloot verpletterd.

Later legden priesters de Pythia precies in de mond wat de machthebbers wilden horen en dwaalde het ritueel af van zijn oorsprong.

Ik leun tegen een muur die warm is van de zon.

De toekomst hoef ik niet te weten.

We klimmen verder naar het theater, dat is uitgehakt in de rotsen. Daar is net een groep Russen binnengelopen. Art hoort dat ze bespreken hoe ze een stuk van Delphi zouden kunnen verslepen naar Rusland.

Die stenen kunnen ze misschien verplaatsen, maar het middelpunt van de aarde blijft hier.

We gaan verder omhoog, en komen aan bij het stadion, dat goed bewaard is gebleven en dat gedeeltelijk in de schaduw van bomen ligt.

Ik stel me voor hoe de toeschouwers hun plaatsen innemen en hoe wij ook in het publiek zitten en kijken naar de atleten die hun uiterste krachten geven. De winnaars krijgen kransen op het hoofd gedrukt.

Verderop, op de vlakte van Chrisso, werden de wagenrennen gehouden.

Ik hoor het applaus opstijgen en zie de stralende ogen van de wagenmenner.

We dalen af en keren terug naar het theater, dat nu leeg is, en gaan op de tribune zitten die plaats bood aan zevenduizend mensen. We kijken naar het speeltoneel, met het schouwspel van de bergen en het dal daarachter.

Hier werd muziek gemaakt, gedeclameerd, gezongen. Ik denk aan scènes van tragedies en komedies. Ik denk aan onze scènes, vechtpartijen, wanhoop, maar ook aan al die vrolijkheid. Je hoeft niet met dezelfde blik naar de dingen te kijken. Het gaat om iets anders. Art heeft me hierheen gebracht en door hem heb ik dit grootse avontuur beleefd.

Art pakt mijn hand, waar mijn fietshandschoen op staat afgebeeld, wit, net als op de zijne, als fragmenten van marmeren beelden. Twee brokstukken die bij elkaar horen, zoals wij twee scherven zijn waar het universum even in weerspiegeld wordt.

Het licht verdwijnt, de zuilen en wanden van tempels en schathuizen verkleuren, net als de rotswanden waar ze uit tevoorschijn zijn gehaald. Alleen over de toppen van de bergen ligt een laatste gloed.

Apollo trekt zich terug.

Wij zijn weer met de aarde alleen.

EPILOOG

Mèden agan! Niets te veel!
– Het orakel van Delphi

We betreurden het dat we niet door konden fietsen naar Thebe en Athene. We waren zo dichtbij en zagen de weg verder slingeren door de bergen. Maar er riepen plichten in Nederland en Rome.

Nooit heb ik me zo sterk gevoeld als toen, nooit stond ik zo stevig op mijn benen. Nu wist ik wat het betekende, die gezonde geest in dat gezonde lichaam. Alles kon ik aan en ik zei op alles ja: lezingen, verhalen, lofredes, een ambassadeurschap voor de Week van de Klassieken. Ik reisde naar Capri, waar keizer Tiberius zich terugtrok met zijn Griekse vrienden. Naar Armenië, waar ik de tempel zag die was gebouwd met het geld van keizer Nero. Voor het eerst zag ik Jeruzalem, Gaza, Bethlehem, Hebron.

En daar kreeg het noodlot me te pakken.
Terwijl ik luisterde naar het verhaal van een voormalig Israëlisch militair van Breaking the Silence, over het drama dat zich daar voltrekt, was ineens de helft van mijn gezicht verlamd.

Mijn oog ging niet meer dicht en ik kon niet meer lachen.

Rust, schreef de dokter voor tegen deze ziekte van Bell. Zelfs geen rondje met de fiets.

'Ken uzelve', was de boodschap van de Pythia, en ik dacht dat dat gelukt was. Maar een andere uitspraak van het orakel had ik genegeerd: '*Mèden agan*', niets te veel. Na de Alpen, na de hitte en de regen dacht ik dat geen zee te hoog was.

Na meer dan een half jaar in de stilte van mijn Romeinse kloostercel keerde de beweging geleidelijk terug in mijn gezicht, en werd de heimwee naar Delphi steeds sterker. Ik wilde weer naar Griekenland, naar de zee en die aardige mensen.

We hadden weinig tijd. Maar met een paar boemeltreinen waren we vanuit Rome in één dag met onze fietsen op de boot in Bari, en in één nacht terug op Griekse grond.

Het maakte ons gelukkig.

Maar het ging slecht met onze Griekse vrienden.

De fietsenmaker in Patras zei somber dat een Nederlandse politicus de Grieken had bespot, Sokratis had zijn bar gesloten, Kostas en onze makkers in Galaxidi ontvingen ons in verlaten restaurants. We fietsten naar de bakker in Itea om Ingrid te bezoeken, maar ze was er niet. Haar man werd gehaald, die ons met betraande ogen vertelde dat Ingrid een familie die het moeilijk had, koeken was gaan brengen. Onderweg was ze aangereden; ze had een been verloren en een gat in haar schedel. Hij werkte zo hard hij kon om de operaties te betalen.

Delphi was net zo mooi als een jaar eerder, maar er kwamen geen bezoekers meer. De feestverlichting brandde nog bij onze laconieke vriend, maar er stroomde geen warm water.

We fietsten Delphi uit, verder over de weg die Oedipus wandelde naar het orakel. We kwamen op adem in het duizend meter hoge Acharova, een ski-oord met uitzicht op de Parnassos. Verder fietsten we, naar Thebe, in een stille afdaling door het donker, waarbij we onderweg even stopten bij een doodgereden das.

De oude koningsstad was leeg, maar we vonden een taverna en luisterden naar de verhalen van jonge Thebanen. Ze gingen allemaal op Duitse les. De gelddorst van vandaag werd vergeleken met die van koning Midas, die alles wat hij aanraakte in goud zag veranderen, ook zijn eten en zijn geliefden. Nu was het geen goud maar lucht.

De volgende dag reden we in het helle licht verder naar Athene.

Zoals het naar Delphi klimmen was geweest in het donker van de nacht, was het naar Athene één lange afdaling onder de allesoverheersende zon.

Van verre zagen we de stad al liggen, groot en blank aan de blauwe zee.

Als vanzelf stormden we naar beneden, over een weg langs een autobaan. Mijn oude kracht kwam terug, mijn roze fietsje was een voortstuivend paard.

Tegen de avond naderden we het hart van de stad. Er klonk kabaal, vuurwerk. Werden we weer onthaald met een feest?

Op het grote plein voor het regeringsgebouw stond een massa mensen. Ze schreeuwden, hielden spandoeken omhoog,

Rookbommen ontploften. In de zwarte rook zag ik niets en niemand meer, ook Art was erin verdwenen.

De donkere dampen stegen op van de straten, uit het park, en mengden zich met het duister van de nacht. En boven al die zwarte rook, hoog en onaantastbaar op de machtige Akropolis, stond blinkend wit in het licht van de schijnwerpers het Parthenon.

Daarboven, nog onaantastbaarder, straalden de sterren.

Van Rosita Steenbeek verschenen eveneens:

De laatste vrouw
Schimmenrijk
Thuis in Rome
Ontmoeting in Venetië
Ballets Russes
Intensive care
Siciliaans testament
Terug in Rome
De trein naar Oefa
Ander licht
Kleuren van Rome
Parels van Rome

www.rositasteenbeek.nl